諾門罕之夏

菁英之惡引領日本走向的戰爭大道

ノモンハンの夏

半藤一利——著　鄭天恩——譯

はんどう かずとし　Handō Kazutoshi

目次

推薦序

陳雨航

上世紀六〇年代以降，台灣出版界翻譯戰史戰紀的潮汐起伏裡，有一種難以嚴整定義的類別，譬如說考李留斯・雷恩最為人熟知的《最長的一日》（大君主作戰）和《奪橋遺恨》（市場花園作戰）以及相隔多年才出版的《最後一役》（柏林保衛戰），拿它們與其他會戰為主題的著作比較，卻更引人入勝，說它們是深入報導或報導文學，總覺不足以涵蓋。不過，關於作品與類別定義，求嚴整有時是困難的，先有作品才有定義啊。

回過頭來，我們琢磨這些膾炙人口的作品，尋索作者的思考與呈現，其實與我們熟知的文學或非文學的傑出作品並無二致。這也就是為什麼這些作品不只限於軍武讀者而是廣大的閱讀群體。

彭歌在一九七一年為黃文範譯《中途島之戰：難以置信的勝利》（*Incredible Victory*）作序即寫道：「有很多新聞記者、作家和學人，近年來致力於以單一事件為主題的『深度報導』。這一類作品中，保持新聞報導的客觀寫實原則、歷史的嚴肅性，同時又採取小說的描寫方法。」已經具體描繪了上述作者的特點。

軍事閱讀領域裡，非虛構寫作且具文學質素的作品當然很多，我會記得上述一再翻閱的「雷恩三書」；華特・勞德（Walter Lord）的《中途島之戰：難以置信的勝利》；也對大衛・哈伯斯坦（David

Halberstam）那部描寫韓戰的《最寒冷的冬天》（*The Coldest Winter: America and the Korean War*）愛不釋手……

那麼，海的這一邊呢？有的，阿川弘之的《山本五十六》、《軍艦長門》……也別忘了還有半藤一利。

半藤一利（一九三〇—二〇二一），東京大學文科畢業，進入「文藝春秋」工作，開始他編輯與寫作的生涯，超過半世紀的書寫，縱橫紙上歷史舞台，成就輝煌，被稱為「昭和史著作第一人」。半藤一利的作品近年來在台灣出版市場的能見度頗高，《昭和史》、《幕末史》、《珍珠港》、《燃燒的海洋》、《日本最漫長的一天》等，以及這本獲得山本七平賞的《諾門罕之夏》。

土門周平為《諾門罕之夏》寫的解說，破題就簡述了「諾門罕事件」。它發生於一九三九年五至九月，在滿洲國北部因國境線的問題而與蒙古之間爆發的衝突，這衝突擴大成滿蒙背後日蘇兩軍的戰鬥，「最後以日軍遭到毀滅性打擊作收」。

一九三九年是日本全面侵華戰爭後二年，攻勢至漢口而竭，日本陸軍「三月亡華」的豪語已成泡影，局勢也不容許與蘇聯開戰，免得腹背受敵。那為什麼諾門罕這處偏遠地方的小小衝突最終會搞到超過一個師團的戰損，且軍方未深入檢討獲取教訓？

半藤一利企圖在這本書裡作出解答。《諾門罕之夏》有驚人的布局，半藤一利不只想寫這個夏天邊境交戰的戰場血刃搏鬥，他還同時大幅度交代了操縱這場軍事衝突的幕後參謀；大本營參謀本部作戰課以及關東軍作戰課之間的計畫核定、協調與較量；更擴大到日本國內的政局，在參加德義聯盟又恐與英美為敵之間依違不定；最外圈卻並非不重要的柏林與莫斯科兩個獨裁者之間的外交求愛探戈。這多重的場面，以平行蒙太奇構成「諾門罕事件」與世界潛藏的關聯與漣漪。

不似成於六〇年代的《日本最漫長的一天》與《燃燒的海洋》，作者可以訪問到許多當事人，成於一九九八年的《諾門罕之夏》，當事人都凋零了，但仍有許多當事人的資料、信件、日記、遺著等留了下來，半藤一利取材廣泛，從核心要人到戰壕裡的士兵心情，他都呈現了。我們也因此讀到許多當時的細節，譬如大而強悍的「諾門罕蚊」，除了整夜襲人，上大號的時候還要讓戰友用艾草燻煙，直到屁股燻成黑藍色，才能挖洞完事；日本馬是沒有訓練趴下動作的，牠們一逕站立，睡覺時亦然，在前線戰壕要挖多深可以想見……

會有「諾門罕事件」，可以說是關東軍參謀的恣意行事，而東京參謀本部的參謀又未能防阻，一步步陷入泥淖所致。半藤一利對這些菁英參謀的批判著墨甚深，是《諾門罕之夏》的主調。由於日俄戰爭的陸戰能贏得勝利，正是拜陸軍大學出身的俊彥所賜，陸軍在組織上深信這點，因此擔任要職的參謀盡是陸大出身的菁英。他們自負，敢於面對批判，昂首挺胸，也因趾高氣昂，自行其是，釀成災難。

透過《諾門罕之夏》，我們可以具體認識到日本陸軍參謀是如何運作他們的工作，無論是正面或著負面。

在諾門罕主其事的參謀辻政信，和他的參謀上司服部卓四郎遭問責轉調閒職，但他們後來都獲起復，再任參謀要職，戰後辻政信還能經選舉當選議員。半藤一利的大前輩也是著作等身的作家南條範夫，在一篇談到辻政信的文章裡說，辻政信私淑石原莞爾，但缺乏石原的大器和思想，他的菁英意識強烈，即使他的智略和勇氣獲得高評價，但從未自我反省。

半藤一利戰後曾在議員會館見過辻政信，對之頗為反感，行文間似乎還可以感覺到他的火氣。他敘述那些衝鋒的士兵、自盡的軍官，感覺到他努力試圖留下他們的生命跡痕。

或許這就是半藤一利的春秋筆法了。

陳雨航先生除了是大家所熟知的台灣文學作家之外，也是麥田出版的創辦人之一，一九九二至二〇〇一年曾擔任總編輯、發行人，同時也是該出版社「軍事叢書」系列的催生者。

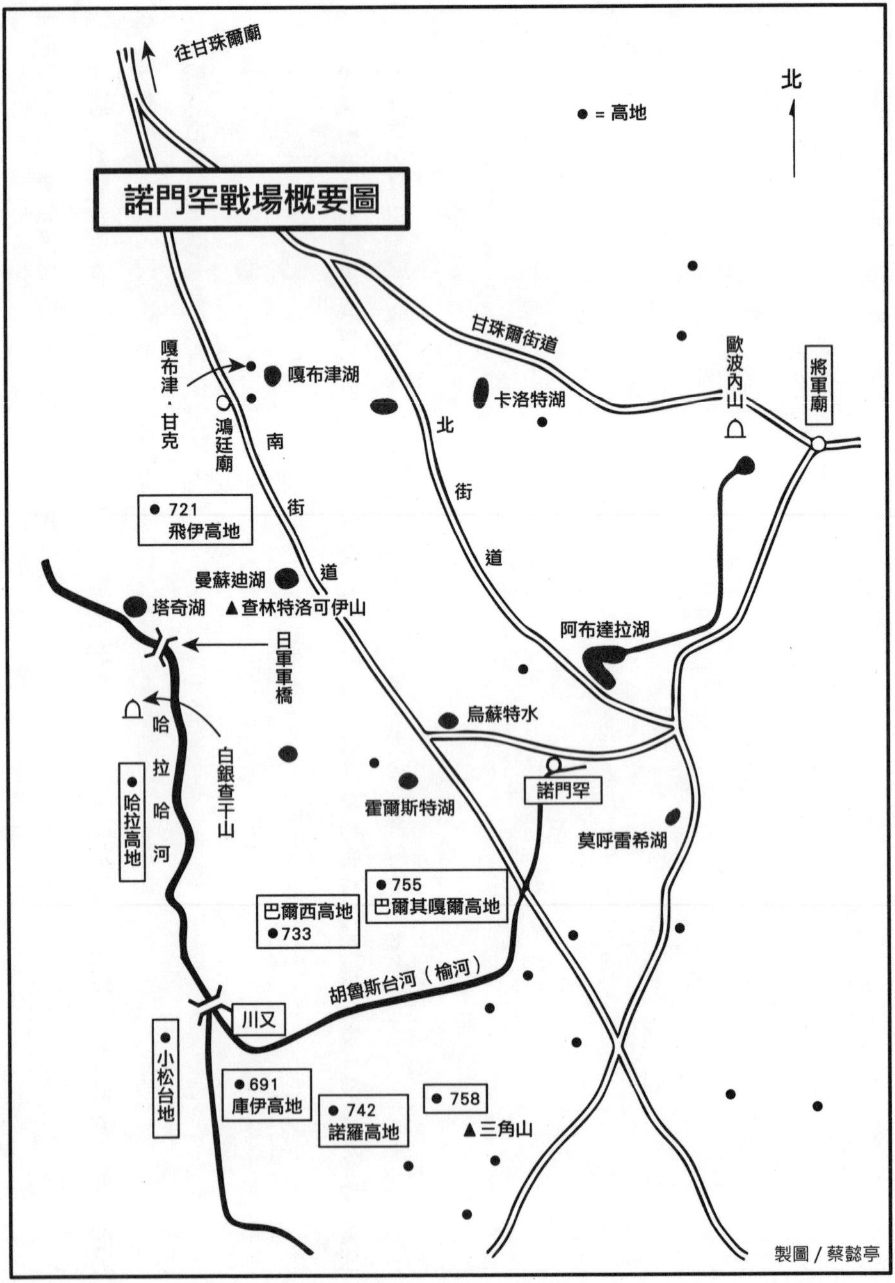
諾門罕戰場概要圖
往甘珠爾廟
北
● = 高地
甘珠爾街道
歐波內山
將軍廟
嘎布津・甘克
嘎布津湖
卡洛特湖
鴻廷廟
南街道
北街道
● 721
飛伊高地
曼蘇迪湖
塔奇湖
▲查林特洛可伊山
阿布達拉湖
日軍軍橋
哈拉哈河
白銀查干山
● 哈拉高地
烏蘇特水
諾門罕
霍爾斯特湖
莫呼雷希湖
● 755
巴爾其嘎爾高地
巴爾西高地
● 733
胡魯斯台河（榆河）
川又
● 小松台地
● 691
庫伊高地
● 742
諾羅高地
● 758
▲三角山
製圖／蔡懿亭

第一章

參謀本部作戰課

●東京・三宅坂上

古早時代，這裡曾經建有加藤清正[1]的上屋敷[2]。巨大的黃金鯱魚裝飾在門上，以遠望的品川海域為背景，閃爍著耀眼的光輝；據說從這裡，可以將好不容易開始成形的江戶城下絕景一覽無遺。

加藤家在清正之子忠廣這代斷絕，這棟宅邸遂成了彥根藩井伊家的上屋敷。之後在萬延元年（一八六〇）三月三日，大老井伊掃部頭從這間宅邸慢慢步下坡道、準備進入江戶城時，在靠近壕溝一端的櫻田門處，遭到水戶浪士的襲擊而被暗殺。

這裡之所以叫做「三宅坂」，是因為在現今國立劇場所在處，有位於三河的田原所領一萬石的三宅土佐守宅邸與其相鄰之故。不只如此，這座田原藩邸之所以有名，也是因為學識淵博卻被迫自殺的蘭學家渡邊華山，是在這裡生育長大的緣故。

在圍繞皇居的內壕中，能夠眺望最美景色的這片山坡地，就是這樣歷史悠久。一八八一年（明治十四年），在這裡建起了由義大利美術家卡佩雷奇（Giovanni Vincenzo Cappelletti）設計、高三層樓的白堊色大殿堂。在白潔的三層樓上，搭著綠色的銅屋瓦，底下還搭配著為數眾多的簷窗；其豪華的程度，令當時的東京市民莫不為之大吃一驚——這棟建築，就是日本陸軍的參謀本部[3]。

昭和十年代的大日本帝國參謀本部，雖然建物已然老舊，但毫無疑問，乃是國策決定的中樞。一登上三宅坂，就可以看見正面豎立著一根巨大的門柱，上面大大的「大本營陸軍部」標誌，散發著彷彿壓倒四方的氣勢。在它的左邊有著元帥有栖宮熾仁的騎馬銅像，彷彿象徵陸軍威嚴般矗立在那裡。現在這些全都被消滅、或是遭到移除的命運，取而代之的是設在本部後方的兵器本廠遺跡、由菊池一雄製作的「和平群像」。

現在還留下名號的，是位在憲政紀念館庭院內的「日本水準原點標庫」。參謀本部陸地測量部在明治二十四年建立了這座標竿，作為決定日本全國土地標高的基準。據說，原點標的標高為二十四·四一四公尺。

若是現在站在這塊土地上眺望，或許會有種奇怪的感覺。相對於左手邊的皇居和右手邊的國會議事堂與首相官邸，這裡正好位居中間點；參謀本部聳立在這裡，簡直就像是刻意監視甚至是妨礙，不讓國政中樞與天皇連結一般。雖然不必多所贅言，不過參謀本部是輔佐大元帥（天皇）統帥大權的官署。它的主要任務是制定每年的國防與用兵計畫，統轄、教育擔任參謀職務的陸軍軍官，並掌管全國各地的陸地測量。

可是，自一九三七年（昭和十二年）七月日中戰爭爆發以來，十一月宮中也設置了大本營，日本成為戰時國家。參謀本部的主要任務，是代表大本營陸軍部，和海軍部（軍令部）攜手合作，在統帥權獨立的名義下，採取各種手段，以贏得中國大陸的戰爭為第一目標，並為將會接踵而至的對蘇戰爭做好準

1　譯註：肥後熊本藩主，以勇武著稱。
2　譯註：江戶時代大名前往江戶參勤時，大名本人及其家族居住的宅邸。
3　編註：日本陸軍參謀本部職掌國防及用兵，是屬於陸軍統帥方面的中央機構。參謀總長由陸軍大將或中將擔任，直屬天皇，帷幄運籌，參與策劃機務，掌管國防及用兵的有關計畫，並統轄參謀本部。參謀總長須將聖裁後的命令（大陸命等）傳達各關係指揮官，並指示受委任之事項（大陸指等）。此外參謀總長亦對直屬部隊下達命令。參謀本部即成為大本營的陸軍幕僚。

備。為此，他們得以在未經議會承認的情況下，以揮金如土的方式，將國稅用在臨時軍事費上。

在大本營報導部的指導下，發布在報紙上的戰局狀況，顯得相當順利；南京（昭和十二年十二月）、徐州（昭和十三年五月）、漢口（同年十月）、廣州（同年十月）……一座又一座中國主要都市被攻陷。「泥土和草木都燃起火焰／踏開無盡的曠野／進擊的日之丸鋼盔……」就像這首軍歌的文句所示般，日軍朝著中國大陸的深處，一步步展開晉級。對於這輝煌的戰果，日本本土的國民一再扛著國旗、提起燈籠，走上街頭慶祝。

三宅坂上的參謀本部，正是這些民眾經常仰賴、當成不動如山的戰略戰術總中樞仰望的目標。在它的門柱上，高掛著大書「邁向東洋道義文化的重建」、「邁向日滿支的善鄰結合」字句的看板；參謀本部正是為了實現這兩個國家理想，站在最先鋒的地位。也正因此，雖然往來人員的組成多少有點變動，但擔任要職的參謀都是陸軍大學出身的一時俊彥，這點是始終不變的。海軍雖然也有這種傾向，但日本陸軍的秀才信仰特別強烈。在日俄戰爭這場「國難」的陸戰中，能贏得不可置信的勝利，正是拜陸大出身的俊彥所賜；陸軍在組織上，一直深信這點。

明治天皇親手設計，由菊花和五稜星組合而成的陸大畢業紀念章，掛在他們的胸前。紀念章大大的輪廓，看起來神似天保年間的百文錢，因此又被稱為「天保錢」。自明治十五年創立到昭和二十年廢校的這六十餘年間，能在軍服別上天保錢的人，不過三千四百八十五人。因此，正如字面意義般，日本陸軍的菁英，就是這群別上天保錢的人。

特別是參謀本部第一部（作戰）的第二課（作戰），更是集結了菁英中的菁英。第一部雖然還有第三課（編制、動員）、第四課（國土防衛、警戒），但說到最當紅的單位，還是掌握作戰與戰爭指導的第二課。這裡是參謀本部的中心，也是日本陸軍的聖域[4]。

成為一切根基的作戰計畫都是由第二課立案。得到天皇敕許的大元帥命令（奉敕命令）都是從這裡發出，就連下達的作戰指導，也是透過作戰課的菁英參謀來進行。在這裡擬定的作戰計畫，絕對不能對外洩露，而它的制定，也徹底排除了來自外界的干涉。

和這種高度機密的要求相關，作戰課的參謀也盡可能地與其他部課少接觸。正因如此，他們也動輒被人批判為唯我獨尊。比方說無視於第二部（情報）的報告，只靠自己獲得的情報擬訂作戰計畫，這樣的批評屢見不鮮。

不只如此，作戰課的每一個人，在面對批判時也都毫不退縮。他們認為，責任愈是重大，愈能證明隸屬於這裡的自己的優秀性；而全陸軍都認同這件事，更是讓他們昂首挺胸、趾高氣揚。

當一九三九年（昭和十四年）的夏天來臨之際，雖然三月的人事異動產生了若干的人員更替，但第二課的布陣，還是絲毫不遜於任何時期。以陸大恩賜軍刀（優等）的作戰課長稻田正純大佐（29期）領軍，十二名少壯參謀中，有三名獲得恩賜軍刀，分別是堀場一雄中佐（34期）、荒尾興功少佐（35期）、島村矩康少佐（36期）；至於第一部長（作戰部長）橋本群中將不用說，也是陸大恩賜（20期）出身（括

4 編註：在參謀總長轄下設有參謀次長，參謀本部內分別有總務部、庶務、教育、人事、經理等單位。另設有第一部（掌管作戰、兵站、編制、動員、要塞、防衛、警備、演習、戰爭指導等）；第二部（掌管情報、宣傳、謀略、情勢判斷等）；第三部（掌管運輸、通信、鐵道、船舶等）；第四部（掌管戰史、戰術、戰法等）。另外還有陸軍大學、陸地測量部、陸軍中野學校（一九四二年編入）。

弧內的數字表示士官學校的畢業期數，以下相同）。

又，只列出優等人員未免有欠公平，在此也列出其他主要參謀之名：中佐級的有秩父宮雍仁親王（34期）、有末次（31期）、谷川一男（33期），少佐級的有櫛田正夫（35期）、武居清太郎（35期）、井本熊男（37期）等人。

雖然表列出這些人的名字，但實際上並沒有這個必要；之所以如此，是因為他們總是以「參謀本部作戰課」這個名稱集體行動。不管部內的討論多激烈，如果能進行徹底討論，還會受到鼓勵，但只要課長對無休無止的討論做出最後決定，那所有人就只能封口服從。

這並不是說不承認個人的存在與意志，甚至也不能說是只把服從與侍奉視為最高價值。在這裡，不存在「組織或個人孰輕孰重」這個問題。簡單說，就是參謀本部創設以來的長期傳統與矜持，讓他們認定團結一致的集體意志是最高價值。故此，不知何時開始形成了一個「作戰課自體繁殖」的封閉集團而飽受外界批評。可是，他們完全無視於這些批評；對他們而言，在這當中的人際交流，就是自身最高的價值。

就這樣，外界的事物因為會擾亂純粹性，所以遭到徹底排除。來自外界的情報、質問、概念等和作戰課沒有直接關聯的事物，都不會被列入考量。換言之，他們和「組織經常在進化，因此必須不斷學習」這種近代主義是完全無緣的。作戰課總是朝著「我輩的決定是唯一正道」這種自行其是的道路邁進。

●中國大陸與滿洲

可是，當一九三九年的夏天降臨之際，不管集結了怎樣的秀才，也不管表面看起來有多平靜無波，縈繞在他們心頭的，始終是日益惡化的戰爭情勢。為此，「昭和十四年度帝國陸軍作戰計畫」無法在上一年底完成制定，一直到邁入這一年度的二月二十七日才終於昭告全軍。不管朝哪個方向前進，都看不出解決問題之道，可說是陷入了羅掘俱窮的狀態。日中戰爭在表面上是連戰連勝，但攻下漢口之後，日軍的攻勢已經到達臨界點，失去了持續發力的能量。

中國廣闊的大地，四面八方吸收了超過二十四個師團（五十萬人）的兵力；在滿洲、朝鮮還有十一個師團，但手邊完全沒有可供動員的兵力。以兵器生產力為代表的國力，也是每況愈下。表面戰力雖然隨著軍需動員的全力以赴增加，但作為基礎的全國國力在上一年已經到達頂峰，十四年度就開始走下坡。

事情還不只這樣。在滿蒙東、北、西長達四千公里的國境線上，日本當面的蘇聯遠東紅軍的威脅，也變得日益嚴峻。

滿洲事變（昭和六年）以後，蘇聯便開始致力於軍備的增強。昭和七年（一九三二）底第一次五年計畫結束後，他們立刻開始實施第二次五年計畫。與負責滿洲防衛的關東軍正面對峙的遠東蘇軍，在國境線上大力構築碉堡陣地。碉堡建築了兩列、三列，還加上野戰築城陣地；縱深陣地的規模之大，讓日軍看了直流口水。西伯利亞鐵路的輸送力也獲得改善，蘇滿國境的兵力集結，就像巨輪般開始轉動。

日軍在昭和三年（一九二八）八月也展開了鐵路建設三年計畫，想盡辦法投注最大努力，但卻遲遲趕不上進度。建設之所以無法順利進行，原因是滿洲到處都有匪賊猖獗，兵力必須先分散配置，且傾注全力於討伐匪賊才行。想盡辦法確保治安的關東軍恢復原本作戰兵團的面目，將目光投向對蘇戰爭，要等到邁入昭和十年（一九三五）以後；和蘇聯相比，他們實際上已經落後了兩年之久。

故此在昭和十四年（一九三九）春天，相對於日軍的十一個師團，蘇軍實際上有三十個師。在國境線上也是蘇軍具有壓倒性的攻擊力；相對於日軍的兩百輛戰車，蘇軍共有兩千兩百輛，日本連蘇聯的百分之九都不到。飛機也是五百六十架對兩千五百架，蘇軍擁有四點四六倍的戰力。日本一面持續在中國大陸作戰，一面在滿蒙又要面對這種狀況；如果蘇軍進攻的話……一想到這件事，作戰課的參謀恐懼到背脊發涼。

可是接下這個任務的作戰課，還是在十四年春天制定了名為「八號作戰計畫」、以昭和十八年（一九四三）為完整目標對蘇開戰的計畫，並秘密昭示給關東軍。首先擊破東邊濱海邊疆州、烏蘇里江沿岸的敵軍……這是理想的甲案；在開戰同時以海拉爾為起點，發動主力在西部外貝加爾州（Trans-Baikal）方面擊滅敵軍主力，這則是乙案。

參謀本部方面認為甲案在戰略上並不可行，因此最後得出結論、作為計畫立案的，是被視為次策的乙案，也就是「對蘇西正面作戰」。話雖如此，在採用乙案後，陸軍中央與關東軍進行了聯合研究，結果發現必須要有三個前提條件，缺一不可，這三個條件分別是：在西方面新建三條鐵路、準備二十萬輛汽車、在呼倫貝爾（Hulunbuir）方面準備大量的作戰資材。

正因如此，他們得出了「要立刻實行此案，根本不可能」的結論；換句話說，日本陸軍作為國防的軍事負責人，呈現出一副「不及格」的醜態，而作為其中最高最大的主事者，喪失對蘇作戰必勝計畫的參謀本部作戰課眾人，更是難掩焦躁的情緒。

近代戰爭史有很多教訓指出，同時在兩面作戰，在戰略上極端不利，因此避開這點是戰略的重要課題；這件事不要說參謀本部的秀才參謀了，就連稍微學過一點軍事史的人都知道。儘管如此，干犯這種愚行的還是陸軍自己。他們不是一邊在滿洲國的漫長國境線上，與蘇聯以及和蘇聯保持軍事同盟關係的蒙古人民共和國嚴密對峙，一邊又必須在莫名廣大的大陸上，與中國軍隊持續交戰嗎？

事到如今，再怎麼抱怨也毫無意義。陸軍在作為戰術論主流的「中國一擊論」（中國軍隊只要一擊就會屈服）這種空虛論調下，發動了對中戰爭。當和蘇聯爆發戰爭時，很難避免中國不參戰；既然如此，為了準備將來的對蘇戰爭，首先應當給予中國一擊，摧毀蔣介石政權的基礎——日本陸軍認為，這是相當容易且可行的。

戰爭開始的時候，陸相杉山元大將向昭和天皇明言：

「事變只要一個月就可以收拾殆盡。」

但是，當時陸軍儲藏的彈藥量，只夠供三十個師團使用四個月，野戰砲彈以戰時補給率來計算，更是只夠七個師團使用而已。無視合理的戰爭之道，在曖昧含糊的情況下，只憑血氣之勇的「一擊論」就一腳踏進去；這樣展開的日中戰爭，不到半年後就面臨非得在戰術上改弦易轍的窘境。

一邊不得不考慮在國境線不斷增強兵力的蘇軍無聲重壓，一邊又在廣大的大陸上，陷入逐次投入兵力的下策；中國方面也看穿了日本的兵力彈藥不足，於是鐵了心要把戰爭拖成泥沼化的長期戰。自從蔣介石高呼長期抗戰以來，和平的道路便被徹底封死了。

那麼，究竟該怎麼做才好呢？首先應該要停止攻勢，縮小整理戰線。在經濟上採取守勢，趁這個機會，將餘力投入念茲在茲的「對蘇軍備」，如此方為正解。平時要受到預算制約，但現在有名為「事變費」的鉅額資金可供運用；不管怎麼說，師團的增設、飛機、戰車、火砲的增產，都是必須考量的事。

這就是一九三九年夏天降臨之際，參謀本部作戰課所考量的一切。這一年正是重建開始之年，參謀本部也熱衷地朝著這個方向邁進。武器彈藥的消費要轉換成儲備，總之希望什麼事都不要發生才好。儘管外面看起來，三宅坂上似乎還是不動如山，但只要往裡面踏一步，就會發現其中瀰漫著這種毫無自信的氣氛。

「漢口陷落讓國民欣喜若狂，祝賀行列從宮城前一直延伸到三宅坂，晝夜不停。歡呼萬歲的聲音聽在戰爭指導當局的耳裡，卻只是徒然留下哀調，舉旗遊行的行列要走向何處，讓人憂懼不已。」

這是堀場一雄參謀手記中的一節。被視為良知派的少佐，從參謀本部的窗口俯瞰著舉旗遊行的行列，對國家的前途不由得感到黯淡。中佐的憂懼與不安並不限於他個人，而是作戰課參謀共通的情緒。

●東京・首相官邸

不只如此，同一時間，還有另一個讓這些秀才參謀焦頭爛額的現實問題，那就是日本、納粹德國與義大利的三國軍事同盟所造成的國內政治劇烈動盪。由於此事屬於外交事務，原本是陸軍省軍務局的管轄範圍，因此統帥部並沒有參與其中，但當時的首相平沼騏一郎因為它和軍事的關聯性，特地邀請陸海軍統帥部加入議程，結果作戰課只好一頭栽進這個問題當中。

事情的起因是德國的急遽靠攏。雖然在昭和十一年（一九三六）十一月，日本已經和德國締結了防共協定（正式名稱是《對共產國際協定》，德文 Antikominternpakt），但在十三年（一九三八）夏天，德國提出強烈要求，要把這項協定的範圍擴展到不只蘇聯、還包括其他國家，同時更要轉換為軍事同盟。面對蘇聯威脅的陸軍中央（陸軍省與參謀本部）對此當然求之不得，所以兩方一拍即合。

陸軍中央的意圖相當清楚明瞭。一言以蔽之，就是盡速解決泥沼化的日中戰爭，為此只要是有效的手段，都應該積極加以採用。與德國締結同盟的話，就可以利用德國的軍事力量，在蘇聯背後強力牽制；如此一來就不用擔心來自北方的攻擊，而能使用所有兵力投入中國戰場。在這種誇耀的威勢下，蔣介石也很有可能會同意和平。

更進一步來說，日本帝國也希望「貧乏國」（日德義）能打破與「富國」（英美法）間的不平衡、建立世界新秩序，如此就可以藉著三國同盟提升自己的國際地位。

這是不論陸軍省或參謀本部，全陸軍軍官都深感共鳴的國家政治策略；特別是在銳氣十足的新進人員中，主張推進三國同盟的論者更是相當之多。

然而不用說，日本陸軍肚子裡的這種盤算，和德國的想法有很大差距，陸軍中央自己也相當清楚這點。德國在上一年（一九三八年）三月吞併了奧地利，同年十月合併了捷克的蘇台德地區。接著在這年（一九三九）年的三月，又合併了捷克的波希米亞、摩拉維亞地區，並將斯洛伐克收為保護國。德國毫無饜足的領土擴張，下一個目標就是併吞波蘭。若是這樣，他們就很難避免跟與波蘭簽有互助條約的英法展開全面戰爭。英法雖說「期望和平」，但也不可能永遠撒手不管。

四月時，義大利首相墨索里尼與德國空軍元帥戈林進行了一次會談，其內容相當令人玩味。根據留下的記錄顯示，德國最擔心的就是入侵波蘭之際，英法的動向；不管再怎麼說，德國和英法開戰的準備，最快也要等到一九四二年才能完備。兩人對這個開戰時間的意見是相當一致的，同時也認為必須要把世界三大海軍強國之一的日本，拉入本身陣營才行。

戈林表示：

「就算日本無論如何都不願參加歐洲戰事，那也沒關係，只要在名目上參與就行了。向世界宣告日德義三國同盟，就能夠利用日本強大的海軍力量來充分牽制威嚇英法。」

既然如此，只以蘇聯為條約對象，顯然毫無意義；因此德國在這方面絲毫不讓，堅持如果要同盟，就必須以英法為對象，進行全面性的軍事同盟。

陸軍大臣板垣征四郎相當清楚德國的這種想法；他已經從駐德大使大島浩那裡，接到大使轉達、包含德國外交部長里賓特洛甫（Joachim von Ribbentrop）真實想法的報告。板垣不只對此照單全收，還和德國駐日大使奧托（Eugen Ott）約定好，「就算賭上我的職務，也要讓同盟成立！」

儘管如此，陸軍中央真的打算當德義在歐陸對英法展開戰爭之際，要站在他們的那一邊參戰嗎？畢竟中國大陸的泥沼戰事還在持續，又要擔心遠東蘇軍的強大化，如此還有多餘的力量可以跟英法作戰嗎？不只如此，對英法作戰，當然也等於同時要和美國作戰。雖然也有把英美分開看待的想法，但從兩國緊密的聯繫看來，英美不可分是再自然不過的事。正因如此，要更進一步擴大戰爭，是常理所無法想像之事，但秀才參謀們卻幻想著這種常理所無法想像的事。

在陸軍中央召開課長會議之際，幾乎全部的課長都贊成締結三國同盟，唯獨參謀本部第二部（情報）第六課（歐美）課長辰巳榮一，表達了反對的意見。

「就算瘦死的駱駝也比馬大，英國是不可輕視的敵人啊！」

可是，這不過是憑藉勇氣做出的發言，完全遭到了無視。集結在陸軍中央的這群秀才軍人，在思考事物的方式上，有著奇妙的脫離現實傾向。彷彿反映著陸軍中央這種意志的統一，一部分政界人士以及右翼團體也都支持三國同盟案，甚至是在宮廷內，贊成的聲浪也與日俱增。外務省內部和陸軍唱和、親德國的派系勢力也日益拓展，讓反對擴大軍事同盟的外相有田八郎難以招架（註一）。不只如此，更令人頭大的是平沼首相在外交上完全是門外漢，很多時候都只是屈從於陸軍的強勢壓力。

當然，也有挺身而出、阻擋這種「時代潮流」的人，那就是海軍省的首腦——海軍大臣米內光政大將、次官山本五十六中將、事務局長井上成美中將這三人組。不過他們也並非一味地無腦反對，而是盡可能地尋求妥協之道。

日德同盟徹頭徹尾是以蘇聯為主要針對對象，視狀況也會把英法列入當中。可是，就軍事上的武力援助而言，當以蘇聯為對象的時候，自然是必須履行，但以英法為對象的時候，「是否履行則應視狀況而定」；換言之，決定權應該在日本這邊，這是海軍方面最大限度的讓步條件。

簡單來說，當德國與蘇聯爆發戰爭的時候，日本約定好一定會以武力援助；可是當德國與英法開啟戰端時，日本可能會援助，也可能不會。

大家從一開始就很清楚，這種曖昧模糊、自我本位、優柔寡斷的條約，德國是不會認可的；但是米內和山本也是不情不願才妥協到這種地步。

山本五十六後來就對自己當時的判斷，有過這樣的陳述：

「站在以世界新秩序為目標的德國那一邊，必然會捲入打倒英美舊秩序的戰爭之中。但以日本的海軍軍備、特別是航空隊軍備現狀，跟英美作戰是絕無勝算，因此自動參戰絕對萬萬不可。」

海軍高層的考量，大致可以用山本上面這段話來加以歸結。在牽制蘇聯這點上，三國同盟是有效的；可是又讓人覺得恐懼，擔心最終會導致世界大戰。在希特勒的引領下，日本將會被捲進對英法甚至美國的大戰當中。簡單說，海軍的方針就是，「歐洲戰事不介入、英美不可分、對美不戰、培養國力，以圖國家百年大計」。因此，唯有「對英美自動進入戰爭」這樣的約定，必須在條約上嚴格加以迴避，這點是絕不能退讓的。

乘著納粹德國的興盛，跟這個幾乎看不到什麼海上力量的國家結盟，擺出向英美挑戰的架式，這樣的行為怎麼想都是犯了大忌。當然，海軍以美國為頭號假想敵，年年投入龐大的軍事預算，「到了緊要關頭卻不敢一戰」，難免會被批評為懦夫，不過海軍高層對這樣的惡意批評，根本不當一回事。

就這樣，為了討論三國同盟議題而召開的平沼內閣五相會議（首相、外相、陸相、海相，以及石渡莊太郎藏相）[5]在昭和十四年（一九三九）一月舉行，但才剛開局就面臨了推車撞壁的困境。主張贊成的陸相板垣，與海相米內展開了正面對峙。二月、三月、四月……會議毫無止境地拖延下去，經過了數十次會議，仍然無法達成共識。五相會議的談話內容幾乎是連日出現在報章媒體上，街頭巷尾不禁流傳起這樣一首打油詩：「平沼要買一斗米，今天買五升、明天又買五升。」

這就是在夏季降臨時，毫無進展的國內政治狀況。為此，陸軍中央自相關課員以上的人員集結在大臣（陸相）官邸，以大臣為中心頻頻召開會議。板垣帶著他們的結論去出席五相會議，等板垣回來後，又繼續召開省部會議，擬定下一個對策。這樣的行動幾乎每天持續不輟。

這時也屢屢有些傳言，比方說山本海軍次官在各省次官會議上，當眾人談到與德國締結新秩序的話題時，他冷冷地反問說：

「新秩序、新秩序，我倒要問問新秩序到底是什麼？」

他的話自然引起了眾人的激憤。每次聽到這種話，作戰課的強硬論者就恨得咬牙切齒；這個堪稱怯懦派代表的海軍次官，到底在瞎說些什麼啊！

就在這時，一個令強硬派為之氣餒的確切消息從宮中的侍從武官府傳了出來，那就是天皇明確表示反對三國同盟案的「參戰」條款；這是他們作夢也想不到的噩耗。

對參謀本部作戰課的成員而言，每天都是焦灼不安的日子。不只如此，他們還得準備陸軍主張的同盟案獲得內閣意見一致通過時，對英法參戰的戰略戰術。在這種時間嚴重不足的情況下，還得把方案擬定出來，但五相會議一旦決裂，所有的一切都可能變成徒勞。街頭巷尾風傳內閣垮台的消息日益高漲，

5 編註：為了決定重要施策而由首相、外相、藏相或企畫院總裁、陸、海相等出席的會議。

這讓三宅坂上的眾人更是感覺簡直要腦充血了。

●中國・天津

不只如此，在中國大陸還發生了一件讓參謀本部怒火沖天的麻煩事，那就是在國際都市——天津，爆發了反日恐怖團體殺人事件。

直到這時為止，天津的英租界一直是恐怖團體的根據地，因此也屢屢成為日本僑民憤怒的標靶。儘管如此，英國還是利用租界的特權，默許國民黨、中國共產黨、藍衣社等抗日分子潛入其中。不只如此，這邊的銀行還寄放了國民政府價值約八十萬鎊的白銀；這些資金讓恐怖分子和游擊隊，在財政上得以不虞匱乏。在這樣的支持下，抗日分子和香港、重慶秘密聯絡，策動抗日益發積極，恐怖活動亦激增。「已經沒辦法保持友好關係了！」四萬多僑民的怒火，朝著英國蜂擁而至。

四月九日，投靠日本陣營的華北政權關稅委員程錫庚，在英租界的電影院遭到暗殺。四名嫌犯立刻被逮捕，但在這之後反而引發了「事件」。當日本要求將這四個人引渡給日方進行審判時，遭到了英國峻拒。英國政府發表的「拒絕引渡」宣告，不只是天津的日本僑民，更讓日本人全都憤慨不已，結果使得日英關係更加惡化。

這個時候，親德的氣勢不用說已經瀰漫了整個日本；更火上加油的是，這種氛圍還跟反英情緒結合在一起。原本只是摸不著邊際、焦躁不安的情緒，現在有了明確的標靶，那就是「大英帝國的蠻橫」這個具體現象。反英排英的聲浪日益高漲，並且微妙地和先前的日德軍事同盟推進運動相互結合，讓國內情勢更是變得一片騷亂。

在天津設立司令部、負責防衛與治安維持的第二十七師團，師團長是曾任駐英武官、親英派的本間雅晴中將。在天津就任不久就遇到這起事件的本間，慎重地和英方進行交涉。畢竟，逮捕嫌犯是日英雙方警察密切配合的成果，因此只要冷靜商談的話，問題一定可以按照日方的要求圓滿解決——本間是如此確信的。

但是，英國方面的態度相當頑強。十天過了、二十天過了，他們依然以「沒有發現物理證據」為由，堅拒引渡嫌犯。

遠遠注視著本間中將對應交涉的陸軍中央，忍耐已經到了極限。他們認為，英國的強硬，是因為本間不願採取斷然態度所致。本間以親英派著稱，將防衛天津的重任交給他，是不是一個大錯？對本間軟弱的非難之聲，一下子高漲了起來。

「什麼親英知英，我看根本就是恐英派吧！」

參謀本部的秀才參謀，像是要把焦躁不安的怒火全部宣洩出來似地大吼著。

英國駐日武官皮柯特少將（F. S. G. Piggott）是位跟本間交情頗深的軍人，他在自己的著作《被切斷的羈絆》（*Broken thread: An autobiography*）中，如此回想當時的狀況。

「（本間）將軍抑止焦慮，對於使用短兵相接的激進手段相當節制。因此，他遭到陸軍省和參謀本部嚴厲的非難。聽到本間中將遭到他的日本同胞加諸如此不當的攻擊，對我而言實在是無法忍受的事情。」

從皮柯特的話中，可以察覺出本間在東京是如何被當成眾矢之的。

在陸軍中央看來，這起事件簡直就像是懷裡抱著一個處理不當、就會引發大爆炸的危險爆裂物一樣；因此，明明看到了四月的花朵綻放，他們卻一點也開心不起來。

三宅坂上的參謀們，就在這種千頭萬緒找不出解決之道、羅掘俱窮的情況下，迎接了這年憂鬱的夏天。套句堀場參謀的話說，他們是一邊看著日本帝國「不管走向何方都會陷入危險」，一邊從事著每天日常的工作。

●柏林─莫斯科

秀才參謀一無所知──更正確說，是後來愕然回想才察覺──歐洲這時微妙且日趨動盪的國家間情勢動向。

作為動盪中心的，是德國元首希特勒與蘇聯總書記史達林。就在此刻，被稱為「二十世紀誕生的惡魔」的兩人，在各自的野心與盤算下，正讓地球轉往不同的方向。他們是為了自己的目的，不惜與惡靈或死神握手的人物。相較之下，三宅坂上的秀才參謀們把日本帝國視為皇國，天真無邪地相信其神秘與使命；跟這兩人相比，他們甚至可說是太善良了。

從現今明白揭露的歷史事實來檢討，可以發現希特勒在這年春天已經暴露出征服波蘭的夢想。四月三日、接著是十一日，他連續下達了「白色方案」，也就是對波蘭進攻計畫的最初一般指令。他把作戰開始時間訂於八月下旬到九月上旬，因此才急著提倡日德義三國締結同盟，但關鍵的日本卻始終遲疑不決。

希特勒在《我的奮鬥》中，雖然主張日本人是欠缺想像力的劣等民族，只配作為德意志的爪牙行事，是一群只有小聰明、勉強派得上用場的民族，但這時他的這種認知，多多少少有點改觀了吧！他曾在演說中反過來這樣討好日本人。

「我們相當不幸地，在宗教上有所差異。我們德意志人為什麼不像日本人這樣，擁有為祖國奉獻犧牲、最好的信仰呢？」

話雖如此，但說實在話，希特勒對日本的投機主義態度已經開始感到厭煩。他的困惑日益深刻，一邊迷惘一邊持續沉思；至少到四月過後的這個時間點，他和日本的共識已經變得相當薄弱。

反過來在他心中，存在色彩日益濃厚的是蘇聯。對希特勒而言，迄今為止都只是作為周邊影子而存在的蘇聯，一躍成為事態的中心。之所以如此，是因為他雖然常在演說中反覆力陳：

「如果英法蘇締結同盟，那我就要立刻攻擊英法，給他們毀滅性的打擊。」

但他其實打從心底，害怕英法蘇形成大規模的包圍德國同盟。事實上，四月十七日蘇聯外長正式提議，要和英法兩國進行相互安全保障的三國會議，對希特勒造成了威脅。不過對他而言很幸運的是，雖然法國贊成蘇聯的提議，但英國的張伯倫首相卻對此表示興趣缺缺。史達林強烈要求透過波蘭和羅馬尼亞將蘇軍派往西方的權利，但張伯倫卻覺得這是完全無理的要求；這樣不就等於認可蘇軍涉足東歐了嗎？

希特勒認為，必須好好利用這僅存的剩餘時間。不管怎麼說，蘇聯外交部長召開三國會議的提議，都導致了在希特勒心中，對蘇友好的價值日益提高。就在提議和英法締結同盟關係的同一天，蘇聯駐德大使梅列卡托夫（Alexei Merekalov）自就任以來，首次拜訪德國外交部，對外交部次長瓦賽卡（Ernst Weizsäcker）說了這樣一番話：

「蘇聯的政策絕對不是反德；我們沒有理由拒絕德蘇兩國關係正常化，且更進一步發展友誼。」

對希特勒而言，梅列卡托夫的提議，為他脫離英法蘇從東西兩面包圍同盟的恐懼，提供了一個絕佳的機會。為此，希特勒積極展開行動：第一步是在英國為了對德國備戰、宣布進行徵兵制的隔天（四月二十八日），他發表了演說。在演說中，他宣布放棄波蘭與德國的互不侵犯條約，同時高調反英。他還高聲宣布說，要廢棄英德間的海軍協定。

「由於我們所知的英國包圍政策，我們必須確認的是，（一九三五年的）英德海軍協定，已經失去了依據。」

但是，敏銳的觀察者會發現，希特勒在這場演說中，出現了令人深感玩味的變化。希特勒平常總是對蘇聯與國際共產主義的威脅不住地攻擊，比方說：「在蘇聯這個國家中，只有毫無氣魄、被暴力加以無產階級化的低等人。在他們上面聳立的，是由猶太人人民委員構成的巨大組織——現實來說就是奴隸主階級。他們就是這樣一個國家。」或者說：「如果我們不阻止布爾什維克主義，那他們就會像過去的基督教一樣，完全改變整個世界的面貌。如果讓這個運動持續三百年，那列寧就不會只是一九一七年的一名革命家，而是會成為新世界觀的創始者，像佛陀一樣受到崇敬。」但是在這場演說中，他卻連一句攻擊蘇聯的話都沒有說。

幾乎就在同時，希特勒跟信奉他的德國國防軍將領進行了私人談話；在談話中，他愉快地這樣說道：

「你們知道我考慮的下一步是什麼嗎？聽了我的話，你們可要牢牢坐好，不要從椅子上跳起來——我打算前往莫斯科進行正式訪問。」

希特勒是認真的。為了準備即將到來的對英法戰爭，他半放棄了和日本的同盟，改弦易轍尋求與蘇聯同盟。日本只不過是個遠東的國度，就算稍微疏遠一點也不痛不癢。比起東京，莫斯科明顯要近得多了。

回應希特勒的微笑，接著輪到史達林的登場了。像是要試著推動希特勒般，史達林派出駐柏林大使給德國方面一個訊號，而這項舉動的效果，堪稱是立竿見影。希特勒立刻做出了回應；但話說回來，要由蘇聯這邊趁勢主動出手卻非明智之舉。

希特勒很清楚在兩面作戰會分散力量，因此必須把進攻方向集中在西或東邊。英法的領袖毫無疑問，也是觀察到了這點。史達林看出，他們之所以拒絕承認蘇軍通過波蘭、羅馬尼亞的權利，就是不希望希特勒往西，所以要討他的歡心。而且英法兩國政府不知什麼時候也會出人意料，做出承認希特勒向東展開軍事行動的口實。在這種微妙的時刻，向希特勒急遽伸出手，實在是太危險了。

史達林也有自己的盤算：呈現出弱點的，反而是陷入不得不在兩面作戰、犯下愚蠢錯誤的自己。在東方的蘇滿國境，日本帝國的關東軍正虎視眈眈。日本與希特勒締結有堅定的軍事同盟，確立了穩固的友情。倘若德國國防軍從西邊、關東軍從東邊猛攻，那麼現在正在整軍經武、進行五年計畫的蘇聯，是沒有抗衡餘力的。

對摸索最佳應對之道的史達林而言，少數可以仰賴的線索，是三月二十一日英國首相張伯倫在下議院進行演說時，極力陳訴的談話：

「如果有人採取某種行動威脅波蘭的獨立，逼使波蘭政府必須以舉國之力進行抵抗，那麼在面臨這個生死存亡關鍵之際，我國將會竭盡全力，以一切手段支持波蘭政府。」

緊接著法國也宣布，若希特勒對波蘭出手，法國也會採取行動。就這樣，當英法針對協防波蘭締結條約之際，史達林雖然對於他們究竟可信到什麼地步仍舊不太確定，不過還是抱著「姑且坐而觀之」的態度。

史達林把自內戰時代起就身為同僚的國防人民委員伏羅希洛夫元帥（Kliment Voroshilov）找來，問他說：

「如果要把紅軍編組成不論哪個國家採取怎樣攻擊都無法撼動的狀態，大概需要多少時間？」

作為軍事問題負責人的伏羅希洛夫坦率回答說：

「這個嘛，大概還需要花上三、四年吧！」

史達林思考了一下後，開口說道：

「既然如此，那我們就得動上一點腦筋了。畢竟希特勒可不是擺出一副友好態度就能唬弄過去的人物哪！」

史達林並不著急。但是，當他一邊凝視東方日本動向的同時，也沒有忘了給希特勒的信號。在五月四日《真理報》的最後一頁上，有著醒目的四行告示：一九三〇年（昭和五年）以來始終穩坐外長職位的李維諾夫（Maxim Litvinov），「自行要求」宣告退休，這是史達林最初的具體行動——李維諾夫是希特勒最討厭的猶太人。

得知這個訊息，內務人民委員貝利亞（Lavrentiy Beria）大為吃驚，忍不住脫口說出：

「要換上莫洛托夫（Vyacheslav Molotov）？可是，莫洛托夫也有猶太人血統……」

史達林臉上浮起一個詭秘的微笑：

「沒關係，反正不是所有人都知道他的遠祖是猶太人，希特勒也沒有任何依據可以用血統問題來非難莫洛托夫。而且莫洛托夫的腦筋非常好，是個靈活度能夠超乎常人的人物。」

史達林就這樣把外長換成了人民委員會主席莫洛托夫。不只如此，他還懇切地照會德國大使館，表示「這項人事變遷對德國將會帶來正面的影響」。德國代理大使於是發電給柏林，

「莫洛托夫（他不是猶太人）是史達林最親近的友人，也被視為是最親密的合作夥伴。」

從這層意義上來說，今後蘇聯的外交政策將採取一切唯史達林馬首是瞻的路線。

就這樣，各懷鬼胎的兩名獨裁者，從這年的春天到夏天開始斷然靠攏；畢竟他們在不安與擴張領土意志這兩項基本動機上是共通的。他們也同時在進行著兩面交易——希特勒與蘇聯、日本，史達林與英法、德國。為此，過去在意識形態上的分歧，現在已經不構成眼前的障礙了。

●東京・三宅坂上

日本政府和軍部對歐洲各國間微妙的合縱連橫，其實未必全然蒙在鼓裡；畢竟，情報有從各方面一直送進來。至於對這些情報要怎麼分析、從這當中能解讀出什麼、又要如何活用在接下來的政治與軍事戰略上，這就是日本的政治、軍事領導者，必須要加以思考的了。

在海軍省調查課長高木惣吉大佐的日記中，曾經以不帶意見、純粹記述監聽內容的方式，記下一封從中國駐柏林領事館發給重慶蔣介石的密碼電報。

「李維諾夫認為蘇聯應該與英法聯合，採取對德國包圍的策略，但蘇聯現在打算開始採用近交政策，以維持良好的和平狀態。最終，反過來一味與英法持續往來，結果只會促成德蘇開戰，反而落入英法的謀略陷阱之中。」

中國情報單位的能力高超，由此可見一斑。

另一方面，在更早之前還有這樣一段插曲。這一年的四月二十日是希特勒的五十歲生日，德國在柏林舉行了祝賀宴會，日本駐德大使大島浩與駐義大使白鳥敏夫也列席。當宴會進行到午夜一點的時候，外交部長里賓特洛甫悄悄地，對兩人說出一段令人震驚的話。

「如果三國同盟條約的交涉還要多費工夫的話，那德國可能必須考慮與蘇聯簽訂互不侵犯條約了。」

驚嚇到差點站不直腰的兩人，連忙徹夜討論該怎樣應對里賓特洛甫的話。白鳥說：「德國真的跟蘇聯聯手的話，日本就會被拋在一邊了吧！」但大島則反擊說：「不，這種荒謬事情是不可能發生的；這只是里賓特洛甫在威脅我們、催促我們下決定罷了。」兩人為此爭到劍拔弩張、口沫橫飛。

當然這件事也被上報到了東京。東京方面幾乎也都跟大島採同樣的解釋。畢竟希特勒一直以來都對共產主義抱持憎惡態度，蘇聯和德國是不共戴天的敵人，所以對德國來說，最關鍵的還是與日本締結防共協定吧？因為這是常識性的看法，所以誰也沒有超出這樣的常理；大家的結論都是，德國和蘇聯應該不會簽訂互不侵犯條約。

三宅坂上的參謀本部作戰課的判斷也是如此。如果在西方擔任牽制角色的德國威脅消失了，那蘇軍在亞洲正面的行動不就變得完全沒有顧慮了嗎？

不管怎麼說，令人頭痛的難題都堆積如山。日中戰爭的處理、三國同盟交涉、天津租界問題……不論哪一件，都不是能輕易找出解決之道的事情。每一件事都與國防有著直接關聯，除此之外還有歐洲各國複雜的動向；背負國家安危於一身的作戰課參謀，感覺自己就像是站在燒紅的鐵板上。

也就在這時候，關東軍司令部上呈了《滿蘇國境紛爭處理要綱》。這份要綱的內容，是關東軍針對萬一在國境附近爆發紛爭時，該如何處置所提出的作戰計畫。不只如此，這份要綱的內容還和參謀本部向關東軍司令部下達的作戰方針「就算被侵略也不可入侵，堅守不擴大原則」背道而馳，是份令人不安的提案。

這豈是防止紛爭，根本是在挑釁吧！

對參謀本部作戰課而言，在這種令人頭痛的時候還跟蘇軍展開國境紛爭，根本就是糟糕透頂的事。從小紛爭擴大成大規模的戰鬥，這種不祥的念頭讓人不去想都不行。因此，對於這份關東軍司令部的提案，當然應該給予否決才對；可是，他們事實上卻沒有這樣做。為什麼會如此呢？

註釋

（註一）敗戰後，軍部的失控遭到體無完膚的批判與論罪。但是，只有外務官僚這邊，或許是在戰後處理手段上很巧妙的緣故，幾乎都沒有遭到問責。邁入昭和十年代後，與軍部對英美強硬派步調一致的革新官僚，陸陸續續冒出頭來。

在《西園寺公與政局》（原田日記）中，記載了這樣的一則故事：從德國回來的牛場信彥，以及熱衷於三國同盟的三十歲左右少壯外務官僚十餘人，直接向近衛首相提出了一份連署書，要求「一定要讓白鳥敏夫從羅馬回來、擔任外相」；諸如此類的故事還有很多。

以東光武三、三原英次郎、中川融、牛場信彥、青木盛夫、甲斐文比古、高瀨侍郎、高木廣一為主的這群人，對當時的霞關外交屢屢抱持著不滿之意，認為是「對英美軟弱外交」。除此之外，栗原正、松宮順、重松宣雄等白鳥敏夫嫡系，以及藤村信雄、福島慎太郎、平澤和重等對美組也與之同調，和高層不斷發生衝突。這些人在二戰敗戰之後仍站在各自的立場上，領導日本的外交。

第二章

關東軍作戰課

●蘇滿國境

生在島國的日本人，或許並不會把國境線視為相當重要的東西吧！

過去的戰國大名也曾經為了國境線該怎麼認定，而不惜兵戎相見；但這問題大致上都能透過對話解決，頂多就是設下關卡，讓兩國間的通行稍微減緩一點。明治以後直到今天，只要在同一個縣內，儘管有東西南北之別，或是彼此高度仇視的地區，但大致上都能順暢無礙地通行。

不管日本人願不願意，有件事都會讓他們清楚意識到國境線是國家的生命線，那就是昭和七年（一九三二）滿洲國的成立。雖然國際社會完全不認可滿洲國，但日本帝國卻很早就認可了這個新生的國家。不只如此，為了讓滿洲國不失其獨立國家的地位，關東軍還在不違背九國公約和國際聯盟公約的情況下，採行了許多苦肉計；這都是為了獲取大義名分，證明滿洲國是在中國人自己的獨立意志下建立，日本只是從旁協助罷了。

就這樣，堂堂獨立的滿洲國與日本，在建國後便簽訂了《日滿議定書》。日方的簽署者是當時的關東軍司令官武藤信義大將；武藤也兼任首任駐滿大使。這份條約，意味著兩國之間締結了友好關係。

除此之外，還有兩項密約——雖然號稱密約，其實卻相當公開——締結。

第一份條約是確認尊重居留滿洲國日本人的各項權利，重要的是其中的第二條：「日本國與滿洲國約定，當確認到締約國一方的領土與治安遭受威脅、或是另一方的安寧與存亡遭受威脅時，兩國應共同擔起國家防衛之責。為此，應當在滿洲國內駐紮必須的日本國軍。」

簡單說，侵略滿洲國就等於是侵略日本帝國，因此關東軍要扛起滿洲防衛的責任；這份密約就是在高唱這點。從軍事上來看，蘇滿國境就等於是蘇日國境。

蘇聯雖然對滿洲國建國表明靜觀，沒有斷然否定，但仍舊沒承認它是一個國家。滿洲大地依然是中國領土，因此新生的滿洲國不能以國家身分和蘇聯重新議定國境線；結果就以之前清國和俄羅斯之間談判議定的國境線作為蘇滿國境。

但是這段國境線，說實話充滿了模糊的部分。比方說，雖然每十八公里就設置了一個石製界標，但歷經長年歲月，這些界標大部分都已經喪失，在東部國境線，甚至只剩下十個而已。如此一來很明顯，雙方都會在自己有利的地點，恣意動手動腳。

雙方在這種本就曖昧不明的國境線上展開兵力相互對峙，可以想見偶發事件的爆發自是在所難免。當然，諜報、耍計、偵察的交錯縱橫，也會挾在國境間激烈展開。侵犯國境、不法越境、河川上不法行為、綁票暴行等，幾乎可說是家常便飯。滿洲建國以來，國境上的紛爭事件不只無休無止，還與日俱增。

昭和十一年（一九三六）一五二件、十二年一一三件、十三年一六六件，這是關東軍調查的紛爭事件件數。針對這種狀況，日滿兩國認為明顯錯在蘇聯，於是向對方提出抗議；十一年一二三（五九）、十二年一〇九（五二）、十三年一五八（五〇）（括號內是蘇方有做出某種回應的件數）。因為抗議有半數以上都石沉大海，所以要期待好好解決，根本是不可能的事。

特別是在滿洲西北部、興安北省與外蒙古接壤的諾門罕附近，從昭和十三年（一九三八）到十四年（一九三九），急劇的小衝突事件便不斷增加。流經呼倫貝爾高原這一帶的哈拉哈河，是一條寬五、六十公尺、深兩公尺以下、水質不含鹽分的清流。關東軍認定哈拉哈河為國境線，但外蒙古方面則認為哈拉哈河是本國領域，主張國境應該是位在河東方十三公里處，由福隆山－九七〇高地－諾門罕－哈拉哈廟所構成的南北縱走之線（註二）。簡單說，這邊的紛爭與其說是國境線的曖昧不明，不如說是兩國的認知根本天差地遠。

在這裡有一件值得注意的事：在昭和九年（一九三四）關東廳的地圖中，是以外蒙古方主張的哈拉哈河東方十三公里一線為國境，而十二年滿洲國外交部的實地調查，也確認了同樣的結果。關東軍司令部固不用說，這份報告同時也送抵了參謀本部與陸軍省。

可是不知何時——不，大致來說應該是自十二年（一九三七）秋天起，關東軍就捨棄了「哈拉哈河東方十三公里」，轉而強烈主張以「哈拉哈河」為國境。他們的想法是，這是俄方與前清之間不知何時協議出來的行政界線，不該認定為現在的國境。接著在十三年九月到十月間，參謀本部派出第五課參謀矢野光二少佐，前往當地進行現場勘查。少佐的報告綜合了文獻上的研究與調查，認為國境應該是在哈拉哈河，在哈拉哈河東方的諾門罕方面，完全沒有顯示國境的標誌殘存。

只是光憑這點，參謀本部仍沒有斷定哈拉哈河為國境。他們只是說，今後「在外交折衝的必要時刻，應主張哈拉哈河一線為國境線」，也就是把它姑且認定為大致上的國境。

總而言之，陸軍中央相當恐懼和蘇軍的全面對決，因此向關東軍展現出一副慎重且頗為消極的方針。原則上，國境的警備只交給滿洲國軍隊和警察，關東軍不會介入隔著國境發生的種種小糾紛，只需專注於蘇軍情報的蒐集、萬一有事時的作戰研究、以及軍隊編成和訓練。一言以蔽之，參謀本部亮出的對蘇方針，就是「就算被入侵也不可侵略」。

但是，關東軍對此大表不滿。如果這樣做的話，當國境紛爭實際發生、且蘇軍出動的時候，又該如何處置才好？「就算被入侵也不可侵略」這個方針，其實就只是坐以待斃，不是嗎？參謀本部在這一點上，完全沒有對第一線部隊做出任何指示。唯一很清楚的就是，「（關東軍）要絕對無視於與蘇聯的國境紛爭，如果遇到有重大紛爭的時候，必須事前與中央協議。」但問題是，紛爭爆發的時間和場所經常不是自己可以選擇，而是突發的；如果遇到沒有那個閒情和中央一一「協議」的時候，又該如何是好呢？

事實上，去年（昭和十三年）七月中旬，在位於朝鮮半島東北端，蘇聯、滿洲、日本（朝鮮）國境接壤處的張鼓峰，就發生了日軍一個師團和蘇軍兩個師交火的重大事件。在蘇軍反覆出動飛機、戰車、重砲進行正攻的近代戰法當前，出動的日軍幾乎是一面倒地挨打，蒙受了重大的損失。

這個地點在地形上，不至於有發展成全面戰爭的危險。當時，參謀本部秘密做了計畫，想透過這種在嚴密作戰指導下的有限作戰，確認蘇軍有沒有介入日中戰爭的意圖；正因為在意義上屬於一種「威力偵察」，所以他們命令朝鮮軍出動（註三）。

但是，這實在是種「玩火」之舉。結果悽慘無比，在蘇軍意想不到的猛攻之前，參謀本部作戰課全都面無血色。

幸運的是在八月十一日，透過外交交涉總算達成了休戰。但就像是這樣，國境附近的小紛爭何時會擴大成大戰，誰也無法預測。不只如此，按照軍隊的力學，一旦戰事開始，就很難要求它停下來。

在這種萬一有事的場合，兵力使用的適當與限度，乃是軍隊統帥的根本。因為憚於張鼓峰的失敗而一味採取消極態度，不只曖昧不明，還什麼都不做，這不等於是在否認被委以防衛國土重任的軍隊之存在意義嗎？這是關東軍的不滿所在。

●滿洲國・新京（1）

緊接著颯爽登場的，是關東軍司令部第一課（作戰）參謀辻政信少佐（36期）[1]。

說到辻參謀，我曾經在戰後的昭和二十九年（一九五四）年底，在議員會館的一個房間中跟他見面。這位前陸軍大佐、陸軍作戰參謀的王牌，當時已經成為國會議員。相貌讓人想起源平時代比叡山的野和尚、三角眼中炯炯放出光芒的辻議員，對我滔滔不絕，講述著自己得意的日本防衛論。

「首先應該矯正自衛隊現在這種傭兵本質，建立起日本的自衛軍，在編制、裝備、訓練上進行根本的改正。為此，我們必須更改憲法，闡明祖國的防衛乃是國民崇高的義務，並確立自衛隊員精神的基礎。如果捨棄這點，國防又怎能成立呢？」

在這種氣焰中，浮現出他想要再次身先士卒，率領軍隊的決心和熱切渴望。原來如此，有這種雄辯，難怪能引領作戰課啊……？我不禁有所領會，並且深感理解。

當時我們拜託他執筆的文稿〈沉潛忍苦的十年〉[2]，後來刊登在隔年（三十年）三月號的《文藝春秋》臨時增刊「讀本・戰後十年史」上。這篇文章是講他為了逃避戰犯究責，從中國大陸悄悄潛返日本，反覆逃亡的十年間故事，也就是《潛行三千里》的後篇。一如往常，他透過說書般的痛快冒險故事，深深吸引了讀者的興趣。

在這份文稿中，寫到他在昭和二十三年（一九四八）五月二十七日登陸佐世保，突破美軍憲兵的偵訊，時隔一個月終於得以洗澡時的故事。

「我的全身有三十幾顆子彈，要是看見這些傷痕，我的身分大概就會立刻暴露吧！」

我看到這段文字很驚訝，於是向一起前往議員辦公室的前輩K先生問道：

「那個時候，辻先生說『在我的身體中，有世界五個國家的子彈。最早是在大場鎮中了中國的子彈、接著是諾門罕的蘇聯子彈、然後是……』他不只這樣炫耀，還拿了X光片出來給我們看；確實全部有六顆子彈，但是在這裡，他卻寫說有三十幾顆……」

K先生一聽，不禁呵呵笑了起來：

「簡單說就是吹牛啦！這是他漸漸誇張起來、自我陶醉的結果。這就是這個被稱為『鬼參謀』的男人他的本性啦！」

又，提到辻參謀的時候，我還會立刻想起另一段插曲；那是池田純久前中將在自己的著作中提到，發生在日中戰爭爆發後不久、昭和十二年（一九三七）七月二十日的事。當時，關東軍參謀辻大尉現身在天津駐屯軍作戰參謀池田中佐面前，對他這樣說：

---

1 編註：燎原出版有辻政信的著作，《東方直布羅陀爭霸戰：日本如何完勝大英帝國》。

2 編註：篇名為〈沈潛忍苦の十年：大陸「潛行三千里」の旅を終えて内地で沈潛の生活は波瀾に滿ち死の恐怖の記録發表す！〉。

「明天關東軍將發動部署在山海關的轟炸機，對盧溝橋附近的支那軍展開轟炸，我也會搭乘戰鬥機前去。」

池田中佐不假思索地問他說：「你是認真的嗎？」辻說：「當然是認真的，我可不是在開玩笑。這樣一來，你們工作起來也會比較方便吧！」於是接著就出現了下面這樣的對話。

「還真是有勞你操心了，不過關東軍要轟炸支那，有獲得中央方面的點頭嗎？我想應該沒有吧！」

「中央方面太過拘泥了，這是我的獨斷決定。」

「如果是獨斷決定的話，那礙難從命。即使這樣，你還是要幹嗎？」

「無論如何都非幹不可。」

辻氣勢凌人地說著。面對辻咄咄逼人的強硬態度，池田中佐不禁愕然，但仍嚴峻地加以拒絕。

「沒辦法，你要做就做吧，不過我們這邊的戰鬥機，會把關東軍的轟炸機一架不留地全部擊落。你有這種覺悟的話就做吧！到時候哭哭啼啼找人訴苦，我可不管啊！」

「你打算對友軍開火嗎？」

「沒錯，一切責任都由我來擔。」

強悍的辻政信面對池田嚴峻的態度，也只好不情不願放棄轟炸的念頭回去了。

完全不把陸軍中央放在眼裡、鬥志滿滿的辻政信，在說完這段話後的不久，一度轉任到中國戰線，但這只維持了一段很短的時間，在同年（昭和十二年）十一月，他就再次回到關東軍，這次是在作戰課任職。

身為作戰參謀的辻相當清楚，面對眼前千頭萬緒的情勢，關東軍的兵力明顯處於劣勢；但愈是這樣，他反而愈是燃起旺盛的鬥志。停戰之後不久，辻飛往張鼓峰附近的戰場；日軍在死傷犧牲一千四百多人後撤退，蘇軍確立了越境的既成事實，並且得以擴大國境線，對於這樣的狀況，辻深感憤恨不平。

明明是參謀本部指導的戰鬥，為什麼這麼消極軟弱？這些人完全不可信賴！朝鮮軍也是一群懦夫。任由情勢這樣演變下去，恐怕會直接影響到關東軍。要不被蘇聯小覷，就必須在蘇軍侵犯國境的時候給予當頭一擊、將之粉碎，如此才能防止紛爭擴大；說明白一點，這正是唯一的可行之道——辻激憤地如此想著。

「迎擊敵人、確保恢復國境線的重責大任（以張鼓峰的情況來說），這樣的現實遭到了無視。確實我方敗北了，以遭到侵犯的狀況畫下句點。當時若是徹底教訓對方，用實力貫徹主張的話，恐怕就不會引發諾門罕的慘鬥了吧！」

辻在戰後的著作《諾門罕》中如此寫道。雖然「恐怕就不會引起諾門罕的慘鬥了吧」這句話和事實完全相反，但這是辻視察過張鼓峰戰場後，將自己的「信念」坦然寫下的結果。當時的辻大概是聽聞參謀本部作戰課的參謀講了些什麼，才會如此下定論的吧！

但是，要將這種「信念」與決心化為實踐，在軍隊這種組織裡，光憑一個人的力量是不夠的，必須要和有志一同的同志強力結合、展開行動才行。辻一邊等待時機到來，一邊構思著對蘇戰爭的構想。這時，或許是命運之神的惡作劇吧，這位堪稱魔性之人的參謀，不知為何得到了有力的臂助。

昭和十四年（一九三九）的人事異動中，參謀本部第三課（編制、動員）的寺田雅雄大佐（29期）、服部卓四郎中佐（34期），以及和辻在士官學校同期、任職於作戰課的島貫武治少佐（36期），調進了關東軍第一課（作戰）。參謀本部之所以將這些在陸軍中央任職的參謀派往滿洲，意思是想充分研究現在作為課題的「對蘇西正面作戰」，也就是以海拉爾為起點，從呼倫貝爾地區一口氣推進到作戰終點線的貝加爾湖、尋求決戰的乙案，到底是否可行？如果對當地徹底進行研究的話，那展開積極攻勢應該也不是做夢了。

關東軍司令部第一課，就這樣集結了千挑萬選的人才。高級參謀（通稱作戰課長）寺田大佐（陸大軍刀組）、作戰主任服部中佐（陸大軍刀組）、島貫少佐（陸大軍刀組），還有已經任職將近一年半，同為陸大恩賜軍刀的辻少佐[3]。另外還有跟服部同期的村澤一雄中佐（34期）、航空主任三好康之中佐（31期）。

對辻而言，這些就任的人，簡直就像是由他親手挑選般的理想。當辻知道這次異動的時候，一定會興奮地說：「幹得好」吧！辻在陸大以優秀成績畢業後，以金澤（第九師團）第七聯隊第二中隊長的身分，參與了上海事變[4]（昭和七年一月），雖然立下戰功卻受了重傷，九月轉任參謀本部；當他在八年（一九三三）十二月傷癒後，便正式成為參謀本部的部員（編制班）。當時的編制班裡有寺田中佐和服部少佐；如今這些同吃大鍋飯的夥伴，又再次集結於滿洲。

不只如此，關東軍司令官植田謙吉大將（10期）是上海事變時的第九師團長，參謀長磯谷廉介中將（16期）直到辻就任前不久，都在擔任第七聯隊長，副參謀長矢野音三郎少將（22期）也是同聯隊出身。這對辻而言，真是徹徹底底的恩惠。同一聯隊出身的人，團結力比鐵還堅固，因此植田、磯谷、矢野三位將軍對辻的寵愛也超乎常人，對他有著莫大的信賴，而辻也有著足以回應期望的行動力、立案力與雄辯力。

在這種有利條件下，又有更貼心的這些人前來就職；在這當中，特別是服部中佐的存在，最讓辻感到深深感激不已。打從在參謀本部編制課同席的時候，兩人就莫名地特別投緣。他們都是罕見的秀才，作為軍人的體力和膽識都十分優秀，但在性格上卻宛若水火般天差地遠；辻是內柔外剛，信念、才智與豪氣縱橫，所到之處屢屢掀起風雲，也樹立不少敵人。服部則是剛好相反，性格內剛外柔，飽受前輩後輩尊敬，是個具有包容力的人物，在菁英幕僚的道路上，一步一步往前邁進。

剛毅不屈，被稱為鬼參謀、勇士參謀的辻，卻把服部當成打從心底信賴尊敬的上司，仰慕並追隨著。反過來說，能把辻當成部下隨心所欲指使的上司，也只有服部一人而已。

熟悉兩人的舊軍人，紛紛針對兩人的奇妙結合做出說明。

「只能說他們明明性格相反，卻反而深深結合在一起。特別是服部在辻身上，發現了自己所沒有的東西。」

「辻只是一個衝鋒隊長，並非統帥大軍之才。了解這點的服部於是巧妙利用了辻；畢竟當服部需要施展權謀術數時，像辻這樣的暴亂之徒是必須的。」

3 編註：陸軍大學每一屆成績排名前六的學官，因能獲得天皇御賜軍刀而以「軍刀組」稱之，亦有「恩賜組」之稱。

4 譯註：中國稱為一二八事變。

綜合以上，或許我們可以這樣說：辻身為軍人，在透過個人行動推動局面的時候，是個擁有無限活力、縱橫四面八方的人物，但每當必須仰賴組織力量的時候，經常會被排拒疏遠。這時候，服部的存在就變得很必要。反過來說，對官僚軍人服部而言，衝鋒隊長辻的存在，或許也是如此吧……？

不管怎麼說，對辻而言，理想的條件都已齊備。有對自己滿腔信賴的高層——認為「滿洲現在的狀況，只有你最了解」，將萬事託付給自己的同僚，還有做為強力後盾、值得尊敬的前輩。不只如此，關東軍的作戰課也都是恩賜軍刀組，陣容和參謀本部作戰課足以相匹敵。

辻很清楚看見了實踐自己信念的機會到來。

確實，仍在處理日中戰爭的時候，對北方正面的事端必須再三戒慎，這是毫無異議餘地的。問題是，當事件發生時該怎麼做，又該採取怎樣的手段？

參謀本部作戰課希望「就算被侵犯也不要入侵」，並且要求他人遵守。問題是，明明對手有機可乘或是在眼前露出弱點，卻一味採取消極頹廢的態度，反而會誘發事端。我們遇到事情的時候，經常必須面臨這樣的決斷。關東軍和陸軍中央迥異，他們的方針是「不侵犯也不被入侵」：

「唯有具備『近則斬之』、不受侵犯的威嚴，才能保持北方邊境的靜謐。」

辻在日後著作中寫下的這句話，恐怕是部內毫無爭議、一致認同的意見吧！結果，這個發想變成了「自軍司令官以下，到全關東軍每一個兵卒的信條」，而這樣的豪言壯語，同時也成為了他們的一大方針。

仔細想想，這件事其實有點奇怪；畢竟，這種方針根本不是軍隊統帥應該嚴肅遵守的精神。更進一步說，從這個發想中，我們可以清楚聽到對參謀本部作戰課方針的非難與嘲笑。這種集團主義，或許可以說是明顯的反叛吧！

關東軍作戰課現在和輪廓模糊不清的參謀本部作戰課集團主義相反，以作戰參謀辻政信，以及他倚為靠山的作戰課主任服部卓四郎這兩名極度好戰的人士為中心，開始邁向自行其是的道路。這是新京暴亂者的個性主義，對東京秀才集團主義的挑戰。

辻這樣寫道：「綜觀前後，像當時關東軍司令部這樣上下一體、堅定團結的人際關係，可說是絕無僅有的。」

完全是一派樂觀的態勢。

●滿洲國・新京（2）

昭和十四年（一九三九）四月二十五日，矗立在滿洲國首都新京的新市街、從中央大路稍微往西的西公園眼前的關東軍司令部中，雲集了身穿簇新軍帽軍服的高級軍人。這天是按照慣例，軍司令官與師團長會面的日子。

席間，植田軍司令官將新的關東軍處理方針《滿蘇國境紛爭處理要綱》，以「關作命第一四八八號別冊」的形式，傳達給麾下的將軍。

植田大將語調鏗鏘地表示：

「作為當面優勢蘇軍、警戒不確定處甚多且國境線長遠的軍隊，今後我們必須以『不侵略也不被入侵』為基調，抱持堅定的決心來面對一切問題。」

不用說，這是無視於參謀本部的「年度作戰計畫」遲滯，由辻參謀立策、擬案，獲服部參謀確認，並得到作戰課一致強力推進的方針。

「面對滿蘇國境的蘇軍（含外蒙軍）的不法行為，要在周全的準備下，給予徹徹底底的痛懲，好懾服蘇軍，將他們的野心從一開始就徹底封殺摧毀。」

他們主張的，就是這樣一套強硬的方策。

由八項要素構成的命令，打從最初開始就是如此。對敵人的不法行為以斷然徹底的方式加以痛懲，透過這種方式就能防止事件的頻傳與擴大；畢竟「徵諸蘇軍的特性與過去的實績，這是極為清楚明瞭的事情」。

他們把蘇軍想得太過簡單，甚至可以說是輕視。簡單說，他們的蘇聯觀，完全沒有踏出昭和八年（一九三三）五月六日配發的《對蘇戰鬥要綱》（註四）當中的觀念。

根據這份昭和八年的《要綱》，蘇聯人「頗為素樸，特別是順從於命運」；對於暴政，他們「多半抱持消極自棄的態度，心甘情願承受，完全欠缺打破難局的企圖心」。只是他們體力強大、善於堅忍持久，具備「對困苦欠乏、特別是酷寒頗能忍耐」的特性。更進一步說：

「蘇人大致上都是頭腦簡單、科學思想不發達之輩。因此，他們在對事物進行精密計畫，並加以著實與組織性的推進上，不管是素質或能力都相當不足，且在很多時候，都顯得鈍重而欠缺便通之才。」

因此，蘇軍的特性是這樣的：

「因為服從強者特性的緣故，他們面對強者，就會露出實力以下的膽怯，面對弱者，就會展現出實力以上的勇猛。」

「他們欠缺獨斷力以及企圖心，常會墨守既定計畫與命令，導致戰機逸失。」

「協調動作不良，自始至終各自為戰的情況相當多。」

以下還列舉了五個項目，總之就是強調蘇軍消極鈍重、頭腦簡單不科學，且欠缺精神力。只是因為他們相當粗神經，所以能忍耐困苦欠乏，對小敗仗的感受性也頗為低劣，甚至可說近於愚鈍。

那麼，要與這樣的蘇軍為「敵」進行戰鬥，又該怎麼辦才好呢？在《要綱》中的「對蘇戰鬥法要義」裡是這樣說的：

「尋求速與敵人決戰，透過在初戰獲得極大的戰果，從而盡早摧破敵軍的戰意。」

「以我軍最擅長的公式與機動來壓制敵人的消極鈍重，經常制敵機先，在敵人的戰力尚未完備之前就予以攻擊，一舉讓其陷於潰滅境地。」

以下的要義直到二十四項，都是諸如「作戰指導帶有退避的色彩」，或是「對情勢變化臨機應變的能力相當欠缺」之類，對蘇軍能力極為輕侮的形容。簡單說，這就是日本陸軍觀念中，對蘇軍戰力普遍的評價。

這次關東軍司令部下達的《處理要綱》，也是基於這種自我感覺良好的優越感而寫成。也因此，在《處理要綱》中，特別是最成問題的第三項與第四項，都是用若無其事的語氣寫成。比方說第三項是這樣寫的：

「在國境線清楚明瞭的地點，對我方的前進應當像不讓對方入侵一樣嚴密自戒，但當認定對方越境時，應該在周全的計畫準備下，使用充分的兵力加以急襲殲滅之。為了達成上述目的，可以一時進入蘇聯領土，或是引誘、遲滯蘇軍於滿洲國領土內。」

在第四項中，更進一步放言說：

「在國境線不明確的地區，防衛司令官應該向第一線部隊明示自主的國境線，這樣一方面可以防止引發無謂糾紛，對第一線的任務達成也比較容易。

另一方面，在上述地區中，應避免採取必要以外的行動，假使一定要行動的話，必須要保持極嚴密的警戒與周全的部署；萬一發生衝突，則不拘於兵力的多寡與國境的狀態，只求必勝。」

最後它甚至還明示：

「一直以來的指示通牒等，從現在起全部廢棄。」

這實在是份相當駭人的方針。為了殲滅越境的敵人，不惜從國境外引兵進來，對天皇的統帥大權也絲毫不考慮，甚至可說是完全無視。又，在國境線不明確、容易引起紛爭的地區，要依賴「自主的」、也就是隨自己意思認定國境線的方式來防止紛爭，簡直就是全然不通的歪理吧！這不只是把越權行為視為合理之事，還是無比危險的戰鬥挑釁（註五）。

但是在此同時，這種武斷主義的背景，其實是前面提到的對蘇軍之輕視，以及作為昭和陸軍戰術思想主流的「一擊主義」。也正因此，植田軍司令官和磯谷參謀長這些上面的大人物，才會如此輕易地接受它；如果說他們單單只因為是賞識的部下提出案子就接受，這未免太粗糙了——不，若說率領關東軍的人物就只有這等程度的智慧、且內涵貧乏至極，或許真是正確的看法也不一定。

但是在接獲指令的將官中，也有立刻看穿其極度危險的人物在。第三軍司令官多田駿中將（15期）就站起來激烈地反駁；多田直到昭和十三年（一九三六）底都在參謀本部擔任參謀次長之職，對大勢看得很清楚，特別是張鼓峰事件，對他而言是相當痛苦的體驗——

「我確實收到了您的指示，可是如果按照這份指示行事，恐怕會招致意想不到的結果；所以我希望不要這麼急躁，至少留下一點考慮的餘地。」

但，植田大將並沒有接受他的建議：

「你不用擔心這種事，萬事有我植田處理；第一線的眾人只要心無旁鶩，斷然擊退侵入者就行了。」

同時也有另外一段插曲：在另一個房間舉行的參謀長會議中，有一位被這份破天荒方針嚇到的參謀長反問說：「這樣做真的好嗎？」頓時引來滿堂哄笑。只見關東軍參謀長磯谷中將臉不紅氣不喘地回答道：「既然已經寫下來了，你們只管照著做就對了。」隨侍在旁的辻參謀，則在身為大前輩的將官們面前，表情嚴峻、斬釘截鐵地說：

「做就對了，這是命令。」

接下來，在參謀長會議席間受到各式各樣質問的磯谷，對於西北呼倫貝爾地區的國境線，做出了明確的發言：

「就以哈拉哈河為國境，這點已經被中央所認可了。」

這是對後來造成問題的一句重要發言。它不只是諾門罕事件的發端，更是讓悲慘無比的戰鬥持續下去、直到停戰為止，堪稱影響極其重大的一句話。

戰後的磯谷說這句話不是謊言，他的主張也不曾改變：

「這附近的國境是陸軍大臣向關東軍明示，要以『哈拉哈河』為界，關東軍也依此對國境有了明確認識。國境確不確定，全然是軍方中央的問題，和關東軍一點關係都沒有。」

回答質問的磯谷，用鉛筆寫下了這樣一份文件。對關東軍而言，國境線為哈拉哈河，乃是不證自明之事，態度曖昧的只有陸軍中央、也就是參謀本部的傢伙而已——磯谷到死都這樣堅持。

但是，曾任參謀本部作戰課長的稻田正純，對磯谷的主張則不屑一顧。

「大本營從來沒有對關東軍明示過國境線，一切全是關東軍自行其是。」

換言之，參謀本部這邊認為一切責任都在關東軍司令部。在關鍵的國境線認知上，陸軍中央與關東軍司令部的齟齬，實在是令人無法置評。不久後爆發的諾門罕事件，會演變成環繞著國境線蠻幹的超級「慘戰」，也是理所當然的事吧！

儘管如此，稻田作戰課長所言、國境線的事情「全是關東軍自行其是」，實在也讓人難以忍受。說到底，明確認定國境線，難道不是大本營必須做的緊要之事嗎？還不只如此，對關東軍自行擬定的《滿蘇國境紛爭處理要綱》進行充分檢討、並做出明確判斷，不也是身為戰略戰術最高中樞的參謀本部應負起的責任嗎？

●東京・三宅坂上

關東軍司令官在發布命令的同時，也將這份文件報告給參謀總長；這算是一種遵守規矩的事務手續。儘管如此，收到這份文件的參謀本部，卻沒有做出任何正式的意見表示，以及明確的判斷。既然沒有回應，那關東軍會額手稱慶，認為這項方針已經獲得陸軍中央的認可也是無可厚非；畢竟這樣的情況，在實務上是很常見的。

就像前面已經提到的，參謀本部作戰課這時候正處於極度忙碌之中；包括中國戰線方面占領漢口後的戰爭指導、兵力整頓、日德義三國同盟問題、天津英租界事件等都必須處理，因此他們也在連續的會議間不斷東奔西走，這是事實。但是與其同情他們，不如說這時候他們更應該針對這份決定「在國境紛爭中積極展開攻擊」的《處理要綱》，毅然決然表達參謀本部的想法與意志，而不是擺出一副彷彿默認承受的曖昧態度啊！

但是，更奇妙的事還在後頭。戰後的昭和三十二年（一九五七），稻田作戰課長將他的回憶錄發表在雜誌上。他很嚴酷地說：從整體形勢來看，就算發生國境糾紛，「單單只從關東軍的立場，沒辦法判斷兵力使用的適當與否以及限度。」但是，他們也沒有預先向關東軍指示原則，提出需要由上級管制的問題種類有哪些，因此給了關東軍某種程度的裁量權。他說：

「總而言之，中央的意圖是用個案處理的方式來防止事態或糾紛的擴大，並透過和第一線密切的聯繫來進行處理。因此對於《國境處理要綱》，立基於以上的大原則，表示『已經受理了』，這就是我們的本意。我相信這些中央的意向，應該已經透過幕僚聯繫等方式，充分傳達了才對。」

這實在是相當不可思議的言論。簡單說，參謀本部應該已經透過「幕僚聯繫等方式」，將「不論發生怎樣的糾紛，都不應擴大」的意思與方針，傳達給關東軍了；可是關東軍作戰課對此一無所知，卻做出《處理要綱》已經被中央受理的判斷。在這一點上，他們的判斷是相當明確的，實在不能冠上「任意妄為」這樣的形容詞；畢竟，東京連一句話也沒有說啊！

土門周平先生在一份有趣的觀察中指出，東京的稻田課長與新京作戰課的眾人，在過去——更正確說是前年（十三年）的春天，曾經爆發衝突，從而在彼此心裡留下了芥蒂。引發衝突的主因，是當時蔚為世界風潮的一師團三聯隊[5]編制的問題。將迄今為止師團內的聯隊數由四個改編為三個，不只能夠在有限的預算與物資範圍內增添作為戰略單位的師團數目，而且在運用指揮上也更為輕快。

日本陸軍把三聯隊案視為妙案良策，為了讓它得以順利施行，以參謀本部編制動員課（第三課）為中心，開始大張旗鼓地研究與推進。主要負責這個案子的是服部卓四郎少佐，底下的課員則有寺田雅雄中佐與辻政信大尉。

接著在三月三日，稻田大佐從陸軍省軍事課轉任為作戰課長。稻田是「全面三單位改編」的強烈反對者；結果，大綱幾乎已經擬定完成、差一步就可以大顯身手的編制動員課，被稻田迎面澆了一頭冷水。

服部大受衝擊，畢竟是已經端上檯面的案子，結果卻突然遭到異議。怎樣都無法心服的服部再三尋求翻案機會，但稻田頑固地一步不讓。儘管以編制動員課的課員為首，有很多人在後面支持服部，但嘮叨的新任作戰課長講出的話，還是分量十足。

當時那場大論爭留下的芥蒂，直接影響到了東京與新京的分道揚鑣。一旦塵埃落定，過去的事就一股腦地付諸流水，全然不影響往後的工作狀況——這種事是不可能的。土門周平指出，「如果用春秋筆法來說的話，諾門罕事件的敗因就在這裡。」我相當贊成他的意見。

就像寺田、服部、辻三人即使到了新京，也還是會就三單位論爭留下的芥蒂各自述懷一樣，稻田對於關東軍作戰課的成員，也抱持著化解不開的隔閡。關東軍送來的《處理要綱》之所以會被當成紙屑一般輕忽對待，應該也是這件事留下的影響所致吧！

以稻田為中心、抱持集團主義的參謀本部作戰課，為什麼會在戰後有志一同、對《處理要綱》的事閉口不提呢？大概是因為明明應該即時正式否定這份《處理要綱》，且參謀中也有人認為應該這樣做，但最後卻什麼也沒做的緣故吧！拜他們的不作為所賜，辻參謀理直氣壯地說：

「關東軍自滿洲事變以來，便有著反中央管制、斷然在滿洲實施作戰的風氣，這種風氣今後也將持續下去，形成一種不怕中央、也不怕蘇聯的傳統。」

服部參謀也像是和辻相應和般，指責陸軍中央的怠慢：

「我認為本要綱已經獲得了中央方面的認可。首先，『關東軍司令官的責任，就是防衛滿洲』；對國境不明確地區的國境防衛，假使不如本要綱所示，那在實行上會相當困難。如果國境外的行動屬於權限之外，那首先就應該確定國境，然後再來賦予國境防衛的任務。」

---

5 譯註：等於西方編制的一個師下轄三個團。

服部和辻代表的自信與氣勢，最終引起了大事件。以他們兩人為中心、關東軍這群自行其是的參謀，大概沒有把這年三月十日，史達林在黨大會上的演說內容給聽進耳裡去：

「蘇聯會支持遭到侵略國所犧牲、為了祖國獨立而奮鬥的民族。蘇聯不怕侵略國的脅迫；對蘇聯國境的打擊，我們會用加倍的力道反擊回去。」

史達林對於國境的保全，也是抱持著「不入侵也不被侵犯」的強烈意志。

註釋

（註二）日本陸軍之所以認定哈拉哈河為國境，是援引一七二七年沙俄與清國之間締結的《恰克圖條約》劃界基準而定；簡單說，沙俄軍的地圖上都是這樣畫的。但是蒙古人民共和國（外蒙古）不承認這點。在外蒙古的強烈要求下，蘇軍於一九三二年（昭和七年）至三四年間製作軍事地圖的時候，將國境線變更到哈拉哈河東岸。日軍是在諾門罕事件爆發後，從敵人手中奪得二十萬分之一的地圖才得知這點；在此之前，他們似乎並沒有想過把國境變更到哈拉哈河東岸。

（註三）張鼓峰事件令人驚訝地，是在參謀本部作戰課主導下擴大起來的衝突。在紛爭初期、尋求解決的外交交涉剛起步之際，以課長稻田正純大佐為中心的作戰課內，立基於「威力偵察」論的作戰案，呼聲甚囂塵上；不只如此，這個案子也受到閑院宮參謀總長、多田駿次長、橋本群作戰部長、板垣征四郎陸軍大臣、東條英機次官等全員贊成，唯一提出反對意見，認為「不應使用武力」的，就只有昭和天皇。但是作戰課幹勁滿滿，雖然有天皇的裁示，還是一頭往前狂奔。結果，第一線也就如陸軍中央所渴望的一般，燃起了熊熊大火。

（註四）《對蘇戰鬥要綱》是參考昭和八年（一九三三）時的參謀本部第三部長小畑敏四郎少將的意見，由作戰課長鈴木率道大佐擬定成案。小畑與鈴木都是把對蘇戰略放在首要地位的皇道派成員；在昭和十一年（一九三六）的

（註五）

二二六事件中，他們從陸軍中遭到了放逐。但有趣的是，把「中國一擊論」放在首要地位、將皇道派趕走的統制派陸軍中央，卻依舊信奉著這群老敵人制定的《要綱》；這除了說他們不用功以外，再無其他話可說了。又，關於這份《戰鬥要綱》，在前原透的著作中有詳細論述。

無論戰時或平時，兵力的出動命令，都需要大元帥（天皇）發動軍令大權方能決定。不過在「不得已的急迫情況下」，得以在官方的請求以及軍司令官的自發行動下，於平日出動兵力。這些被認可的例外情況包括了：一、應付國內叛亂的情況；二、應付結黨使用武器、反抗國家的情況；三、在國外為了防衛國家與國民利益，必要的情況；四、需要透過兵力統治的情況（戒嚴令宣言、軍事占領地統治等）。這些例外都是因為軍隊指揮（統帥權）有困難的緣故，但關東軍主張，他們《處理要綱》是符合例外中的第三項；當然，這不能不讓人覺得是有點強詞奪理。又，軍隊指揮官明明是在不急迫的情況下，卻無故對外國展開戰鬥，應適用陸軍刑法第三十五條「司令官（指揮官）對外國無故挑起戰鬥，應處死刑」（海軍的情況則是海軍刑法第三十條）。

第三章

五月

屏退李維諾夫的史達林，任命重量級人物莫洛托夫兼任外交部長。出了第一步棋的他，期待著希特勒接下來會用什麼方式回應。然而，被評為「為了驅除惡魔而與撒旦訂契約」的德蘇交涉，其實並非一直線往前邁進的。

●德國‧鷹巢山莊

這時候的希特勒，不知為何幾乎不曾出現在大眾面前。五月的柏林，正是一年當中最美麗的季節；菩提樹下大街（Unter den Linden）的菩提樹，開始綻放起黃褐色的花朵，飄散的芳香，在在讓人心蕩神馳。但是就連這樣的柏林，希特勒也只是偶爾來此晃蕩一下，然後也不做什麼重大談話，就馬上又離開了。

他大部分的時間，都待在貝希斯特加登（Berchtesgaden）的鷹巢山莊裡。五月五日，波蘭外交部長貝克（Józef Beck）在議會演說時表示，「波蘭將不會答應德國的任何要求」，擺出一副強烈拒絕的戰鬥態勢。即使如此，希特勒還是沒有做出任何回應，完全看不出有什麼變化。世界上的人們從現實觀察，都在想「德國現在果然是沒有拔劍而起的勇氣吧？」

希特勒的沉默，大概就像是英國駐德大使亨德森（Sir Nevile Henderson）所言，是「凝視著棋盤，等著對手下出壞棋，從而讓自己得以直接獲利，堪稱是高段的棋手」吧！希特勒一邊思量，一邊等待；在此同時，他也沒能確信史達林的下一步會是什麼。

希特勒非常小心謹慎。他一直懷疑，史達林做出替換外交部長之類的動作，是不是為了和英法交涉更為順利，從而發出的煙霧彈呢？希特勒完全不信任史達林。他不只不能忍受被那種渾身權謀術數、令人不悅的人物給玩弄，有時候還會在狂怒席捲下，嚴厲命令要抹殺想像中的敵人。但這時他卻莫名堅定地忍耐，等待著某種時機的到來。

希特勒到底是什麼樣的人？這個問題若是能夠簡單答覆的話，那這世界上就不會有接近兩千本希特勒相關的傳記問世了吧？日本在第二次大戰期間的領導人東條英機，說到底也不過就是十來本傳記，簡直就是橫綱和序之口[1]的差別。從這個角度來看，我們也不得不頷首同意，希特勒「確實應該用偉大來加以形容」（約阿希姆・費斯特〔Joachim Fest〕在《希特勒傳》的破題語）吧！

希特勒的心腹——軍需部長史佩爾（Albert Speer）寫下的一段故事相當有意思。在德國占領巴黎的第二天（一九四〇年六月十五日），希特勒在將領的簇擁下，以勝利者之姿堂皇進入城中。入城之後，他首先做的第一件事是：

「我想去巴黎歌劇院。」

進到歌劇院後，希特勒親自為將軍們鉅細靡遺地導覽；然後他注意到，在歌劇院裡沒有包廂。當他指出這一點後，隨侍在旁的劇場導遊承認了這件事，並回答說：「在幾年前的改裝中，我們把包廂給去掉了。」聽了他的回答，希特勒雀躍地說：「怎樣，各位？我就說我很了解巴黎歌劇院，你們現在都知道了吧？」

儘管他從年輕時候起就很關注建築，但在獲得青史留名勝利的第二天，他還是忍不住燃起了青澀時

1 譯註：初級相撲力士。

期的熱情，並沉醉在其中——

話雖如此，但史佩爾描寫出的另一副希特勒面貌，卻是相當陰森可怖的。史佩爾曾經「從火來看希特勒的本領」，得出的結論是這樣的：「他喜歡的火不在於創造面，而是在於它的破壞力。」

「希特勒會在元首官邸裡，反覆且熱衷地觀看被火焰包圍的倫敦、襲擊華沙全市的火災、被U艇攻擊爆炸的運輸船團等影片。即使到了戰爭末期，在被盟軍猛烈轟炸的地下防空洞裡，他還是詳盡地對我們描述在爆炸聲中燃燒，化為巨大火炬的紐約摩天大樓，在爆炸中燃燒成一片鮮紅的大都會光景如鮮血一般，染上赤紅雲霞的天空……他的狂熱沒有比這時候更加逸脫常軌的了。」

結果，這個留著卓別林式小鬍子、流浪畫家出身的獨裁者，是否真的不存在歷史上所謂的偉大「人格」呢？性格異常者，為瘋狂所囚的囚徒，裝成愛好男色，實際卻好女色之人、愛聽華格納音樂的暴君、資本家的看門狗、擅長演說的煽動家……希特勒其實就是個凡事輕浮易變、佯裝不覺、充滿矛盾、極度曖昧的人物吧？

——不，並非如此，他是個在屈辱中挺身而出的英雄，也是個真正的獨裁者。他既是個雄辯家，也是個打從心底為自然美感到歡欣愉悅，小心客氣、在幼兒與動物面前，會自然落下感傷眼淚的人……

即使讀了各種關於他的論著，還是無法清楚理解他究竟是個怎樣的人。要用邏輯分析說明希特勒的性格，基本上是不可能的事。

然而，只有一件事再清楚不過，那就是他的目標——打破第一次世界大戰後的凡爾賽體制，重振德國為世界強國，恢復舊德國的殖民地，建設「一個國家、一個民族、一個領袖」的大德意志。

不管哪一個目標，都必會與英美法支配的舊秩序正面衝突。這是靠外交努力解決不了的事情；要變更國境線、擴展德國的領土，只能仰賴戰爭為之。反過來說，沒有戰爭的覺悟，就不會有強硬的外交。挑戰領土條約這件事，是與戰爭直接連結在一起的，希特勒對這點是再清楚不過了，而他也完全不介意戰爭的危險。

這樣的希特勒蟄居在鷹巢山莊裡，凝神思索的，是世界情勢的錯綜複雜。儘管蘇聯換上莫洛托夫擔任外長，但他們在報章上的論調或是官方發言，並沒有特別顯著的變化。英法與蘇聯、蘇聯與日本、英法與義大利、德國與日本、德國與蘇聯……各國的利害關係微妙糾纏在一起，要梳理清楚並不容易。除此之外，還有潛藏強大軍事力量的美國。不管哪個國家，想要簡簡單單坐享其成，都是不可能的事。此刻，在沒能預料到史達林的最後態度前，希特勒是不會行動的——更正確來說，是無法行動的。

儘管大多數人都服膺於希特勒的指揮，但若蘇聯積極站在波蘭這一邊的話，德國國防軍的將領與海軍指揮官們，也是絕不會允許希特勒賭上風險、展開世界大戰的。德國在軍事上的夢魘，就是必須在東西兩個正面同時進行作戰。西與英法作戰、東與蘇聯正面衝突，德國是無法勝利的。而且從蘇聯那裡聽到的愛國演說，都充斥著諸如「不管怎樣的侵略者，只要膽敢攻擊蘇聯，蘇聯一定會把他們在自己的領土上加以殲滅」這樣的勇猛壯語。

儘管如此，像是為了不輸給眾多反德聲浪般，德國也不忘透過廣播和報章媒體，對波蘭大加施壓。德國說，如果戰爭爆發的話，原因絕對是出自波蘭政府的冥頑不靈；他們向波蘭國民這樣警告脅迫說：

「各位的新朋友英國，完全不可信賴。英國不久後，就會厭倦於對你們抱持積極的態度。就像他們在慕尼黑背棄捷克國民一樣，他們只是用甜言蜜語欺騙各位罷了。」

同時，希特勒也再次將視線投向亞洲那個莫名不可靠的帝國——日本。一旦非得跟英法交戰不可的時候，日本的海軍力量無論如何都是必要的；除此之外，義大利的陸軍力量也……不只如此，如果要讓蘇聯不致為患的話，在背後構成威脅的日本陸軍力量，也會成為可以仰賴的友軍吧？假使三國軍事同盟能夠成立，那當德軍攻入波蘭的時候，英國搞不好會再次採取「慕尼黑式的妥協」也說不定呢？希特勒在山莊裡一直眺望著地圖、沉思不已。

●東京·首相官邸

樹梢吐露嫩葉、微風送爽的五月到來；但在東京，環繞著宮城的核心地帶中，卻完全看不到任何明朗的氣氛，依舊過著憂鬱的每一天。日德義三國同盟所造成的政治混亂，正在不斷地加速當中。

流傳在街頭巷尾、關於德蘇正在靠攏的傳言，最近也登上了新聞版面，被報章媒體當成確定的訊息大肆報導。街角有人貼起了「即刻締結三國同盟」的海報，雜誌上刊載的觀察文章也開始指出，英德為波蘭開戰已是在所難免。

平沼內閣雖然壓下了一部分主張中斷交涉的論調，仍然決定繼續和德義進行交涉。但因為五相意見不一致、什麼事都做不了，所以從外面看起來，反而是呈現一副悠悠哉哉、令人瞠目結舌的景象。想要盡早締結協定的陸軍中央，則是一派焦灼不安。他們不斷鞭策平沼首相，對他施加近乎恫嚇的壓力，最後終於成功在五月三日，讓首相直接去電給希特勒和墨索里尼，以求打開局面。但是在五相會議上，面對外相有田與海相米內的強烈抗議，平沼又退讓了；結果他的去電跟陸軍期待完全相反，呈現出一副半吊子的態度。

「日本已經下定決心，當德義受到蘇聯以外第三國攻擊時，將會站在德義一邊，提供政治、軍事上的援助，且有可能進行武力援助。但是關於武力援助這點，現在因為諸多因素之故，事實上無法立刻實施；不過將來在可能的時候，自當給予這樣的援助。」

對陸軍中央而言，這是一份曖曖昧昧，對於武力援助講得不清不楚，讓人很不滿意的文件。但為了內閣存續，這也是不得不為之的手段。這封電報被翻譯成法語，透過德義兩國駐日大使轉傳回本國。

不知該說是時機正好還是壞，就在同一天晚上，駐柏林的大島大使將德國條約局長考斯（Friedrich Gauss）提出的個人方案，呈報給日本政府。這項個人方案的亮點在於，它主張對「明言參戰義務」等問題事項不做正式表明，而是以交換公文的形式為之。所謂交換公文，指的是兩國政府間對議決的諸多事項保守秘密，但仍然具有相當於條約的同等效力。

原本焦灼不安的陸軍中央看到這份提案，一下子整個活躍了起來。他們立刻召開省部相關課長的會議；陸相板垣帶著會議的結果，在五月六日的午後，一一造訪有田、米內、藏相石渡莊太郎，表明要全面應允考斯方案，並逼迫他們在預定第二天召開的五相會議上，對陸軍全體的意見做出「善意的回應」。

但是就在這天晚上，大島又傳來了一封長文電報。這是他在五日這天，和從慕尼黑趕回的外交部長里賓特洛甫之間互通電話的內容。里賓特洛甫在電話裡這樣說：

「元首讀了三日傳來的平沼電文，但覺得日本的態度仍然相當不明確，因此很難同意。平沼首相說『下定決心進行武力援助』，意思是說，當德義受到攻擊的時候，即使日本沒辦法進行有力的武力援助，也已經做好了立刻進入交戰關係的覺悟；這樣的解釋是否正確？」

大島毫不遲疑、當場答道：

「就是這樣沒錯。」

這點日後造成了大問題；儘管大島說得斬釘截鐵，但日本那邊根本還沒做出任何決定啊！

里賓特洛甫接著又說：

「其實考斯方案我也大致瀏覽過了，但是元首還沒讀過，所以我不能確切保證元首是否能夠諒解方案的內容。」

大島的電報明白顯示，希特勒不會同意在條件有所保留的情況下締結條約。希特勒說到底，最討厭那種近似巧辯的曖昧話術；畢竟這樣的東西，只會徒然造成混亂與矛盾，而不管考斯方案或平沼方案，在萬一的時刻，都會變成不上不下的半吊子。

三宅坂上的殺氣，一日比一日來得更濃烈；畢竟這個提議已經討論了半年，事態的發展卻愈來愈看不到解決之日。讓日本自主決定參戰，這樣不就好了嗎？軟弱的海軍總是擺出一副娘娘腔的沒用模樣，實在讓人是可忍、孰不可忍！

五月七日，在打定主意要來場中央突破的陸軍中央全體軍官激勵下，出席五相會議的板垣，照著預定計畫宣示了陸軍全體的意願。這是最後的努力。他的論述實在稱不上滔滔不絕，也沒有什麼值得大書特書之處；畢竟出身盛岡的他，是眾所公認的沉默寡言。

板垣的沉默寡言，其實在八年前滿洲事變從引燃到爆發的過程中，扮演了重要的角色。作為關東軍作戰參謀、天才戰術家石原莞爾的後盾，當時身為高級參謀的板垣，具有相當重要的存在意義。當石原的計畫在天皇與陸軍「嚴守不擴大原則」的命令下瀕臨瓦解之際，板垣站上了火線；當以石原為首的其他參謀都已經放棄的時候，他坐在軍司令官本庄繁中將面前，為了讓他說出一個「好」字，執拗地不肯退讓。一位熟知板垣的人這樣說：

「板垣這人雖然一瓶威士忌下肚就會變得相當健談，但平常則是木訥寡言，就連他自己也知道，自己是個木訥無表情的人。在說服本庄軍司令官的那個晚上，他大概也是這樣，什麼都不說，就只是瞪著本庄中將，在那裡直直坐了三個半小時吧！」

這段話清楚描繪出了板垣這人的個性。他在陸士的成績並不好，進入陸大就學也比其他同學晚了整整三年。正因如此，他幾乎都是在第一線的部隊服勤，飽嘗各種甘苦，是個實踐派軍人，在機智敏銳方面，實在要讓人打個大問號；但拜滿洲事變的功績所賜，他一路飛黃騰達，現在更坐上了陸相的位置。

讓這個質樸的軍人在這種關鍵時刻坐上陸相之位，對他本人而言或許是件不幸的事，對全體陸軍而言又是如何呢？在陸軍內部的評定是，他是個讓人感到信賴、忍耐力強，也有實行力的人。重要的是，他並不看重名利，只要理解狀況，就會像機器人一樣親身實踐——這大概就是他唯一的強項了。

「就算板垣的腳被針猛然刺了一下，大概也要一小時後才會開始感覺到痛吧！」

這是石原對板垣的評論。是大賢？還是大愚？雖然石原一派的言論中，隱喻了板垣的器量宏大，但這時候的陸軍中央，確實也是利用了他的堅持與器量，把他當成提線傀儡，開開心心地在操縱他吧！

板垣就這樣摒除了政治的算計，正正當當地按著幕僚的文章照本宣科，長篇大論地論述起現在「不得不締結協定」的理由。這段討論保留在米內海相的手記，以及陸海兩省的「經過資料」當中；透過這些記錄，我們可以大略得知當日的狀況。

「現在我國眼下最重要的國策問題，是支那事變的解決，而阻撓這點、相助支那的，是蘇聯與英國。透過和德國締結協定，可以在歐洲牽制住這兩國，這就是這項條約的意義。如果擺出一副顧慮這兩國的態度，那事變就絲毫看不到解決的可能；因此即使會嚴重損及他們的情感，在這時候也是不得不為之。相反地，若是透過德義確實攜手得以壓制英蘇的輕率舉動，那對日本是有利的。又，因為我們不認為美國會積極投入世界戰爭，所以就算和德義結合，應該也不至於讓美國採取更進一步的行動。」

板垣講完陸軍的決心與盤算後，接著又語帶威脅地說：

「相對於此，如果協定無法成立，那和德義的關係就會變得薄弱，也會被英法所輕視，日本的立場將益發困難，不要說解決事變了，甚至連滿洲都可能失去。對現在出動百萬大軍的陸軍而言，如果採取對德義和英法首鼠兩端、凡事不決的政策，那不管在戰場或內地，對政府都會失去信賴，對解決事件的前途，更不得不打從心底感到憂懼。」

因此，板垣強烈主張，應該全面同意考斯的方案：

「說到底，這項條約的精神是『意義上的參戰，而不是預想要參戰』，不是嗎？它的精神就只是日德義團結一致，有必要拘泥於箇中的字句嗎？它只是希望我們參戰而已；我們這邊的訓令電報中，也使用了『參戰』的字句啊！因此姑且不論本質上的決定，對德國方面的要求，自然應該照單全收。總而言之，為了解決日支事變，締結協定是必要的！」

米內立刻提出反駁：

「我們這邊的訓令電報，連一次也沒使用過參戰字樣。我倒想問問陸相您，到底哪一個字句可以解釋成『參戰』了？」

板垣答不出來，更正確說是擺出一副佯裝不知的樣子。

「大家對參戰的意義究竟是怎麼想的，透過討論可以更加辨明。故此，我想聽聽看以總理為首，各位的意見究竟如何？」

米內又反覆問了大家的意見，但誰也沒作答。取而代之的是石渡藏相，提出了一個微妙的問題：

「在經濟問題上應該盡可能避免刺激英美，不知陸海軍大臣的意見如何？」

米內高興地說道：

「現在，美國可說是極端厭惡德國。因此如果日本靠攏德國，美國很有可能會出於惡烏及屋之理，也跟著討厭日本（放聲強調）。美國會因為德國，而惡化對日的態度啊！又，從經濟問題方面來看，我國的貿易有百分之七十，都仰賴對英美的貿易。其中在軍用資材方面，特別是海軍，多半都仰賴自美輸入。假使現在日本參與歐洲的戰爭，就算姑且不論美國會不會對日本宣戰，我們也必須對這段期間日美貿易的徹底斷絕，做好理所當然的覺悟。這時候，不要說軍用資材了，就連民生用品也買不到……」

外相立刻應和：「我對海相的意見深有同感。」

平常一向被認為木訥寡言的米內，此刻卻大展辯才，從手記中也可以清楚察覺這點。論戰還持續了一陣子，不過以下就此省略。最後，大家同意在九日再舉行一次五相會議，做出最後的決定，當日就此散會。

背負著全體陸軍的期待，結果板垣還是不敵米內；可以很清楚想見三宅坂上的參謀們那副切齒扼腕的模樣。

煞費苦心的中央突破雄圖，終歸化為一場空。只是，氣餒的參謀們並沒有因此放軟態度。他們不只要在九日再次進行中央突破，還要擴大作戰正面，盡可能動員一切可以使用的手段，以期達成意圖。

●東京・宮城

他們首先使出的，是拜託參謀總長閑院宮載仁親王出馬，動用參謀總長的上奏權，向天皇陳訴陸軍本意這種非常手段（註六）。為了達成這點，必須要寫就一份經總長之手、直接呈給天皇的內奏書才行。這份奏章的撰寫，是由以堀場參謀為首的作戰課成員，在極短時間之內傾全力完成。

這份留下來的文件，稱作《大本營陸軍部關於日德義協定締結之意見》。這篇令人頗為驚訝的長文，從各種觀點來看締結條約的利害，並一味從有利的方向來加以論之。簡單說，就是作戰課不借用機器人陸相的嘴巴，而是親上火線了。從這層意義上來說，它可說是作戰課投入全部心血的力作，故在此就其中一部分，加以原文引用（句讀為作者所加）。

「一、本協定是著眼於接下來會發生的世界戰爭，洞察其規模、分野與必然之命運，預先就盟友及方略進行準備，並自主性地利用其效果而為之物。依此方略，德義對我方針之策應力將增大，遠東之負擔將減輕；在獨逸（德國）的實力策應下，我國對北方將能決定性的戰勝，而伊太利（義大利）的存在，也能讓我國對南方的處置更為輕易。戰略上最有利的形態，是以義大利牽制英國，並在德國協助下，搶先一步將蘇聯陣營各個擊破，之後更進一步在三國攜手合作下強化國力，並期透過戰爭，逐步收得其效。

在依此政略戰略，將蘇英各個擊破定為下一場大戰根本方略的同時，也必須針對東亞新秩序建設的問題加以思索；而這項方略必須以帝國的參加為前提，方能進行思索……」

簡單說，這真是一份光抄寫都讓人覺得有點不好意思的強辯。毋寧說是走投無路、策略窮盡的弱者，在期待的夢想七零八落的情況下故作堅強，說起來實在有點可憐；光是「在德國協助下擊破蘇聯」這點，就不得不讓人為他們掬一把同情之淚。報章媒體上報導的德蘇靠攏情報，三宅坂上似乎充耳未聞。作戰課確信，德蘇靠攏是絕不可能發生的事。

同時在這份文件中值得注意的是，作戰課明白認定，下一場世界戰爭必然會發生，而三國同盟正是為此準備。在接下來引文省略的部分中，他們篤定地說，從滿洲事變以來的種種來龍去脈與內外現今情勢來看，和英美和睦相處，已是不可能的事。正因如此，為了成為下一場戰爭的勝者，和德義結合乃是必然之事。

總長閑院宮帶著這份奏章，在九日將近中午時分，按照程序向天皇上奏。然而，收到這份奏章的天皇，卻展現了讓作戰課成員大吃一驚的激烈態度——

這天稍早的時候，侍從武官長宇佐美興屋中將造訪了參謀本部，轉告了天皇的強烈意向。天皇對武官長這樣說：

「我聽說參謀總長今天將會前來大內參謁，我想他的來意應該是為了強化防共協定吧！如果是為了萬一之時參戰這件事前來提議的話，那我會明確地加以反對。你把我的意思，在事前傳達給他們知道。」

聽了宇佐美的話，作戰課的秀才不禁面面相覷。天皇居然表示，跟總長會面是無用之事；這項與五相會議並行、由總長上奏轉換局面的作戰，反而一頭栽進了泥沼當中。但是，他們還是按照預定計畫，由閑院宮總長進入大內參謁。

午後四點二十分，閑院宮與天皇見了面。他上奏表示，統帥部的結論認為，認可「參戰」條款是適當之事，同時也建言，應該盡早締結三國同盟，如此方為上策。但天皇卻以大元帥的身分嚴厲「拒絕」，表示絕對不同意參戰。

從天皇的角度來看，宣戰與講和乃是憲法賦予天皇的大權；假使天皇針對一份包含「參戰」字樣的同盟條約明白表示意志，那就是劫奪憲法大權的行為。而從大元帥的角度來看，對輔佐自己的幕僚長——參謀總長，下達嚴格的「ＮＯ」命令，也是身為統帥者當然的任務。

參謀本部的秀才，若是覺得可以隨自己的意思驅使大元帥的話，那是嚴重的問題。這不只是無視統帥權的尊嚴，更是侵犯統帥權的行為。

可是，就在內閣輔弼下總攬國務的天皇而言，儘管宣戰、講和的決定屬於天皇大權，但若內閣一致擔起責任，決定向天皇進言，那麼天皇也不能單憑自己的意思隨意變更國策。不管是不是順自己的意，對內閣一致的決定，天皇非得嘉許接納不可，這就是大日本帝國憲法下，天皇慣有的立場（註七）。於是，內閣一致、也就是五相會議的決定，又成了解決三國同盟問題的一切核心關鍵。

參謀本部不得不早早認清，向天皇直接上奏是無效的。既然如此，那就只能再次上緊板垣陸相的發條，把萬事託付給這個以黏勁著稱的陸相了。於是，他們又開始為了九日的五相會議而奮鬥；但是，他們也充分預想到，海軍仍然會矗立在他們面前，阻擋去路。

●東京・首相官邸

一如參謀本部的預期，米內海相下定決心，要把考斯方案完全埋葬。如果可能的話，更要把整個同盟提案徹底打消；抱持著這樣的決心，他出席了九日的五相會議。正因如此，米內絕不允許推託之詞；為了一一確認，他緊咬著平沼首相和板垣陸相不放。面對這種嚴峻局面，沉默寡言的板垣，根本沒有插嘴的餘地。

比方說，米內這樣追問：

「政府的最終方案，在四月的時候已經決定了。總理您已經屢屢言明，如果德義不答應我方的要求，那交涉就應該終止。然後作為推進和德義交涉的辦法之一，先前總理您也已經向希特勒和墨索里尼直接發電，徹底講明了我方的本意。之所以如此，是因為透過兩位駐外大使中介卻始終得不到結果，所以才就相關的精神做出解釋；我說得是否正確呢，總理？」

平沼答道：「正是如此。」

米內於是又主張說：

「然而，對總理基於誠意送出的親筆電報，希特勒和墨索里尼直到今天為止，都沒有做出任何回電，這實在是很難令人理解的事。再說，雖然德方和總理的親筆電報擦肩而過、送來了考斯方案，但這並非是（德國政府）的正式表態。故此，我們應該將這個方案暫且保留，先催促希特勒與墨索里尼做出回應才對。如果他們的回應同意了我方的最終方案，那就繼續展開交涉也無妨，但若答案是否定的話，那就只能照我們前面所明言的，停止交涉了吧！」

平沼答道：「你說的事情我很清楚，但我覺得再怎麼催促也沒用，所以還是別這樣做吧！」面對滿臉痛苦，一副抱怨「那你說該怎麼辦」表情的老首相，米內無動於衷，繼續說道：

「既然如此，為了知曉德義的本意，我認為應該將大島、白鳥兩位大使召回日本，好好聽他們兩人報告，然後再行處理。總理您怎麼看呢？」

平沼無可奈何地答道：「事已至此，這樣也是沒用的吧！」

結果就像眾所周知的一樣，這天的五相會議，完全變成了米內一個人的主場。最後在以下的對話後，又一次以懸而未決的情況散會。

米內：「考斯方案應該還有修正餘地，總理您是怎麼想呢？」

平沼：「我也這樣覺得。儘管大島說：『要立刻進入交戰狀態』，但我覺得視戰爭性質，也可以先約定中立，如果萬不得已的話，毀棄條約也是可行的。我認為日本應該有這種選擇的餘地才對。」

對遭到陸軍逼迫、做出這種敷衍發言的平沼，米內斷然地說：

「如果真是這樣的話，那我身為海軍大臣、以及整個海軍統帥部，對於把武力行使當成義務這件事斷然無法同意。」

講完之後，或許是擔心「整個海軍統帥部」會給人一種彷彿只站在己方立場發言的不好感覺，米內又加了一句：

「我相信軍令部也會跟我持同樣的考量。」

平沼有點慌張，但出於首相的立場，還是要稍微掩飾一下。

「既然如此，那就再確認一下統帥部的意向吧！」

這時候終於輪到板垣出場了。

「在陸軍方面，省部（陸軍省與參謀本部）都已經決定照考斯方案行事，因此不用再問參謀本部的意向了。」

但平沼卻說：「不，無論如何我都要求陸海統帥部做出明確的意見表示」，擺出一副老頑固、不聽其他意見的樣子。話題就在這種意想不到的狀況下戛然而止，而五相會議也決定日後再召開。

這天晚上，參謀本部與軍令部的主要人員火速召開會議，針對首相的要求，開始擬定「有關基於三國協定參戰之備忘錄」。對要做的事多如牛毛的參謀本部作戰課而言，這實在是件相當頭大的事。如果陸海軍真能一致做成這種備忘錄，那應該早就完成了吧！陸軍的主張是，就算真照德國的要求負起參戰的義務，那也無所謂；但海軍方面卻認為，這是「把放棄嚴正中立的態度，擴大解釋為『參戰』」，是他們絕對無法認可的；這樣的態勢，直到今天都沒有改變。

這個晚上，雙方也是針對文字的解釋爭執不下，誰也不考慮讓步。結果，爭執演變成面子問題，雙方愈來愈接近推車撞壁的地步。

五相會議的狀況、總長上奏的大失敗、以及統帥部會議的徒勞，在在讓三宅坂上的作戰課人員，露出一副因熬夜而疲憊不堪的容顏；結果在這時候，又傳來一個讓人不能看過就算的情報——那是山本海軍次官對報社記者夸夸其談的言論。

「在這個問題上，海軍連一步也不會退讓。陸軍已經發狂了。被這種陸軍挾制的五相會議就算繼續召開也毫無意義。現在的平沼內閣在政治上根本毫無存在意義，而且總理和陸相也太無恥了；在五相會議上把先前已經決定好、且上奏過的方針任意改變，這算什麼！」

在質問這是不是確實的山本發言前，三宅坂上已經燃起了憤怒的火焰。特別是山本這句話，更是讓他們難以忍受：

「既然免不了要政變，那我們就走著瞧吧！」

內閣的不一致，難道不是因為海軍一直反對的緣故嗎？在這種情況下，還暗示要倒閣是怎樣！現在海軍會擺出這種頑固的態度，主要都是因為山本次官在後面掌舵的緣故；這種觀察從以前就有發現，但現在卻有種更加明瞭的感覺。陸軍中央看山本的眼光，也完全變得冷硬起來。就像當時的資料所言，「氣氛益發惡化，各種動作紛來乍現。」

這裡所謂的「各種動作」，包括了以「宣言」、「要求」乃至「辭職勸告」等方式向山本遞出威脅，甚至還有右翼團體要直接潛入海軍省，對山本展開暗殺行動。說起來，這並不是陸軍中央在後面唆使或煽風點火；相反地，陸軍中央還很擔心山本次官的人身安危，為了保護他的安全，決定從這天夜裡加派憲兵對他實施貼身護衛。

山本得知這件事情，忍不住苦笑說：

「這還真是黃鼠狼給雞拜年，沒安什麼好心眼哪！」

不久之後（五月二十五日起）就任侍從武官長的軍事參議官畑俊六大將，在他的日記中這樣寫道：

「五月十日　像海軍次官這樣……大肆放言，只是驟然引發物議之種而已。海軍對於陸軍驅使首相、強迫同意這件事，竟懷有如此不快之念；值此重大之時，海陸軍的對立相剋，誠然苦澀至極啊！」

此刻的人心，已經充滿了一片騷然與殺伐之氣。

然而，就在之後不久，在遠離東京的滿洲西北部、滿洲國與蒙古人民共和國（外蒙古）交界處的國境高原上，發生了一起敵我方實際交火的大事件——

●諾門罕

諾門罕是一個小小村落。它的原意是喇嘛的一種位階；最高位階的活佛稱為呼圖克圖，諾門罕則次於它。據說這個地方過去有位著名的喇嘛埋骨於此，因此得名。

過去常有人說，諾門罕這個詞在蒙古語裡是「和平」的意思。雖然應該是弄錯了，不過這裡確實是一片充滿牧歌的和平草原。這一帶稱為呼倫貝爾，面積相當於整個九州，一望千里、四處無人、廣大的沙丘和草原宛若海洋一般無限延伸。高原上叢生著及膝的長草，放眼望去看不到山、也看不到一棵樹，只有草原宛若海浪一般，平靜地起起伏伏；作為四方稜線的地平線，直接和天空的白雲相接壤。趕著羊群的蒙古人，追尋著牧草四處往來——的確是一派和平的景象，也難怪會有這樣的誤解了。

特別是夏天，在諾門罕周邊的草既高且長，是相當優質的牧草，因此也成為放牧的蒙古人聚在一起休憩的場所。這裡的井水，也是對人和動物無比貴重的淡水。

事實上，這些淡水正是問題之所在。呼倫貝爾這個名稱，是起於以呼倫池和貝爾湖為首的大大小小湖沼，但這些湖幾乎都是鹹水。相對於此，哈拉哈河和它的支流胡魯斯台河（Holsten River）則是透明的淡水。馬和羊之所以能飲用，也全都拜這些淡水所賜。

但是，自滿洲國成立以來，哈拉哈河被視為國境線，諾門罕附近則被納入滿洲國領地當中。諾門罕的國境警察分駐所裡配置有五名警察，在滿洲國這邊嚴密監視著狀況。不認可這條國界的外蒙古方面，則會在「收復失土」的意識下，屢屢趕著家畜越過哈拉哈河，同時還會派遣少量的外蒙古軍進行護衛。看在滿洲國軍的眼中，這樣的行為就是「越境」。

就這樣，自牧草覆蓋整片高原的春季末尾起，為了爭奪水草，在國境線就屢屢引發小型戰鬥。

五月四日，外蒙兵前往巴爾夏噶爾高地偵察時，被滿洲國警察隊包圍攻擊，逮捕了一名少尉與一名士兵。

五月十日，在哈拉哈河渡河點附近巡邏中的滿洲國警察隊，遭到外蒙方面突然不法射擊，立刻開火應戰。

從外蒙古角度來看，因為這些地方原本就是外蒙古領地，所以五月四日是不法攻擊，十日則是滿洲國方面的越境攻擊。

就像滿洲國軍會向關東軍上訴一樣，外蒙古軍也會每每向蘇軍訴說對方的不是。人口不滿八十萬的蒙古（外蒙古），自一九二四年（大正十三年）以來，就變成了宛若蘇聯第十六個加盟共和國般的國度（註八）。接著在一九三六年（昭和十一年）三月十二日，蘇蒙簽訂了相互援助議定書，外蒙古完全成為蘇聯的保護國，扮演起面對日本帝國主義侵略的防波堤角色。

就像關東軍發下豪語說，對小規模的國境侵犯一定會「斷然擊潰」般，蘇軍對於紛爭，也有必勝的期待。他們既然要強化對蒙古人民共和國的扶植、把它當成一個戰略基地，那在國境紛爭中讓步，就等於是示弱，而這是在對蒙政策上難以容忍的。因此，面對國境紛爭，蘇軍這邊也做好了認真應對的打算。

五月十一日，延續前一天的交火，爆發了更大規模的戰鬥。當時記錄下來的第一份報告是這樣寫的：

「五月十一日破曉時分，約一百餘名外蒙兵從滿蒙國境諾門罕西南方的滿洲國領地越境，向在當地警戒的滿洲國軍不法開槍射擊；滿軍立刻展開應戰，經過七小時激戰之後，將外蒙兵擊退到哈拉哈河以南，收復了國境線。在這場戰鬥中，外蒙兵丟下五具屍體，滿軍則擄獲許多物品，且並無損害。」

報告寫說「激戰七小時」，兩軍的損害卻出乎意料地少，因此有可能是誇大其辭，但連續兩天的小衝突，必然會激起雙方的敵愾之心，也讓衝突更加升高。

從外蒙古的角度來看，滿軍連日犯境是不可原諒之事。

第二天（五月十二日），滿軍表示看到了七百名外蒙軍再度越境。事實上，外蒙軍越境的人數大概只有六十人，但因為他們採取雙馬制，馬的數量是人的兩倍，因此看起來就像是大舉進攻的樣子。

急報立刻透過無線電，傳達到海拉爾的滿洲國軍第十軍管司令部；司令官又將這個消息，傳達給負責附近防衛的日軍西北防衛司令官（第二十三師團長）小松原道太郎中將（18期，陸大畢）。當時，師團司令部還沒有把它看成重大事件。滿軍的緊急報告者強烈要求「請日軍無論如何一定要出動」，但負責應對的參謀卻只是冷淡以對。急得快要腦充血的報告者強硬地說：

「如果你們對我方警察見死不救的話，那我們除了放下國境防衛的責任就此撤退以外，也沒有別的辦法了！」

眼見對方如此氣勢洶洶，日軍的參謀於是答道：

「好，我知道了，就出動吧！」

從春秋筆法來看，這句話或許可說是打響壯烈正式戰爭的號砲吧（註九）！

這天的小松原師團長對此一無所知，還在日記中悠然記著：

「外蒙兵七百再次越境，第九團（滿軍）正在對之攻擊中。與妻子共赴西山松原散步。」

但是，第二天（十三日），當小松原收到前日的參謀報告時，卻像換了人似地，擺出積極且好戰的態度來應對這起事件。有一種說法指出，當時滿軍的第十軍管區司令烏爾金中將提議說：「只是國境的小紛爭，就交給滿洲國軍去解決吧！」但小松原卻完全充耳不聞。

為什麼小松原會這樣想，其實關鍵有幾個：首先是十三日的上午預定要召開師團的團隊長會議。這次會議的主旨，是為了讓麾下全體部隊徹底得知四月二十五日關東軍司令部下達的《滿蘇國境紛爭處理要綱》，而嚴令舉辦的會議。對小松原而言，這是事先下定決心，要以「不入侵也不被入侵」方針來處理紛爭的日子，也是開始實行的第一天。故此，如果不斷然做出處置的話，就是違反《處理要綱》，而他做為師團長的面子，也會大大掃地。

還有另一個原因：或許是偶然吧，來自東京的稻田作戰課長，以及荒尾、櫛田、井本，這四名參謀本部作戰課的菁英參謀，正好在這天於前線視察旅行的途中，要來拜訪海拉爾的第二十三師團司令部。小松原好說歹說都是個帝國軍人，不想給人看到自己有欠缺忠烈，或是執行任務勇敢精神的一面；特別是在作戰課人員面前，他更是非得積極表現不可。因此也有一部分評論認為，小松原實有只顧自己論功行賞、自我中心的一面。

小松原發給關東軍司令官的電報（小本參電第一九四號），內容如下：

「一、昨天（十二日）早晨，外蒙軍至少七百人從諾門罕南方地區，不法越境渡過哈拉哈河，並從十二日早上起和一部分滿軍展開交戰。據說他們在後方仍有增援。」

「二、防衛司令官會以師團的一部（由搜索隊長指揮的搜索隊主力、以及步兵大隊長指揮的兩個中隊為主幹），以及在海拉爾的滿軍，全力擊滅敵軍。為此，必須使用在海拉爾的全部軍用汽車，以及從海拉爾徵用的汽車。因此，海拉爾已經沒有可供軍隊今後使用的汽車了。」

小松原說自己已經下定了非常的決心要進行擊滅作戰，因此需要以下的支援：急派汽車一百輛、急派偵察飛機待命、將海拉爾的戰鬥機隊納入指揮下，並考慮接下來繼續增派汽車。

這通電報是十三日下午兩點發出，二十五分鐘後，電報抵達新京的關東軍司令部。辻參謀的手記中寫道：「當我正頂著午後暖暖的太陽，面對作戰室的地圖，努力抵抗讓人昏昏欲睡的睡魔襲擊，電報班長慌慌張張地，拿著軍機電報衝了進來。」不只如此，他還用愉快的筆觸，寫下了這段有名的記述：

「在幕僚當中，沒有一個人知道諾門罕這個地名。大家把眼睛瞪得銅鈴般大、拿著放大鏡，才終於在海拉爾南方與外蒙的疆界附近，找到了諾門罕這個地方。」

即便這是胡說八道，以辻一貫的編故事功力來說，也算是件怪事。全體幕僚應該都很熟悉諾門罕這個名字，也知道這附近是國境線最不明確的地帶；如果連這點都想不到的話，那關東軍的參謀也沒臉擺出趾高氣揚的樣子了。正因為辻瞭解，才會慎重記下「與外蒙的疆界附近」（註一〇）。

因此，他們並沒有太多的猶豫與遲疑。關東軍作戰課的處理迅速而且積極。雖然小松原的要求算是獅子大開口，但關東軍卻在植田軍司令官的命令下，給了他超過要求的支援。駐紮在海拉爾的飛行第二十四戰隊（戰鬥機）當然歸於小松原的指揮下，就連駐紮在齊齊哈爾的飛行第十戰隊（偵察機、輕轟炸機）與機場大隊，以及自動車第一聯隊的兩個中隊，也都急派到他的麾下，堪稱處置萬全。

接著在下午五點，關東軍發出了以下命令（關作命第一四九號），同時也將內容報告給東京參謀本部。

一、外蒙兵約七百人，於諾門罕南方侵犯滿洲國領地，第二十三師團正準備加以攻擊。

二、為了痛懲入侵滿洲國領地的外蒙兵，應給第二十三師團增加部分兵力（以下三～六省略）。

接獲報告的參謀本部，反應其實也相當迅速。這是當然的，畢竟作戰課長以下的人員都在當地，能夠理解詳情並迅速作出處置自是毫無疑問。於是，十五日凌晨兩點十五分，本部以參謀次長的名義，發了一封電報給關東軍參謀長。

「期待貴軍作出適切的處置。」

一切都順風順水在進行——雖然我想這樣寫，但這時候在東京、新京、海拉爾的所有人，全都徹底遺漏了一件足以讓他們打消念頭的大事，那就是對國境紛爭危險性的認識。殷鑑不遠，前年才剛因為增援戰略單位的兵力、展開激烈衝突，結果引發了張鼓峰的大事件。特別是前往海拉爾的稻田、荒尾，更是直接指導這起事件的重要負責人。

如此拙劣地擴大衝突，恐怕會引起大事件，但東京和新京的菁英參謀，卻沒有一個人有這樣的直覺，這只能說當時陸軍軍人的辭典裡，完全看不到「反省」兩個字。事實上，當時陪伴作戰課長前往海拉爾的井本熊男參謀，在戰後的回憶中，就呈現了當時全體人員對自己愚蠢的懊悔：「如果我們一行人，對前年自己經歷過的張鼓峰事件，有深刻的認識與反省的話……」

結果，當關東軍把《處理要綱》送上來的時候，他們把全部精力都用在解決其他問題上，根本沒有好好讀一讀這份要綱，然後又輕忽地覺得只是國境紛爭這種小事，交給第一線來處理就好。不管怎樣，都只能說是怠慢導致的自作自受。當時，若是作戰課沒有時間檢討的話，明明只要打一通電報說：「《處理要綱》還在保留審議中，你們在實行之際務必節制」，但他們甚至連這樣做都沒有。結果，他們就讓這份挑戰性的《處理要綱》，自行其是地開始運作。

小松原師團長就基於這份兩週前關東軍上級出示的《處理要綱》，毫不猶豫地加以實行。儘管是迄今為止或許輕輕放下就好的紛爭，但現在他卻依照強硬的指示，派出兵力。他完全沒有受到一句責備。儘管他斥退滿軍指揮官的請求，作為第一線指揮官過早下達出擊命令，但當時正好在場的東京作戰課長以下眾人，全都默認了這件事。軍人在「勇敢」、「斷然行事」與「大聲」背後，其實總是隱藏著脆弱。至於上級的關東軍司令部對第一線的要求全力滿足，還送上鼓勵與聲援，則是因為自己感到更加振奮之故；畢竟，他們也會覺得苦心作出的《處理要綱》，正預料到了今日的事態吧！

換言之，這證明了在這時候，沒有一個人想到這場國境衝突會演變成那樣的大戰；任誰也不認為會遭到蘇軍的猛烈反擊。當時位居高階的陸軍軍人在某種程度上，都抱持著對本國軍勢力過於自信，且反過來把蘇聯軍事力貶低過度的心態。他們對蘇聯戰力的評價都只停留在概念上，對不斷充實機械化戰力的蘇聯軍備，則極度欠缺客觀的分析（註一一）。

特別是昭和十二年（一九三七），傳來蘇軍參謀總長圖哈切夫斯基（Mikhail Tukhachevsky）等紅軍幹部遭到肅清的訊息，更產生了重大影響。五位元帥中的三位、十五位軍司令官中的十三位、一百九十五位師長中的一百一十位、軍官五千人，陸續以對國家叛逆之罪遭到槍決。日本陸軍對這次肅清造成的紅軍戰力低落過度放大了評價。不只如此，第二年（昭和十三年）六月，遠東地區內務人民委員部長官柳什科夫中將（Genrikh Lyushkov）因為「害怕遭到肅清」而逃亡到滿洲國，更讓日軍的自我感覺益發良好。這位在革命之際立下功績、被授予列寧勳章的超重量級人物，將史達林恐怖政治的真實樣貌全都描述得一清二楚。這對輕蔑蘇聯感覺的膨脹，更扮演了推波助瀾的角色。

只是，當時柳什科夫也直言不諱地，道出了在漫長的蘇滿國境上，敵我兵力、戰力有著相當落差的事實。比方說飛機，相對於日本的三百四十架，蘇軍則有六倍的兩千架，戰車則是日本的一百七十輛對蘇軍的一千九百輛，相差達十一倍。照這位重量級人物所言，迄今為止日本一直以為日蘇兩軍的戰力比是一比三，實際上卻已經超過了一比五；這個事實讓軍方首腦大吃一驚，一時之間大為震撼，但隨著時間經過，他們又回到過去那種對蘇聯戰力的輕視上。明明是同一個人傳來的情報，卻因為不喜歡就隨意捨棄。因此正確來說，他們並不是欠缺情報，而是「無視情報」。

日軍從海拉爾堂皇出擊的背後，就是無視情報。他們對自己的戰力過度相信，且輕視蘇軍。關東軍作戰課平日常發下豪語說，對上蘇蒙軍，我軍只要用三分之一的精銳兵力就綽綽有餘。東京的作戰課毫無疑問，也一直對此深信不疑。他們都認為小松原師團長，一定可以將侵犯國境的外蒙兵，如摧枯拉朽般徹底擊潰。

●哈拉哈河．戰場

由東八百藏中佐擔任指揮官的第二十三搜索隊（輕裝甲一中隊和騎馬一中隊），就這樣在十三日晚上，於盛大的歡送下，大剌剌地從海拉爾「踴躍出擊」。駐在海拉爾的滿洲國軍第八團，也一併交由東中佐指揮；除此之外，還從步兵第六十四聯隊第一大隊中，出動了兩個中隊。

面對日軍大部隊的出動，外蒙軍幾乎沒有抵抗，便在第二天（十四日）晚上大半渡過哈拉哈河退至西岸。剩下的一部分也在東搜索隊踏入戰場的同時，於十五日中午時分早早退卻。沒經歷稱得上戰鬥的戰鬥，揮了個大空棒的日本軍就達成了出動的目的。

小松原下令，將滿軍第八團留在諾門罕附近的國境警戒，至於搜索隊等，則立刻回到海拉爾。按照命令，全體部隊於十七日返抵海拉爾。換句話說，這次的出動對小松原來說，只是如預想般，確認了我強則敵逃的狀況罷了，至於戰果則是零。小松原咬牙切齒，在日記上這樣寫道：「下次作戰，裝備更輕、具有機動性，乃是緊要關鍵。」

但是，實際上是有「戰果」的，那是飛行第十戰隊第三中隊的五架九七式輕爆所立下的成績。小松原日記中寫到，「他們對左岸包圍的二十名敵軍轟炸，造成了相當的損害」；辻政信的著作中也記載，「輕爆一中隊趁著退卻的外蒙兵度過哈拉哈河時，對他們轟炸，粉碎了大約三四十人。」

根據蘇方的資料指出，「十二時四十五分，日本的五架單引擎輕轟炸機出現，在高度八百公尺處進行兩次轟炸，投下五十二發炸彈，接著更兩度降下低空，進行機槍掃射。」從這裡看來，在正式的轟炸中，應該造成了相當多的死傷者。

這次從空中的攻擊，很明顯是以五月十五日中午為期，呼應東搜索隊的總突擊而果斷為之。

問題是，這次空襲是在哈拉哈河的西岸，也就是越過日滿方面主張的國境線而行之。也就是說，日軍還在小衝突的階段，就已經堂堂展開了侵犯國境的行動。這點不管小松原、辻還是其他人，完全沒有一絲一毫疑慮覺得自己是在挑釁。到底日本陸軍是從什麼時候開始，對於無視天皇命令侵犯國境，感到若無其事的呢？滿洲事變以來的「勝者為王」意識開始頹廢，變成了「蠻幹到底」的態度。

話雖如此，這項轟炸命令到底是誰下給第十戰隊的呢？雖然有看法認為，這對飛行部隊而言是極為家常便飯的事，但以正式戰鬥開始前的狀況而言，這會變成極度危險的挑釁行為。因此無論如何我都懷疑，是不是有人對輕爆隊的中隊長下令說：「沒關係，就幹吧！」

正好就在這時，關東軍作戰參謀辻少佐以傳遞軍命令的派遣參謀身分，飛抵了海拉爾。雖然沒有明確的記載，不過他在十四日現身於師團司令部，十五日搭乘司令部偵察機從諾門罕上空視察哈拉哈河西岸，並在當晚回到新京。不用說，他搭乘的偵察機當然是隸屬於飛行第十戰隊。

另一方面，東搜索隊的總攻擊固不用說，這五架輕轟炸機對哈拉哈河西岸的越境攻擊，就結果而言明顯觸動了蘇軍的敏感神經，讓他們深感痛楚。一言以蔽之，蘇軍下定決心，不把問題交給外蒙軍，而是親自站上第一線；軍事力學稱為「報復」的齒輪，開始轉動起來。

就在東中佐作為整支部隊的後衛、回到海拉爾的這一天（五月十七日），外蒙軍再度渡過哈拉哈河踏足東岸，這次他們為了沿國境線做出防備，開始構築橋頭堡。另一方面，莫斯科也對駐蒙蘇軍司令官下達指令，要蘇軍全面踏足紛爭地區。

結束諾門罕上空的「觀光飛行」、回到新京的辻參謀這樣寫道：

「我將（對哈拉哈河西岸）幼稚的偵察成果，照實向植田將軍以下的各位進行稟告，並附加表示『不至於演變成重大事件』。不過是外蒙騎兵惡作劇的玩火行為，卻意外點燃了屋簷，再加上強風煽動，遂演變成讓全滿洲為之燎原的災難之火。這大概就是戰爭的某種特質吧！」

這種一派輕鬆的態度，簡直不像人類。到底玩火的是哪一邊啊！

●莫斯科・克里姆林宮

當我們把視線盯緊滿蒙國境諾門罕附近的小衝突時，歐洲的情勢也開始產生了重大變化。對日本帝國在軍事同盟上的曖昧態度感到極度不耐的希特勒，終於展開了行動。首先，他和墨索里尼急速靠攏。事實上墨索里尼在這幾年間，因為一直有著陰暗不祥的預感，所以在與德國的關係上，始終拒絕建立負起具體義務的軍事同盟，但這時候他的心情卻急遽轉好，開始積極投入交涉。希特勒有種如魚得水的感覺，於是將溫暖的視線投向墨索里尼。

這項情報也傳到了莫斯科。在外側被巨大紅磚城牆圍繞的克里姆林宮深處，史達林將作為他特徵的陰暗目光投向了希特勒。接著在五月二十日，史達林凝神傾聽了德國宣傳部長戈培爾已經讓人聽膩的又一次演說。

「德國和義大利，是歐洲民族的兩大無產階級。富有的國家壓迫其他國家與整個歐洲大陸，它們所累積的財富，是蠻不講理、違反道德掠奪下的結果。」

史達林很清楚，希特勒要在下一場戰爭中賭上國家的命運；為了不被捲入其中，他才對希特勒送出妥協的信號。這個信號完全沒得到任何回應，讓史達林不禁向一直以來都對蘇聯抱持不妥協態度的希特勒，再次投以懷疑的目光。

史達林作為獨裁者，個性可說極度乖僻、甚至接近於偏執狂。這種個性在懷疑人方面，發揮得特別淋漓盡致。他不相信人類的愛情與友情，只相信「人都是會被收買的」。在他許可下進行的肅清與大屠殺，正是他完全不信任任何人，被妄想所深深擄獲下的產物。

據史達林的女兒史薇拉娜（Svetlana Alliluyeva）回憶，當時的史達林「變得日益嚴酷，簡直就像是把全世界都當成敵人一樣。可以說他已經到了病態的狂熱，甚至是被害妄想症的程度」。他已經深陷於不管睡著或醒來，都懷疑身邊是否滿布敵人的強迫症幻覺中。結果，只要有人膽敢說出半句反對他的話，立刻就會遭到滅頂之災。

德國的軍事力量和希特勒的無情，在深深吸引史達林的同時，也讓他感到恐懼。如果要用一個形容詞將史達林的政策一以貫之，那就是恐懼。在史達林的眼中，希特勒和墨索里尼在現今的世界上是引領勝利潮流的人物，而這兩個人現在正在急遽攜手合作當中。除此之外還有日本。日本也趁著勝利的潮流占領全滿洲，並侵入中國領土達到前所未有的深度。不只如此，日本現在還在滿洲與外蒙古的國境線上，發動侵略性的軍事行動。當這份難以忍受的報告送到時，史達林的反應是深感恐懼，同時也憤怒不已。

五月二十七日，外交部長莫洛托夫在克里姆林宮召見了日本駐蘇大使東鄉茂德。這是剛從德國轉任過來不久的東鄉第一次和莫洛托夫見面。莫洛托夫草草打過招呼後，便重重地開口說：

「對於日滿軍在諾門罕方面的侵略行為，蘇聯政府基於和蒙古的相互援助條約，要表示嚴重抗議。」

莫洛托夫按照史達林的指示，將抗議文件遞給東鄉後，又針對航空攻擊這件事做出強烈的詰問；只見他濃眉一挑，向東鄉宣示說：

「我國絕對不會允許更多的侵略行為。」

德義的急遽靠攏，與日軍在亞洲的不法行動到底有沒有關聯？史達林對此不只燃起疑惑的火焰，更懷抱著極端恐懼的感受。（那些傢伙總是只想在背後偷偷攻擊人，非得果斷地把他們修理一頓不可！）史達林的腦海出於戰略考量，開始激烈地動起來。

話說回來，三好徹先生描繪的史達林形象中，曾經指出一件有趣的事：史達林在被迫做出軍事上判斷的時候，用的不是地圖，而是地球儀；而且這個地球儀並不大，只是中小學使用的程度而已。

這種作為，給人的感覺完全不像個軍事專家。用地球儀來考慮戰略戰術，根本是讓人難以接受的事情；就因為這樣，在之後的德蘇戰爭中，本來不該死的數十萬將兵，被迫走上了黃泉路。

但是從地球儀的距離感來看，諾門罕和莫斯科，感覺又只有些許的距離。史達林在思考諾門罕事件時，是對著地球儀擬定策略；這對日軍而言相當諷刺，卻是件毫無疑問的事實。史達林恐懼的是，如果在身邊近處遭遇軍事上的敗北，結果搞不好會因為他自己一直以來的苛酷政策，引發國內叛亂也說不定。

受到恐懼驅使下，他所採取的對抗手段就是強勢的攻擊與謀略。史達林指示，要潛伏在日本的蘇聯間諜佐爾格（Richard Sorge），更進一步綿密且強力地執行原本已經賦予他的任務（註一二）。這當中最關鍵的問題就是，日本是否真有攻擊蘇聯的計畫？

當佐爾格被逮捕後，他這樣回答檢察官的訊問：「我認為這毫無疑問，正是我被派遣到日本的最重要目的。」蘇聯間諜自此時起，便在日本大為活躍。

●柏林・元首官邸

五月二十二日，希特勒暫且放下對「永遠包裹在謎團中的男人」——史達林的思索，轉而和墨索里尼握手言歡，同時對莫斯科的駐蘇大使下達訓令，要大使「在俄羅斯做出更明確的舉動之前按兵不動」。

迎接義大利外交部長齊亞諾（Galeazzo Ciano）的這一天，元首官邸裡如天上繁星般，雲集著身穿制服的人們，天花板上的燈飾也閃耀著燦爛的光輝。號稱「鋼鐵條約」（Pact of Steel）的德義軍事同盟，在盛大的儀式下進行了簽署。希特勒將這項條約視為自己的外交勝利，大大地宣傳。齊亞諾後來這樣回想：

「希特勒看起來心情很好，明顯地沒有那麼具攻擊性，但多少顯得有點蒼老；在他的眼角有幾分黑眼圈，大概是睡不好的緣故吧！」

希特勒照理說，應該不會心情不好才對。畢竟已經前進了一、兩步，對磨磨蹭蹭的日本，想必也會加大影響吧！在條約的第三條裡這樣寫著：

「相對於條約國本身之意志與期望，當萬一其中一方遭到其他某國或數國敵對時，另一國應以同盟國身分，立刻作為友軍，集結陸、海、空之一切兵力加以援助……」

看似毫無任何曖昧的餘地，語彙也很平實，但它並不只是一個如此直截了當、高唱目標的同盟而已。希特勒的弦外之音，其實是要催促日本：「你們打算怎樣啊？早點立定態度吧！」

第二天（二十三日），希特勒在官邸的元首書房中，召集了德國國防軍陸、海、空的首腦共十四人。

他劈頭就說，「戰爭無論如何都無法避免」，接著明確解釋了自己的想法與意圖：

「但澤並不是德意志的主要目的。我的目的是將德意志的生存空間往東方擴大，確保糧食補給，並解決波羅的海問題。因此，我們絕不能放過波蘭，我攻擊波蘭的決心是不會改變的。」

「結果，和捷克問題的時候不同，這次不可能獲致妥協，必然會與英法兩國發生戰爭；屆時，英國將是主要的敵人。」希特勒這樣說，接著他又給予英國的戰力極高評價。

「與英法的戰爭，將會是一場生死存亡之戰，而且可能演變成長期戰。如果把它當成輕而易舉之事，那會十分危險。輕取是不可能的；我們必須誓死背水一戰。這已經不是善或惡的問題，而是攸關八千萬國民生死的問題。」

希特勒已經做好覺悟，和英國的戰爭將不可避免。儘管有這樣的覺悟，但他還沒有打算馬上開始這場戰爭。在波蘭問題上，英法和蘇聯是否會締結同盟，目前還不甚清楚。儘管他確信史達林對波蘭的命運應該不會切身關心，但他還是希望看到某種明確的風向；那個獨夫是否真的不會和德國為敵呢？這個疑問在他心頭始終揮之不去。

再來就是日本。如果日本加入德義同盟的話，它的海軍力量足以讓英國感到威脅，陸軍力量則得以對蘇聯進行強力牽制……因為「鋼鐵同盟」締結，心情稍微轉好一點的希特勒，一想到日本的事情，就不由得情緒又惡劣起來。

●東京・霞關

這時候，日本，在海軍不依不饒的強硬反對下，同盟問題依舊處於觸礁狀態。已經到了這個時候，陸軍、年輕外務官僚以及右翼固然不提，就連輿論界也開始朝著強化同盟一路狂奔（註一三）。「明明一直以來都放話說，『就算以英美為對手，在國防上也沒什麼好不安的』，結果到了決定國策的重要關頭，卻因為恐懼英美，而在強化同盟問題上遲疑不前，這實在讓人難以理解啊！」對海軍的不信任感日益增強，質疑「海軍到底在想什麼」的聲量也日益高漲。

應平沼「明確展現陸海統帥部意志」要求而召開的陸海主事者會談（五月十五日），也在八小時的馬拉松式討論後以決裂告終。不只如此，直到昨天都還和陸軍不斷緊密聯絡，把上司撇在一邊、積極推動三國同盟的海軍省軍務局岡敬純大佐，也發表了這樣的言論：

「也有一種看法認為，強化三國協定，反而極可能會促使英美強化對支那的援助。故此，與其說事態會如同陸軍所言，走向抗日勢力衰微與支那事變的解決，不如說會走向相反的結果。相對於此，德義的援助實在不值一提。簡單說，雖然我們無法斷定（與德義同盟）會對處理支那事變不利，但也實在無法斷定它會帶來利益。因此我認為，負起參戰義務這種程度的條約，是不該締結的。」

對於岡大佐這副把直到昨天為止的言論都撇在一邊、變了心的模樣，陸軍方面不由得大翻白眼。這根本就是被陸軍視為標靶、意圖瓦解的米內、山本、井上三人組的主張照單全收的翻版不是嗎？由此可以觀察到，海軍這三位首腦已經成功把內部整合起來，並讓他們的威令直抵神經末梢了。陸軍中央已經快要徹底腦充血了。整個海軍都背信忘義，海軍內部現在已經團結一致；他們現在可以說，已然完全化為一個堅定反對三國同盟締結的集團。

打頭陣的米內還是一樣，在五相會議上擺出一副神思縹緲的樣子，但在必要的時候，又會做出重重的發言。不只如此，他還會臨機應變，用說理的方式把對手逼到死角。比方說在五月十九日，當大島大使對里賓特洛甫承諾「無條件進入交戰國關係，乃是確定之約束」成為問題關鍵時，外相和陸相爆發了激烈爭執：「這句話一定要取消！」、「不，他只是表明了日本的決心，沒有這個必要！」這時米內插進來，見機提出了一個看似中立、但絕稱不上妥協的提議。

「大島大使的明言，實在是讓人困擾哪！可是，要強迫大使當面取消這番話，實在有困難；這樣吧，不如就在要求修正考斯方案的理由中，委婉傳達要他取消的意思如何？」

平沼為此大傷腦筋。結果，在首相沒有發表任何意見的情況下，這天的會議就此散會。同盟推進派不由得深感懷疑，心想米內是不是刻意要把會議的一池水攪渾，所以才做出這種發言？

但是山本次官的態度就截然不同了，完全沒在客氣的。就在五相會議的同一天（十九日），山本和陸軍次官山脇正隆中將見了面；在見面的過程中，他對大島做出的確定承諾猛烈抨擊，甚至語氣強烈地說：「這個承諾無論如何，非得取消不可！」山脇聽了，不由得大吃一驚。

正因如此，同盟推進派的火氣愈來愈大。這段話不就證明了海軍的頑固、執迷與軟弱都是以山本為核心嗎？既然如此，那把山本打倒的話……，推進派毫不掩飾地把矛頭對準山本，這樣的輿論一天比一天益發增強。

就在這時，德義將日本排除在外、自行締結同盟的衝擊消息傳了過來。推進派雖然很早就收到「此事頗有可能」的情報，但當此事果真成為現實，還是免不了有種「果然如此」的憾恨之情。不管是誰，都忍不住打從心底熊熊燃起烈火，特別是柏林的大島和羅馬的白鳥更是如此；他們兩人怒氣沖沖，相繼打了抗議電報回國。五月二十日，白鳥以當頭棒喝的方式，對政府的政策大加批判。

「當今的日本自囿於亞細亞、耽溺於本國眼前直接的利害盤算，卻對全世界特別是歐洲的動向視若無睹，打算不加入任何陣營，出於自立的立場，進行縱橫自在的外交；這樣的想法不只不可能，反而會被巨大的外界勢力推入洪流，這樣的結果是毫無疑問的……」

白鳥的意思就是，「你們在磨磨蹭蹭什麼，事已至此，沒有別的路可走了啊！」不只如此，他還擺出高壓的姿態，加上了這樣一段要求。

「既然如此，那我們就向該國（義大利）政府簡單明瞭的做出最後的意思傳達，表明『日本政府沒有締結三國同盟的意思』，然後幫我預約六月四日的客輪艙房，等到時間一到，就發令讓我回本國吧！」

直到這時為止，白鳥和大島經常攜手做出不照政府意思行事的舉動。大島和白鳥都認為軍事同盟至關緊要，故此當德義和英法爆發戰爭之際，日本應當站在德義一方，挑起參戰的義務；在這種獨斷的解釋下，遂演變成他們搶先一步，向對方政府提出這種意見的局面。

接著在五月二十二日，大島也不落人後地發電表示：

「……關於參戰，我有請中央給予明確的回訓，解釋一下『我的說明是不是有錯』，但中央只給我一個模糊的回答說，『大體上，我們不認為有什麼窒礙之處』。然後中央雖然說，『我們有進入交戰狀態的覺悟』，但之後又打算取消，倒回一月的方案。由此可以看出，政府意圖變更歪曲現在的協定，居心昭然若揭。這種責任我無法承擔……我可以確認的是，意圖誤導扭曲字句精神的外交，在今後絕無成功之可能。」

大島也以解任作為要脅。接著在此後將近二十天的漫長時間中，這兩人甚至連一封意思意思的公務電報都不曾發給外務省本部。

右翼也驟然開始行動。謠言滿天飛；位在霞關的海軍省法務局，將湧進海軍省的右翼與一般人的抗議和請願文，以及更進一步傳來的情報彙整起來，編成一本冊子，在封面大大寫上「日德義軍事同盟締結請願運動之冊」幾個字。隨著時日經過，這本冊子的厚度也與日俱增，負責編纂的官員也只能苦笑以對；畢竟，自己不是「請願方」，而是「被請願的一方」，厚厚的冊子，也只是象徵著自己有多被討厭、嫌惡的記錄罷了。比方說：

「有人打算將山本次官的私生活，也就是他在新橋包養藝妓『梅龍』這件事，透過從該方面獲得的資料加以大肆炒作，從而讓山本次官面臨社會性死亡。」

除此之外，也有以吉田益三、影山正治等為幹部的大日本生產黨系團體，計畫暗殺山本的情報傳來。

「特別是排斥山本次官的運動相當熾烈，甚至有人說：『如果山本再不徹底自省的話，就要用轟炸爆破的方式除掉他。』」

還有一份署名「聖戰貫徹同盟」、給海相的請願書，內容是這樣寫的：

「日德義軍事同盟是應皇國日本的至上命令，以及眼前世界的客觀局勢要求，必須且緊要的國策。

天業恢弘的經綸、聖戰貫徹的方針，全都蘊含在其中。事實上，這項條約是否締結，與皇國的興廢密切攸關（中略）。

如果真如傳言般，以貴大臣為首腦的海軍當局徹底反對三國同盟，在廟議之間堅持不決，那皇國的前途將會一片黯淡。果真如此的話，那不得不說是件堪稱不祥的奇怪之事；畢竟若確實如此，則海軍存在皇國日本的意義與任務都會喪失殆盡，且是在從事一種亡國的行為（下略）。」

就這樣，各式各樣的團體在「陳情」的名義下蜂擁而至，主張立刻締結三國同盟，同時也反過來糾彈海軍的軟弱、非難大臣與次官的親英美主義，聲浪一發不可收拾。

這時候的陸軍中央，雖然內心充滿了宛若隨時要爆發的怒火，但對外卻像是被大島和白鳥捂緊了蓋子般，始終堅守著沉默。儘管面臨來自各方面的懇求與請願，但他們全都用「如果有總理或陸軍大臣的命令，那另當別論，但如果沒有這樣的命令，那我們也必要和海軍多作協議」擋了回去，對於一切的交涉，全都來個相應不理。

這實在是種堪稱悲壯的堅持。就連平常八面玲瓏的政治軍人，也全都閉緊了嘴不說話。但就在這時，一起讓他們驚愕到手足無措的事件，再次以無法忘卻的形式爆發開來——

●甘珠爾廟

這時候支持著小松原師團長做出決斷的，明顯是一種過於驕慢的心態。他並不是在熟知敵情的狀況下擬定作戰，而是在腦袋裡武斷地認定「只要我軍出動，敵軍就會退卻了」。據新得到的報告指出，越境的兵力為三百、對岸有三百頭馬、汽車一百五十輛，還有一百七十個蒙古包。這種弱敵居然像俗話說的「閻王不在、小鬼翻天」，膽敢越過國境線構築陣地，真的是可忍，孰不可忍！

小松原長年擔任駐蘇武官，在陸軍內部也是屈指可數的蘇聯通。但是，他到底看見了蘇聯的什麼呢？我們可以認定，他只看到了革命後不斷碰壁的蘇聯，從此再也擺脫不了「蘇聯不足懼」的先入為主觀念。簡單來說，這是全陸軍共通的弊病；他們被日俄戰爭的勝利所迷惑，沉浸在榮耀的餘光當中，所謂「蘇聯通」，也不過是有名無實的軍人罷了。

「小松原在莫斯科的時候是昭和三年（一九二八），正是蘇聯為了國家建設，推行第一次五年計畫的時候。昭和八年（一九三三），蘇聯邁入第二次五年計畫，當時小松原在哈爾濱擔任特務機關長；這時代的蘇聯，國力也有重大的成長。」

就像松永義弘先生所寫的，明明有這些事實，小松原卻視而不見。對革命後大量培育出來、出身勞工與士兵的指揮官，成為新軍的骨幹並將之充實起來的情況，他也幾乎不曾予以認清。

小松原眼中看到的現實，就只有外蒙軍的陣地築城，以及對方空軍大膽的挑戰而已。五月二十日，蘇聯有兩架飛機飛來，日軍出動三架飛機迎擊，將之擊落；這是空戰最初的戰果。第二天（二十一日），日方擊落一架蘇聯偵察機。接著在二十二日，雙方各自出動五架戰鬥機，在諾門罕上空展開空戰，結果日方大獲全勝，擊落了三架蘇聯戰鬥機（蘇方主張只被擊落一架）。

小松原下達對諾門罕方面外蒙軍進行「捕捉殲滅」的攻擊命令，是在空戰開始的五月二十一日午後四點。這次他下定決心派遣強力的部隊，絕對不讓敵人再次從包圍圈中逃跑。

步兵第六十四聯隊長山縣武光大佐奉起軍旗，指揮聯隊第三大隊的八百人、東搜索隊的兩百二十人，以及汽車部隊和救援班等；大舉出動的戰鬥部隊，將近一千六百人左右。可是，小松原沒有讓砲兵伴隨行動，明顯是過於輕敵了。說到底，他根本沒有把已經在戰場上現身的蘇軍放在腦袋裡考量，這是他最天真的地方。

接獲海拉爾方面報告的新京關東軍作戰課，認為山縣支隊的出動為時尚早。據他們判斷，如果目的是要殲滅敵軍的話，與其在他們越過國境線就陸續出擊，不如按照《處理要綱》的指示，等到將蘇蒙軍「誘入滿洲境內」、輕忽大意之際再一舉急襲，這樣會比較有效。

這時候，第二十三師團的參謀長大內孜大佐，正好因為參加參謀長會議而來到新京。寺田、服部、辻詢問大內的意見，大內也表示同意。「像前次派遣東搜索隊那樣急急忙忙的作戰，是沒辦法達到出動目的（殲滅越境兵力）的。故此，對過早的出動必須仔細考慮，我也會向師團參謀傳達這點。」大內如此答道。由此可知，小松原應該是趁參謀長不在，強行下達出動命令的吧！

在服部參謀匯報後，參謀長磯谷中將向第二十三師團發出電報，要他們重新考慮派兵一事；大內參謀長也對小松原中將發出同樣主旨的電報，認為應該中止出動。

但是，小松原拒絕了他們的意見。對於狀況處理的手段，會有各式各樣意見也是很正常，但小松原在日記中所寫的理由，卻是完全無視關東軍司令部的指示。

「對於該如何處理狀況，不實際做做看是不會知道的，因此應當盡可能託付給派駐前方的負責人。

如果對他的手法有異議的話，就應該在命令發動與出動之前，要求他仔細省思……這些人完全不了將兵之道，實在令人苦惱啊！」

山縣支隊在二十三日午夜零點三十分，照著作戰命令從海拉爾出發，並在凌晨四點於前進基地甘珠爾廟附近集結完畢，做好了朝諾門罕方面進擊的準備。

甘珠爾廟位在海拉爾西南方約一百八十公里處，乘牛車前往約需四天時間，是喇嘛教的重要據點。它位在一片一望千里的平原中央，當八月舉行大祭時，會有熱鬧的市集在此興起。

但是，山縣支隊長在甘珠爾廟接獲了小松原「我的決心有部分變更」的指示。按照這份變更的指令，山縣暫時在甘珠爾廟待命。小松原儘管擺出一副「我是前線總指揮官」的高傲態度，還是不能不對上級的關東軍司令部露出柔順討好的態度——說到底，他也不過就是這種程度的小人物罷了。

話說回來，小松原還有另一個令人愈想愈可疑的地方。他所指揮的第二十三師團是十三年（一九三八）七月於內地編成、在這年年底剛集結到海拉爾的新設戰略兵團。

第二十三師團是三聯隊單位制的師團、裝備惡劣（只有三八式野砲和三八式一二榴彈砲），作為獨立師團運用時步兵力量不足，成員之間的契合薄弱、訓練也不充分，實在看不出身為實戰師團的戰力所在。正因為這樣，它才會被配置在不至於生出大亂子的滿洲西正面。

據參謀本部的稻田作戰課長所言，正因如此，他們才會把屈指可數的蘇聯通幹部（小松原與大內參謀長）配置在「那個平靜無事的地方，讓他們好好研究對西面的戰術戰略，並蒐集外貝加爾方面的作戰資料」。換言之，參謀本部打從一開始，就沒有期待他們在呼倫貝爾草原上，和強大的蘇軍斷然進行野戰。

小松原對這點當然知道得一清二楚，因此對於「重新考慮派兵」的命令，無可避免會在心裡懷疑一下，想說：「關東軍的本意到底是什麼？」另一方面，他多少也會有一種感覺，對自己的部隊被看成弱兵大表反彈。儘管是被看成戰力不如人的師團，但指揮得當的話，搞不好會立下前所未見的大功喔！畢竟戰爭「不實際做做看不會知道」，所以指揮當然要「託付給派駐在前方的負責人」。

但是在此同時，他也還是十分掛心。在無視上級指示進擊的情況下，萬一敵軍又鑽漏洞逃掉的話，一定會被嚴厲問責吧！於是他又變更了決心。這次他體會到了關東軍司令部的意圖，讓支隊在甘珠爾廟待命，同時還給山縣大佐送去一道命令，表示：「對於見機攻擊的決心，我必須作出部分變更」。考慮到出人頭地，他也不得不示弱，把難得的豪言壯語吞回到肚子裡。

可是，小松原心裡還是嚥不下這口氣，於是在日記中憤怒地寫道：

「說到底，在不違反《處理要綱》的情況下，為了達成目的，我們有甲案和乙案可以選擇，而依當時情況、當地實情為基礎作出裁決，則是防衛司令官的職責。故此，不應對防衛司令官的做法有所異議、對軍隊任意掣肘，而是應該盡可能放手委以重任……在實行途中予以掣肘，只會讓領導統馭陷於紊亂，讓執行者在執行上變得寸步難行，這實在是讓人深感痛楚啊！」

這個陸大出身、當到中將的軍人，為什麼會失去理性到這種地步呢？對於防衛司令官是否可以任意作戰，兵力運用的權限又到哪裡，他真的有認真思考過嗎？國境紛爭的解決只要申訴、或是出動和大戰扯不上邊的兵力就好，結果他卻出動了尊奉軍旗的聯隊長。軍隊的指揮權（統帥權）屬於大元帥，沒有大元帥的命令，連一兵一卒都不能擅自調動，這是不能不想到的基本原則。當時的陸軍軍人完全無視於統帥權、甚至把侵犯統帥權當成家常便飯。這點從小松原日記中，可以看得一清二楚。

另一方面，關東軍司令部則又是另一套想法。五月二十四日，大內參謀長從新京返回，向小松原報告軍司令部的意向。

「如果兵力已經出動到甘珠爾廟的話，那在達成目的後，盡速返回海拉爾即可。」

簡單說，關東軍司令部的意思就是，「既然已經出動，那也沒辦法了」。

同一天，由辻參謀起草的報告，送到了東京的參謀本部作戰課。辻在報告中表示，有鑑於敵兵力的增強，命令山縣支隊在甘珠爾廟附近待命。同時，

「由於師團正等待敵方繼續越境、深入滿洲領地之內，以便急襲殲滅之。因此我們正在避免局部的小衝突。」

面對這份堂而皇之的殲滅作戰報告，參謀本部的回應，仍然只有例行的「期望你們做出適切的處置」這種要求而已。他們大概是想，「其他還有很多大問題，不需要拘泥在這種小事上面」吧！但就算這樣，從關東軍這句「正在避免局部的小衝突」，難道還看不出事態的本質嗎？就像我反覆提起的，說到底，覺得「如果派出大兵力，敵軍就會望風而逃」的輕敵態度，其實是陸軍首腦共通的特徵；光從這樣的意見交換，就可以看出這點。

但是，馬爾斯（軍神）在這時候，其實是穩穩站在蘇蒙軍這邊。山縣支隊在甘珠爾廟待命，給了他們移動兵力的寶貴時間。據蒙古方面的戰史所述：

「五月二十七日傍晚，蘇聯步兵第一四九團工兵連前來，在哈拉哈河上架橋。」

藉著這座堅固的橋梁，戰車、裝甲車、裝備器材和砲兵大隊等主戰力部隊，陸陸續續由西向東，渡河佈下陣勢。

小松原對此一無所知。五月二十六日下午，他親自抵達甘珠爾廟的支隊本部下達命令：

「以二十八日拂曉為期，向正踏足哈拉哈河東岸的外蒙軍發動攻擊，將之捕捉殲滅！」

出擊展開了。小松原所謂「見機攻擊」的「機」到底是怎麼判斷出來的，實在令人費解。大概是他出於主觀，漸漸感覺到「戰機到來」了吧！下完這道命令後，小松原又趁夜回到了海拉爾。

接獲命令的山縣大佐，樂觀的程度也絲毫不遜於小松原。他不只允許新聞記者隨軍，還在出擊前特別提醒記者們注意：

「眼下越境的外蒙兵大約是一千人，當中似乎也有蘇聯的機械化兵。如果他們一如我方預想不逃跑的話，那應該會有很精彩的場面可看，但或許會有些危險，所以希望你們要多多留意才好啊！」

然後他把記者請到房間，心情暢快地說：「作為預祝，讓我們乾一杯吧！」

不只是小松原和山縣，其實整支軍隊由上到下，都充斥著要把敵軍一口吞掉的氣概。有某個年輕的中隊長笑著向上天祈求說：「敵軍啊，你們可別逃了啊！」記者問他為什麼這樣說，只見他意氣昂揚地回答道：「之前曾經出擊過一次，但當時敵人逃掉了，連一兵一卒也沒看見。要拿勳章，就只能趁這次了！」

●哈拉哈河．戰場

胡魯斯台河在諾門罕附近，和哈拉哈河匯流。蘇蒙軍在兩條河的匯流點附近，搭起了一座堅固的軍用便橋。外蒙軍陸陸續續度過便橋、立足對岸，並在軍隊集結處，設置了一座簡易的監視所。山縣支隊的作戰，是要將位於這個匯流三角地帶（日軍稱為「匯流點／川又」）、巴爾其嘎爾高地上的外蒙兵全數殲滅。

位在胡魯斯台河南側、諾羅高地（Nolo Heights）上的敵人，由滿軍主力配合部分日軍展開攻擊。東搜索隊沿哈拉哈河南下，壓制三角地帶的橋梁，以期切斷敵軍退路，並阻止外蒙方面的援軍。在此同時，山縣支隊的主力（步兵大隊與聯隊砲中隊）則從東邊的諾門罕正面展開三方面攻擊，並以三百滿軍騎兵從胡魯斯台河南岸逼近敵軍後方，務求將已成困獸的越境兵力一舉殲滅。

行動開始時間是二十七日傍晚以後；各部隊利用夜間機動，抵達預定的集結地點，並在第二天（二十八日）拂曉發起攻擊，預計只需要幾個小時就可以完成作戰。

不用多說，他們抱持的還是「只要日軍出動，敵方就會退卻」這種固定且先入為主的觀念。在這種觀念挾制下，這樣的作戰計畫其實沒什麼好非議的；但問題是，他們完全無視於敵情。儘管是主觀來看必勝的計畫，但戰鬥正面綿延將近三十公里，支隊主力還分成三面進擊，變成零星分散、各自分進分擊，打從一開始就蘊含了危險性。

不只如此，據蒙古方面的記錄指出，五月二十八日凌晨三點左右，偵察隊向戰鬥司令部傳來了這樣一份報告：「在查干鄂博南方，有敵兵力正朝我軍前進中。同時在該鄂博北方朝哈拉哈河方向，可以看見許多汽車的燈光。同時，在胡魯斯台河方面，也可以看見汽車的燈光。」看樣子，日軍的汽車應該是開著燈，直驅戰場的吧！結果蘇蒙軍不要說退卻了，根本就是應刃有餘地擺出戰鬥態勢在準備迎擊。

東搜索隊不顧一切加快機動速度，沿哈拉哈河朝敵軍陣中疾馳。因為他們的任務是要將敵軍阻斷在哈拉哈河岸，所以必須在日出前於匯流點附近的山丘上築起陣地才行。他們幸運地並沒有受到蘇蒙軍的抵抗，在凌晨五點半剛過時，抵達了匯流點軍橋東方一點七公里處的沙丘，並立刻在那裡構築陣地。

東中佐直到這時候才首次知道，在自己前方有意想不到的強力敵人，正擺開戰鬥態勢、嚴陣以待。在哈拉哈河西岸、外蒙領土內的小松台地（Komatsu Heights）上，有不少戰車、砲兵和騎兵。在東岸三公里處的高地上，則有配備戰車的大部隊正等著日軍的攻擊。在這種情況下，不要說截斷對方退路了，一個弄不好，自己都會陷入無路可退的戰鬥當中。

事實上，之後的東搜索隊和山縣大佐指揮、作為支隊主力的步兵部隊，在協同作戰上遭到徹底切斷，不得不孤軍奮戰。他們遭到蘇蒙軍砲兵的集中砲火與戰車蹂躪，又被急來馳援的蘇軍第一四九步兵團從側背攻擊，反而遭到包圍而潰滅。以東中佐為中心，官兵們組成圓陣奮戰，最後幾乎全員戰死。

由於書寫個別部隊的戰記，並不是本書所要特別強調的主題，因此在這裡只簡單記載。但光是這樣，也足以讓人嚴肅感受到東搜索隊官兵的勇敢力戰。這場戰鬥的詳細報告，是東中佐於二十八日午後三次、二十九日凌晨兩點三十分、正午前、午後三點左右合計六次，向山縣聯隊長報告部隊苦戰的狀況。可是，所有報告都是在支隊主力「音信全無」、動靜不明的狀況下發出的。

在午後三點左右的狀況報告裡，末尾一段是這樣寫的：

「本部隊雖然企圖伴隨支隊（山縣支隊）的前進攻擊轉守為攻，但眼下兵力甚少，實難獨立為之。」

由此可見，他們直到最後，仍深信步兵主力會前來救援。

就這樣，到了二十九日午後六點，搜索隊在絕望狀態中奮戰到了最後。面對蘇蒙軍從四面八方投來的殲滅性火力，他們直到最後都沒有屈服。蒙古方面記下了東中佐戰死的狀況。那是蒙軍第六師第十七騎兵團長坦達爾（Dandar），留在手記中的內容。

「有兩個人俯臥在地，仔細一看，其中一個人一動也不動，看樣子似乎已經死了。我試著悄悄靠近，結果對方從上面一躍而下。那個粗壯的日本人相當強悍，我跟他格鬥了好一陣子，一時無法取勝，於是拿起手槍抵著他的腹部，連扣兩次扳機，他的手才終於鬆了開來。」

最後階段，敵我雙方都進入了白刃戰。

這時候，主力的步兵在做什麼呢？援引加登川幸太郎先生的著作，沒有指揮乘車部隊經驗的山縣聯隊長所率領的部隊，在漆黑的夜幕裡，因為找不到任何目標物，只能在不斷起伏的草原上零星四散。他們既斷了聯絡，也沒有組織，只是在各個地方爆發的個別戰鬥中，拚命地各自為戰。關鍵的聯隊長既不知道搜索隊的潰滅，也沒有提供任何支援，只是顧著打自己的防禦戰而已。

只是，這樣的批判未免太過苛刻了。遭遇敵人的各中隊其實都表現得相當勇敢，某部隊還突破了敵人的第一線陣地，朝著匯流點軍橋猛烈推進。然而，彷彿是要滿足東搜索隊的「期待」般，敵人實在頗為強大。每當部隊接近軍橋，就會遭到敵方戰車與哈拉哈河西岸小松台地上的敵砲兵猛烈攻擊、阻止前進，戰況始終無法更加有利地展開。

戰況到了這個階段，山縣大佐跟從軍記者是怎麼說的呢？只見他穿著布綁腿[2]與地下足袋[3]、一派輕裝，拄著愛刀，意氣昂揚地瞪著敵陣說：

「我的部下很強，我從來沒想到他們會這麼強。就像你也看見的，他們跟「毛子」[4]完全不相上下。儘管對方都是正規軍，但我們日軍完全不以為意。外蒙兵仰賴蘇聯的機械化部隊為靠山，但在我軍的捨身戰法下，完全派不上用場。看樣子應該會有俘虜，等下就會帶到這裡來了吧！今晚我們就在這裡紮營；有些逃得較慢的傢伙仍舊逗留在這附近，今晚我們應該會進行殘兵的掃蕩才對！」

他到底是哪來的樂觀啊——這時候聯繫寸斷的東搜索隊，還在孤立狀態下進行殊死戰啊！

●海拉爾

人在海拉爾的小松原師團長，作夢也想不到戰況會演變成如此悲慘的地步。他從山縣聯隊長那裡收到早先的戰果報告，便判斷說：作戰正按照預定計畫進行，就算不能捕捉殲滅越境的外蒙軍，也可以將之重重擊破、驅趕到國境線外。目的已經達成一半，於是小松原在二十八日晚上，下令山縣支隊在甘珠

2 譯註：腳絆。
3 譯註：一種輕便的分趾襪。
4 譯註：原文用ロスケ（露助），是對俄羅斯人的蔑稱。

爾廟附近集結。

山縣接獲命令，大感慌張，因為戰場的實情對日軍而言，其實是愈來愈嚴酷。前面提及那位開赴戰場的從軍記者，他的手記是這樣寫的——這是經過前線檢閱後，發表在雜誌上的內容。

「外蒙軍從前進基地塔木速克（Tamusk）[5]更進一步增援兵力，蘇聯也集結了大量機械化部隊和空軍，即將投入戰鬥；這樣的形勢傳到了我們耳中。位在巴爾其嘎爾高地的我軍，因此做出了防備的必要處置；士兵以部隊本部為中心挖掘壕溝、構築阻止戰車的工事，決心要決一死戰。」

連新聞記者都已經知道，敵軍的兵力將會增強。就算打個幾折，日軍的兵力還是明顯處於極度困難的狀況下。因此，現在絕對不是按照命令，草草從戰場退卻的時候。山縣無可奈何，只好打上一通電報，回報小松原說：「二十九日晚上再向對方補上一擊後，就從戰場脫離。」

小松原看到這份電報，鐵定會忍不住懷疑起自己的眼睛吧！緊接著在二十九日朝陽升起的時候，他接到了緊急報告，指出「獲得增援的蘇蒙軍，再次展開猛攻」。這時，關東軍的辻參謀再次登場了。根據辻的手記，他在二十七日晚上抵達了海拉爾，但不管怎麼計算都覺得不對勁，應該是二十八日晚上才對。

第二天（二十九日），辻就開始大展身手。雖然具體情況只能從前線給關東軍司令部的報告，還有以此報告為基礎，由關東軍發給參謀本部的電報中察知，不過光從這些內容，也已經足以清楚一窺箇中蹊蹺。

「山縣支隊的戰果讓敵人拋下了兩百具屍體，破壞戰車十輛、重機車兩輛、輕機車三輛、擄獲大量密碼表等文件。我方的損害約為戰死三十人、戰傷七十人。

由於敵人今天早上再次度過哈拉哈河前來攻擊，因此第二十三師團打算更進一步增加兵力，以期在徹底擊碎敵軍後，展開自主性的行動。」

關東軍在二十九日上午十一點四十分，將這封電報發到了東京；起草者的名字不用說，當然是辻。鑑諸情況，小松原恐怕是面對敵方攻擊愈趨激烈，於是下達集結命令，要把支隊從戰場撤到甘珠爾廟，但挨了辻迎面一鞭，所以才改變了主意吧！又或者，這時他已經知道了東搜索隊失聯的事情吧！一封應該是受到辻「更進一步增加兵力」主張直接影響的電報，就這樣從海拉爾發給了山縣支隊。

「因為會增加部分兵力給你，所以儘管有前命（在甘珠爾廟集結），還是期望你能擊滅敵人。」

命令遭到了修改。與其說是小松原的決斷，不如說是辻的驅使吧！不管怎麼說，這都讓山縣支隊主力的命運好轉起來；要是他們真的在督戰下照預定計畫來個「一擊」，那第二天搞不好就步上東搜索隊的後塵了。

第二天（三十日），按照師團命令，步兵第七十一聯隊第二大隊長指揮的步兵、機關槍、速射砲各一中隊、山砲兩中隊（步兵七一與步兵七二的聯隊砲）展開增援。部隊在做好充分準備後從海拉爾出動，在下午五點左右抵達諾門罕附近的戰場。辻也搭著這支部隊的便車首次現身在戰場。據辻的手記，他剛抵達戰場就遇上了敵軍戰車，情況驚險萬分，不過這還是他一貫的說書講古風格吧！畢竟，蘇蒙軍在得

5 編註：現稱塔木察格布拉克（Tamsagbulag）。

知日軍新增援的大部隊抵達戰場後，就全軍度過軍橋，撤回哈拉哈河西岸的高地去了。蘇蒙軍方面也有外蒙第六騎兵師的夏利夫少校、作戰科長雷希欽上校等幹部戰死，死傷為數不少，面臨更大部隊的攻擊，想必也是倉皇撤退；正因如此，在諾門罕附近應該不可能有戰車徘徊才對。

●哈拉哈河・戰場

不管怎麼說，出現在支隊本部的辻，確實是將他為人稱道、擁有驚人鬥志和實行力的特質發揮到淋漓盡致。得知山縣正在擬定一些根本做不到的作戰計畫——比方說擊破對岸最讓人棘手的小松台地砲兵之類，徒具空想卻完全不知該如何下手的方案——辻忍不住破口大罵：

「你對東搜索隊見死不救；你不是東中佐的同期嗎？就這樣不收容部隊長的遺骸，任其暴露在戰場上，你這樣算什麼！」

斥責過後，辻放緩語氣說道：

「今晚夜半時分，讓支隊展開夜襲吧。目的雖然完全是為了收容東部隊的遺體，但我回新京後，會向關東軍司令部與有關媒體發表說，『山縣支隊在三十日拂曉，果斷實施大規模夜襲，將敵軍擊退到國境線外』，因此接下來的事你不用擔心。」

辻和山縣的對話，後來似乎也被小松原得知了。小松原在日記中這樣寫道：

「（山縣支隊長）對夜襲興趣缺缺。軍的辻參謀看不下去，對他說，『你把支隊的士兵借我，我自己來指揮夜襲，以及搜索隊的遺體收容！』支隊長拗不過他，只好親自指揮。但也因此拖遲了夜襲的時間，直到二十三點左右才展開……」

辻參謀當然也跟隨著這支夜襲部隊同行。

三十一日凌晨三點左右，直奔敵軍退避後戰場的部隊，來到東搜索隊全滅的現場，開始收容遺體。

「三個人扛一具遺體，空手的人就不要回去了！留下一具遺體，都是皇軍的恥辱！」

辻放聲怒吼著，並親自作為這支遺體收容隊的後衛，從戰場上撤退。

這天上午九點四十分，小松原對山縣支隊下達了撤退命令：「實施完戰場掃除後，於三十一日半夜從戰場出發，經甘珠爾廟歸還海拉爾。」戰鬥就這樣自然歸於平靜。

步兵第六十四聯隊的出動人員為一〇五八人，死傷及行蹤不明者有一一八人，損耗率為百分之十一。相對於此，東搜索隊出動兩百二十人、死傷一三九人，損耗率高達百分之六十三。關於這場所謂的「第一次諾門罕事件」，辻在記述中這樣寫道：

「雖然只是僅僅幾天的序幕戰役，但就其整體來看，可以發現第二十三師團的團隊精神相當薄弱，對戰車戰鬥也很不熟練。

山縣聯隊長對東聯隊見死不救，導致隊長以下全員玉碎一事，對師團長而言，實在是難以忍受的苦痛。

少數存活下來的東聯隊傷者，幾乎眾口一致地咒罵山縣聯隊。新設師團最大的弱點，就是上下團結與左右友情的不足。」

辻將敗因全都推卸給師團的團結薄弱，這完全是一派輕鬆、不負責任的說法。根本問題是出在關東軍的《處理要綱》，以及寫下它的背景——對蘇軍的輕視。辻應該不可能不知道這點；但是不管他怎麼掩飾、將自己正當化，真面目還是會自然暴露出來的。他就不自覺地這樣說溜了嘴。

「外蒙騎兵居然會擁有這麼多的戰車，這是任誰也預料不到的。」

在接著爭辯「對戰車戰鬥不熟練」前，不是應該先檢討身為參謀非做不可、對敵情掌握的問題嗎？根據蘇聯資料顯示，參加這場戰鬥兵力的蘇軍兵力，包括了三個機關槍連、一個裝甲車連、一個野砲連；蒙古軍有兩個騎兵連、一個砲兵營、一個混編連，另外在西岸，還有一九四步兵團作為預備隊待命。

東搜索隊在諾門罕方面的戰鬥中，遭到了從戰鬥理論來說將近全滅的打擊；尚未收到這份報告的參謀本部作戰課，在戰鬥接近終結的五月三十日傍晚，向關東軍司令部發電表示：

「對於貴軍在諾門罕立下赫赫戰果，特此祝賀。」

接著他們還很謹慎地加上一句話：因為今後還會有事，所以關東軍應該沿襲迄今為止的方針，「對滿洲需要增派的兵力資材進行通報」。收到這份電報的作戰主任服部參謀，不由得滿臉喜色。他心想，參謀本部應該會盡可能地，經常擺出支援關東軍的態度，於是這樣寫道：「在第一次諾門罕事件中，可以看到中央、軍、師團的聯絡變得比較順暢了。」接著，他又補上一行相當重要的文句：

「中央只表示祝賀之意，對於國境紛爭處理要綱，完全沒有陳述任何意見，也沒有做出指示。」這裡也可以看出他的自我正當化，認為參謀本部已經默認了這份要綱。

●東京・宮城

位居參謀本部之上、尚未收到諾門罕事件報告的天皇，這時候憂慮的還是陸海軍之間，圍繞著三國同盟問題的分裂離心。代替宇佐美成為侍從武官長的畑俊六大將，在五月二十六日，於天皇特別允許賜座的情況下，就迄今為止的狀況娓娓加以說明，並表示自己反對締結條約。

「參謀總長雖然就參戰的意義進行上奏，但我必須說，我絕對不同意參戰。」

「參謀總長表示美國不會加入英國一方，但事情真是這樣嗎？萬一美國加入英國陣營，我們將會遭到經濟斷交，屆時不論物資動員計畫、擴充計畫，乃至於對蘇戰備，都會變得不可能。」

他在這些陳述之後，又對細微的人事調度事項，也向天皇提出意見：「大島大使如果不遵從訓令的話，就應該將他和白鳥召回。」

接著在五月三十日，天皇向畑傳達了這樣的意思：

「今天外務大臣前來，我心想正好，於是針對同盟問題，和他談了一下。基本上朕同意海相與外相的想法，也向首相傳達說，應該要朝這個方向指導陸相。」

天皇對於陸軍中央強推同盟這件事，其實在心裡並不怎麼愉快；對於自我中心、說好說歹都八風吹不動的陸相言行，他實在是受不了，只好對信賴的武官長稍微抱怨一下。

要是天皇這時候得知東搜索隊在諾門罕的悲慘境遇，他會怎麼想呢？一年前發生張鼓峰事件的時候，天皇憤怒地對板垣陸相說：

「今後沒有我的允許，一兵一卒都不許擅自妄動！」

但陸軍卻把天皇的斥責當成馬耳東風，這次又無視大元帥擅自動兵，而且還是在沒有「朕的命令」下，動用奉持軍旗的大部隊。陸軍為了遂行自己的意志，對外強調並利用統帥權的獨立；但當情況對自己不利的時候，就視情況隨意詭辯，對此完全無視。他們在誇示自己是「天皇的軍隊」同時，卻也對背著天皇行事這種行為完全不在意。

在三國同盟問題上，陸軍也不可能不知道天皇的意思。就像前面反覆提到的，若是內閣一致通過的國策，即使違反天皇的心意，天皇也不能說「不」，這是憲政慣例。陸軍就是因為深知這點，所以才在五相會議上執拗不休。平沼首相可以透過威脅拉入陣營，外相和藏相到了關鍵時刻，也有辦法擺平；總之，想要內閣一致決定，必然會演變成「敵人是海軍」的局面。

天皇的反對意志，只是遙遠不著邊際的話。遭到陸軍唆使下的輿論，於五月快要結束的時候，變得日益尖銳化。脅迫不只是單單限於言論，轉為實行的氣氛更是日益濃厚。親德熱、反英熱在國民間猛烈燃燒，大有匯聚成舉國一致之勢；違反這種大勢的，都會被視為「非國民」（註一四）。

暗殺不知從何時起，在昭和時代的日本變成了一種英雄行為。在中國歷史上，當專制君主以絕對權力君臨天下時，將之除去是了不起的行為。日本人對這樣的歷史一向是耳熟能詳的。但在昭和時代的日本，並沒有可以相比擬的高壓專制者存在。儘管如此，濱口雄幸、井上準之助、團琢磨、犬養毅，乃至於二二六事件的齋藤實、高橋是清，一個又一個重要人物遭到殺害。若是論及成為恐攻目標的人物，則還要加上牧野伸顯、一木喜德郎、美濃部達吉、湯淺倉平、西園寺公望、鈴木貫太郎等被視為穩健派的人物。這讓人不禁覺得，日本的政治史，難道就是一部暗殺史嗎？再深究下去，更無情的是，儘管暗殺為國家帶來嚴重的損失，但犯人卻常常被視為英雄。還不只是這樣，就連社會輿論也莫名地肯定這點。對暗殺堪稱抱持期盼的呼聲與舉動在社會上廣泛蔓延開來。

昭和十四年（一九三九）五月底，這種鎖定標靶的冷冽目光，自然投向了海軍；特別是次官山本，更是成為眾矢之的。山本也不得不做好自己隨時會死的深刻覺悟。就像老鼠搬倉庫一樣，他每天搬走一點身邊的東西，不久後在次官室內，就沒有留下任何山本的個人物品了。

儘管如此，當情勢險惡、海軍次官做好會因恐攻而死的覺悟之際，內務省和警視廳卻全都袖手旁觀——原因是，內相木戶幸一頻頻為推進同盟搖旗吶喊。

「現在的陛下是位科學家，也是非常自由主義的人物，同時更是位和平主義者。正因如此，若是不多少改變一下陛下的思考方式，將來陛下與右翼之間將會產生相當的隔閡……又，儘管我們現在是一副被陸軍牽著鼻子走的模樣，但最後仍必須由我們這邊來引領陸軍才行。要這樣做，就非得稍微擺出一點理解陸軍的樣子不可。」

如此公然倡言的內相說：「不管左還是右，我都會斷然取締」，他的話說到底，真有可信度嗎？另一個更深刻的事實是，相對於時代潮流，海軍在當時確實是異端。輿論正滔滔流向日德義同盟一方；對取締恐怖活動的不熱心，只是明顯呈現了這一點。

五月三十一日，山本悄悄寫下遺書，將它鎖在次官室的保險箱裡。

一死以報君國，乃武人平素之夙願，豈分戰場與後方耶？
勇敢奮鬥於戰場散華，易也；
貫徹至誠、排除俗論，死而後已，此難卻有誰人知？
君恩高遠，皇國悠久，
君國百年之計，不可不思。
一身之榮辱生死，豈可輕言閒論哉！
古有明言：
丹可磨而不可奪其色，蘭可燔而不可滅其香。
此身可滅，此志不可奪。

接著山本對友人說：「如果我被殺，能讓國民稍微重新思考一下的話，那也無所謂。」這年，山本五十五歲（註一五）。

註釋

（註六）按照帝國憲法第十一條「天皇統帥陸海軍」的規定，統帥權是獨立於政府的干涉之外。也依據這點，軍事以外的國務各問題，都是由內閣總理大臣代表向天皇上奏，只有攸關統帥權的事項是由參謀總長、軍令部總長以及陸海軍大臣直接向天皇上奏。上奏內容雖然主要是關於軍事，但其範圍也常常被擴大解釋；這裡的情況也是如此。

（註七）在東京審判時，前內大臣、被告木戶幸一答道：「一旦政府做出一致的決議時，天皇是不能拒絕的，這是明治以來日本天皇的態度。這是在日本憲法運用上成立的狀況，亦即所謂的習慣法。」結果，在國政方面，天皇就憲法上並沒有為其負責的必要，一切的責任都取決於國務大臣，這個大原則是成立的，也就是「君臨而不統治」之意。

（註八）蒙古（外蒙古）原本是在清國的支配下，但在清朝滅亡後的大正二年（一九一三），便在俄羅斯的支持下發表了獨立宣言。十月革命後的蘇聯政府承認蒙古獨立，在大正十三年（一九二四）建立了蘇維埃的人民共和國。可是，蒙古卻不得不在脫離蘇聯自立的強烈渴望，與不得不要求蘇聯駐軍的矛盾之間掙扎不已。也正因此，蒙古的領導階層，有很多人被冠上「向日本帝國主義屈服、妨礙蘇蒙友好」的罪名遭到史達林處死。這種蒙古歷歷可數的「痛楚」，在田中克彥的《草原與革命》（草原と革命——モンゴル革命50年）中有詳細敘述。

（註九）第二十三師團的主要參謀人員，包括了作戰主任村田昌夫中佐（33期）、情報主任鈴木善康少佐（33期）、後方主任伊藤昇少佐（42期）等人。

（註一〇）昭和七年（一九三二）六月十六日，參謀本部命令第二十五號指出：「關東軍司令官應負責滿洲國主要各地之防衛」，明示了防衛任務；接著在更細部的指示中，又指出：「當關東軍司令官要在琿春—牡丹江—三姓—墨爾根—大興安嶺一線以外地區進行軍事行動之際，必須事先向參謀總長報告」，也就是明定了向中央報告的義務。因此，當關東軍作戰參謀在地圖上找到諾門罕之際，應該要主張「這裡是興安線以外的地區，必須向參謀總長報告才行」方為正確，但是他們卻沒有一個人這樣做。

（註一一）根據朱可夫的回憶錄，一九三七年（昭和十二）時，蘇軍中不存在完全不識字的文盲，軍隊圖書館中有兩千五百萬冊藏書，軍隊每年撥出兩億盧布的預算在文化活動上。蘇軍並非日本陸軍在《對蘇戰鬥要綱》中描述的往日俄軍，而是變成了一支全然不同的近代軍隊。

（註一二）佐爾格以德國《法蘭克福日報》（*Frankfurter Zeitung*）特派員的身份，於昭和八年（一九三三）九月抵達日本。之後，他在照相業者克勞森（Max Clausen）夫婦、哈瓦斯通訊社記者伍格里奇（Branko Vukeli）、滿鐵顧問尾崎秀實、畫家宮城與德等人的協助下，持續進行間諜活動。他的活動最後被當局得知，於昭和十六年

（註一三）（一九四一）十月十八日遭到逮捕，並於十九年（一九四四）十一月七日執行死刑。

這時候報章媒體的做法，堪稱相當可鄙。儘管自昭和十三年（一九三八）春天《國家總動員法》通過以來，媒體的生殺予奪大權完全操在軍部與政府手中，但他們在沒注意的情況下讓事情演變成這樣，實在必須予以譴責。而且做為結果，媒體之後的言論，在將國家逼上亡國之路的過程中，其實扮演了很重要的推波助瀾角色。以下引用昭和二十年（一九四五）十月二十四日《朝日新聞》的社論；雖然多少有點為自己辯解的意思，但自我批判的部分還是頗真誠的。

「……在形成大戰直接原因之一的三國同盟成立之際，我們連一言之批判、一臂之反擊都不曾嘗試；這項事實固然是基於承詔必謹的精神，但當我們回顧之際，要說感到羞愧，並且悔恨入骨，實不為過。」不要說「一言之批判、一臂之反擊」，直到昭和十五年（一九四〇）同盟成立之前，報章媒體根本就是竭盡全力，在旁邊敲鑼打鼓。

（註一四）在本文中，因為不想增添政治的複雜度所以沒有特意書寫，但同時期日本政治、軍事領袖急急忙忙想推動的是「汪兆銘工作」。這項投機意味濃厚的秘密計畫，是要讓國民政府門面象徵之一的行政院長兼外交部長汪兆銘在中國樹立新政權，以此締結和平、一舉解決日中問題。五月三十一日，汪兆銘在周佛海、梅思平等心腹陪同下抵達了東京。參謀本部作戰部的戰爭指導班急忙制定了「新中央政府樹立方針」，並在六月六日的五相會議中提出，結果由上到下都引發了大騷動。

這項「汪兆銘工作」直到平沼內閣垮台為止，都費盡苦心在進行，但日本一面期待樹立一個以戰爭處理（和平）為主體的政府，一面卻又期待一個能夠承認日本在中國特殊地位（如基地設置等）的政府，這在根本上就是一個錯誤。

故此，談判遲遲沒有進展，而這也成為參謀本部除三國同盟問題外，另一個頭痛的案件。

（註一五）作為參考，以下列出主要人物在昭和十四年（一九三九）的實際歲數：

平沼騏一郎72、植田謙吉64、史達林60、米內光政59、東鄉茂德57、板垣征四郎54、小松原道太郎53、中島鐵藏53、磯谷廉介53、大島浩53、白鳥敏夫52、希特勒50、莫洛托夫49、須見新一郎47、里賓特洛甫46、寺田雅雄44、稻田正純43、朱可夫43、服部卓四郎38、辻政信37、昭和天皇38。

第四章

六月

●莫斯科・克里姆林宮

蘇聯總理史達林正在克里姆林宮深處的一間房間裡，一邊抽著菸斗，一邊忙碌地反覆思量。史達林是個對自己的部下就連一點點獨立思考都不能容忍的人，但就算這樣，他還是很難忍受一個人躲在房間裡；因此，在他講話的時候，旁邊一定要有心腹高官隨侍在側。當他向這些人講話、說明政策的時候，總是喜歡來回踱步。儘管他說話總是又臭又長，但在說話途中，絕對不允許有人插嘴。

史達林不管從哪個角度來看，都是個身材矮小的人。他自己很在意這點，所以為了讓一百六十三公分的身材看起來更高大一點，他秘密訂做了一雙高四公分的長靴，並且時常穿著它。這樣一來，就不會有人懷疑史達林是個矮個子了。

當史達林一邊說話一邊踱步思索的時候，他總是會把右手插在上衣的前排釦子間；每當說到要特別用力強調的話語時，他就會突然把手抽出來，緊握著菸斗大力揮舞。要讓聽眾印象深刻，這支菸斗是相當有用的道具。

苦於早起的史達林，大概從早上十一點開始工作，直到傍晚都不停沉浸在事務當中。接下來直到晚上十一點，他會悠閒地放鬆一下，然後又回到工作崗位。這一工作就會到半夜三、四點，甚至更晚，期間都不會離開自己的房間。蘇聯整個國家的運作，就是按照愈夜愈精神的史達林的時間表在運行。就算在深夜進行電話聯絡，也一點都不稀奇。

時序進入六月，史達林告訴自己，是必須決定新的重要一步棋該如何下的時刻了。

與英法的同盟問題正在進行交涉。隨著德義的鋼鐵同盟成立，英國的張伯倫首相感覺如坐針氈，對蘇聯的條約交涉已經不再像先前那樣，處於隨意擱置的狀態。張伯倫深感必須比言語和書信的呼籲更進一步，和蘇聯一起坐上談判桌進行具體討論才行，而史達林也深知這點。

史達林也利用這點，不留痕跡地對希特勒送出訊號。英蘇條約交涉不久就會初步成形；史達林察覺到，希特勒對此非常掛心。他看得出，儘管自己用莫洛托夫擔任外長，並沒有輕易讓希特勒上鉤，但希特勒明顯已經慌張了起來。

事實上，蘇聯方面的觀察是正確的。五月三十日，德國外交部長里賓特洛甫發了一封甚長的極機密訓電給駐蘇聯大使舒倫堡（Friedrich-Werner Graf von der Schulenburg），開頭是這樣寫的：「最近幾個月發生的種種事，讓我不由得深信，我們過去對蘇聯的一貫見解，已然產生了變化。」接下來，里賓特洛甫揭示了新的外交方針。

「我可以毫不猶豫地斷定，德意志和蘇聯之間，並不存在政治與對外方面的利害衝突……基於這個理由，現在我決定，應該和蘇聯展開明確的交涉。」

萬一蘇聯政府不了解，覺得對抗德國、與英法締結緊密關係比較好的話，那史達林將會同時與德日為敵，面臨到東西夾擊的慘痛後果。德國外交部長下令，要把這個事實清楚傳達給莫洛托夫。

「將現在我們要與蘇聯進行明確交涉的決定，傳達給對方。」

希特勒斬斷了所有迷惘，為了將進行中的英蘇交涉徹底翻盤，下定決心由自己這邊主動出手來展開對蘇交涉。他一方面是因為害怕英法、更害怕英法與蘇聯聯手，另一方面也是因為對日本的態度感到沮喪。五月二十七日，大島大使將日本政府傳來的訓電內容，「當歐洲爆發戰爭的時候，日本會視當時的狀況，自主決定是否加入戰爭」，非正式地傳達給了里賓特洛甫。對希特勒而言，無法期待能對英法即時參戰的同盟，根本一文不值。希特勒惱怒地對外交部長抱怨說：「日本的態度實在是不可理解！」

史達林手邊，並沒有任何關於希特勒判斷或心理的極機密情報。但是，就算他只是在克里姆林宮的深處踱步，對歐洲情勢漸漸變化的徵兆，也還是能夠頗為清楚地掌握。史達林絞盡腦汁，思量必須考慮的條件。和英法聯手將會引發什麼後果？在英法和德國戰爭已是箭在弦上之際，跟英法同盟的話會……話雖如此，希特勒能夠贈送給我們比英法同盟更大的禮物嗎？

當史達林必須正面認真應對歐洲政治局勢的時候，他的眼睛總會炯炯發光。說起日本，那是一個關鍵角色。儘管早晚要和希特勒一決勝負，但史達林並不想這麼早就展開戰爭。就像伏羅希洛夫將軍講的一樣，蘇聯的軍事力量尚未完全整飭齊全，特別是空軍力量，更是遠遠遜於德國。

但在此同時，史達林也處在相當有利的立場。蘇聯和英法的合意愈是明顯，柏林的憂慮就愈是強烈。透過巧妙、詭變的動作，史達林就可以從希特勒這裡，拿到極為龐大的利益。

但是，他也有一處不能不擔心的阿基里斯腱，那就是日軍在亞洲的大膽行動，特別是關東軍好戰的態度。史達林在以張伯倫和希特勒為對手進行戰略和心理上的大勝負搏鬥之前，深感必須先把這個如鯁在喉、令人惱火的問題做個根本的處理才行。

正好這時，在滿蒙國境的諾門罕附近發生了意料之外的紛爭，不是嗎？為了應對他日的歐洲大問題，今日的紛爭正是一個大好機會能讓他在允許範圍內使出全力，將日軍徹底地擊潰，從而重挫關東軍好戰的自信。史達林把這件事當成最緊要的事情來處理。為了讓背後安全、沒有後顧之憂地面對歐洲問題，就必須要有非流血不可的覺悟才行。

就在這時，日本政府傳來的答覆，更是讓史達林堅定了自己的決心。五月二十一日，蘇聯透過日本大使東鄉傳達抗議，五月二十五日，日本政府做了這樣的回覆：

「日本政府不承認蘇蒙互相援助條約，因此關於外蒙古的事件，貴國沒有抗議的立場。這次事件是外蒙兵不法越境所引起，已經由滿洲國向蒙古人民共和國提出嚴重抗議。如果貴國仍要參與此事的話，日本政府將會出於日滿共同防衛的立場，強烈要求貴國停止這樣的行動。」

收到東鄉回覆信函的莫洛托夫，臉上的表情沒有任何變化。儘管日本政府的回答頗為裝腔作勢，而且還帶有挑釁意味，但這也在預料之中。

六月二日，史達林下了重重的一手。他將白俄羅斯特別軍區副司令員朱可夫中將召到莫斯科，命令這位在紅軍中號稱最有才能的軍人，立刻趕赴戰場。

朱可夫並不是學校教育培育出來的軍人，而是位從士兵一步步爬上來的將軍。正因為他的才能獲得一致好評，所以周圍的人反而都替他擔心，深怕他不知道哪一天會被史達林給肅清。史達林出乎意料地起用他，其實也是給朱可夫一個難得的機會，讓他為了自身的安全，為國家竭盡全力展現忠誠。

接著，史達林又給位在東京的格魯烏（ＧＲＵ）間諜佐爾格送去指令。雖然怎麼想都不太可能，但在中國大陸擁有大軍的日本陸軍，是否會對蘇軍的大攻勢做出即刻反應，打一場全力以赴的大戰呢？這不是同盟交涉的應對進退，而是非得抹消懸念不可的緊急事態。為此，他命令佐爾格，必須探出日本陸軍中央與政府的真正意圖。

佐爾格間諜網立刻以此為目標，在東京活躍起來。佐爾格在後來的審問書中說，尾崎秀實、宮城與德等日本間諜，也扮演了積極行動的角色。六月四日，佐爾格在上呈的報告中說：

「……日本和蘇聯展開正式戰爭的機會就目前看來並不大。儘管如此，因為關東軍自行其是的傾向日益增大，因此有大規模衝突的可能性。為了防止衝突的持續發生，我建議應該毅然決然、採用嚴酷手段。……」

他判斷的正確性，令人驚訝不已。

說到間諜活動，和佐爾格同夥的伍格里奇以法國週刊雜誌的特派員身分，接受日本陸軍安排，從六月四日到十五日，前往諾門罕附近進行視察行程。這實在是件相當諷刺的事。

「我們的同志從伍格里奇那裡，聽取了他所見聞、有關若干重砲與運輸卡車的事，以及訪問兩三座機場的事。」

而他們得到的結論是——

「這起事件不會發展成全面戰爭。」

伍格里奇的意見，也經由佐爾格送到了莫斯科。而史達林不用說，自然也把這些情報送給了人在戰場的朱可夫。就現實來說，蘇聯軍正像這份報告指出的一樣，採取了毅然嚴酷的手段和行動。

●哈拉哈河西岸

就在伍格里奇於諾門罕附近視察的時候，不知大難臨頭、一派輕鬆無事的日軍，在六月四日到八日這五天間，於新京的關東軍司令部就第一次諾門罕事件舉行兵棋推演，並進行戰訓彙整。東京的參謀本部第一部（作戰）也派遣五名參謀列席。

在東京的重要人物面前，辻參謀說：

「諾門罕事件已經結束了，請各位安心。」

事實上，這場兵棋推演，與其說是針對已經發生戰鬥的分析反省等現實問題，不如說是著眼於大局，針對將來的作戰構想應當如何，又該如何修正缺點進行演練。關東軍看樣子是真的認為事情已經完全落幕了。遭到山縣支隊正面猛攻的蘇蒙軍，於三十一日退至哈拉哈河西岸。他們因此認定，蘇蒙軍已經沒有餘力，也沒有更多的突擊意志；換言之，紛爭已經終結了。

該說是太樂觀呢，還是夜郎自大的判斷呢？不只如此，還可以看出對蘇軍輕視的態度。不管什麼時候，日軍總是在自以為是、主觀的情況下作戰。

但是，事件並沒有就此告終。在史達林的指示下，蘇軍開始逐步認真整軍備戰；六月五日，抵達哈拉哈河西方約一百三十公里塔木速克市的朱可夫，在第五十七特別軍司令部裡，火速開出了第一砲：

「軍長跟第一線、師部設在離這麼遠的地方，怎麼能流暢指揮部隊呢！」

朱可夫在回憶錄中這樣寫道：

「所有的情況都顯示，這次事件不是國境紛爭，而是日本不放棄對蘇聯遠東與蒙古人民共和國的侵略目的，且可以預想到在最近的時間內，日軍必將展開大規模的行動。」

朱可夫完成部隊的視察、戰備等特別調查之後，當天晚上發電報給莫斯科的國防人民委員部說：「職準備固守哈拉哈河東岸地帶，同時從縱深陣地進行反擊。」

他又報告說，這項作戰計畫若要期待必勝，則必須更替指揮官，且增強兵力。

蘇軍懲於日俄戰爭的敗北，進行充分研究並得到珍貴的教訓，從而編出了新的野戰戰術，那就是「縱深陣地」。他們不採取橫一線的布陣方式，而是構築縱向且有深度的矩形陣地。這是一種用來擊破攻勢主義敵軍相當有力的防禦方式。朱可夫的報告就是要防守這種陣地、然後進行反擊。

四十五分鐘後，史達林的回電送到了朱可夫手上：

「第五十七特別軍軍長費克連科（Nikolai Wladimirowitsch Feklenko）解任，由朱可夫繼任，六月五日。」

第二天，針對朱可夫加強兵力的要求，史達林超乎想像地決定增派一個機械化步兵師、兩個戰車旅、一個裝甲車旅、兩個步兵師、三個砲兵團、兩個航空旅的大規模兵力。

其中特別值得注意的是空軍兵力。在五月二十九日支援地面戰的空戰中，蘇軍的戰鬥機隊遭到了徹底敗北；日軍飛機一架都沒有損害，蘇聯飛機卻被擊墜了十三架（日方的主張是三十六架）。

莫斯科相當重視這次敗北。為了與強敵日本航空部隊得以匹敵甚至凌駕其上，他們急忙派遣了以在西班牙上空與德義空軍有戰鬥經驗者為中心、共計四十八名最優秀的飛行員前往外蒙古，希望透過這個團隊，重建蘇軍的航空隊。

就在這種萬全的準備下，蘇軍再次越過哈拉哈河，以大兵力跨足東岸。朱可夫陸續下達魄力的指揮命令；這次蘇蒙軍的戰術目標，是在東岸構築縱身陣地、確保橋頭堡。為了保持緊密聯絡，各陣地間都有埋在沙中的電話線相連；這種通信網的建設，也著實在進行。在哈拉哈河上，架起了好幾座軍用橋梁。他下令，直到增援部隊到達（六月下旬）為止，各部隊都必須節制，不可浪戰。

緊接著，朱可夫將指揮所推進到接近哈拉哈河西岸的哈馬爾・達巴山（Khamar-Daban）。

●東京・三宅坂上

東京參謀本部作戰課的各位成員，理所當然不會得知史達林的極機密命令。他們都相信，諾門罕附近的紛爭在敵我雙方同受重創的情況下，已經宣告終結，也就是辻參謀說明的那樣，確實有理；畢竟歐洲的情勢如此緊迫，蘇軍應該不會在國境掀起大規模紛爭。或者說，從關東軍司令部針對參謀本部發來的戰果慶賀電報所做出的報告，可以看出陸軍中央也是一樣想法。

「從敵人整體狀況以及諾門罕附近的地理判斷，敵人在這方面應該不可能使用更大規模的地面兵力了。就算對方增加兵力，單憑第二十三師團、本軍現有的航空兵力以及軍直轄部隊的一切，我們也確信可以達成本軍的企圖。」

「本軍的企圖」，當然就是殲滅敵人。

從作為戰場的諾門罕到鐵路終點站的距離，日軍距海拉爾約兩百公里，蘇軍從博爾賈站（Borzya）和貝加爾站過來，則約為七百五十公里。確實自第一次世界大戰以來，各國在後勤補給方面都積極運用汽車；日本也認識到這點，自昭和十三年（一九三八）起，新設師團的輜重兵聯隊中，加入了一個中隊的汽車。

比方說，在這次成為國境紛爭焦點的呼倫貝爾方面防衛，參謀本部一開始的計畫，是要把四聯隊編制的第八師團（弘前）擺過來；但是日本東北的軍隊，幾乎沒有汽車可言，而在這個平原地區，機動力是不可或缺的。因此有人提出異議，於是才改為把第二十三師團擺過去——這就是背後的來龍去脈。換言之，他們對汽車運輸其實有相當的認識；只可惜的是，這種認識還遠遠不及歐美列強的程度。

關東軍報告的「諾門罕附近的地理」，也是這麼一回事。不管陸軍中央還是關東軍，從作戰參謀的補給常識，也就是鐵路終點站與戰場之間的距離來考量，會有蘇軍不可能在這方面集中「大規模地面兵力」的看法，也是再理所當然不過的事情了。

參謀本部於焉判斷，眼下在這方面應該不會引發大戰鬥，但是不能說沒有再度爆發的可能性。為了以備有事之需，他們深感有必要彙整大本營的基本想法；特別是五月底關東軍磯谷參謀長、以及寺田、服部兩名參謀於東京開會時，那種盛氣凌人的態度，更讓他們感到焦躁不安，覺得不能安穩端坐在遠方眺望。

於是他們冷不防提出要求，表示「要向總長直接表達意見」。他們主張，根據研究的結果，將來在對蘇戰爭的時候，應該如之前已經明示般，採取「八號作戰計畫」的乙案，也就是西正面作戰為最高決策，對於這點，他們絕不退讓。最後，參謀總長表示「此事仍在慎重研究審議中，之後必定會下達某種指示」，好言相勸，才把他們勸了回去。由這裡可以看出，參謀本部對於關東軍積極果敢的對蘇戰意，其實看得相當清楚。

參謀本部作戰課基本構思的《諾門罕國境事件處理要綱》於五月底到六月上旬，由參謀有末中佐為主編纂而成。這份處理要綱的主旨是：雖然我們尊重關東軍的地位，也信賴並放手讓他們處置，但是應該在給予敵人一擊後便迅速撤退兵力，同時絕不可進行會導致事件擴大的航空越境攻擊，所使用的兵力也必須有規範與節制。

從這點來看，參謀本部是下定了決心，要把駕馭「奔馬」關東軍的韁繩，重新牢牢掌握在手中。然而，很奇妙的是，明明他們煞費苦心做出了這份綱領，結果卻只停留在腹案的層次，並沒有正式向關東軍傳達，便被深藏到作戰課的保險櫃當中。

這種奇怪的作為，似乎可說是同樣從作戰參謀領域出來的成員，彼此不可思議的沆瀣一氣吧！既然「紛爭已經結束」，那就沒有必要送出會掀起對方情緒不滿的指令。驅使他們的，大概就是這種思緒吧！基於一定戰理和理論作出、冷酷且嚴厲的作戰方針，在夥伴之間，多半會被情緒，乃至於山本七平先生[1]所謂的「空氣」所左右。在集團主義的參謀本部作戰課當中，這樣的傾向更是強烈。

---

1 編註：當代著名日本文化學者，一生投注於寫作，成果豐碩，著作有《「空氣」之研究》、《日本人與猶太人》、《「常識」之研究》《在我之內的日本軍》、《聖經之旅》等作品。他的研究被稱為「山本日本學」，在學界和讀者中具有廣泛而深刻的影響。PHP研究所以其名設立「山本七平賞」，頒予對人文社會科學學術寫作有成就之作品。本書作者就以本書，在一九九八年獲頒此殊榮。

而且這時候更不妙的是，五月下旬到六月間，陸海軍主事者再次環繞著三國同盟問題進行連日的會談，部內也頻繁召開會議。三宅坂上的參謀，每天都在忙碌之中度過。儘管海軍擺出一副完全不打算進行協議的方針，但焦頭爛額的有田外相還是去拜託首相，而首相也只好勉為其難、不情不願地去拜託海軍，無論如何一定要再進行一次對話。也正是因為局勢如此，《處理要綱》才會被打入冷宮吧！

這次陸海軍聯合討論最重要的問題，還是德義與英法進入戰爭狀態的時候，日本應該採取何種態度。這次陸軍稍微讓步了一點，提出新方針：「可以不展開軍事行動，只表示宣戰的意思就好。」但海軍卻認為「宣戰和軍事行動是一體的，無法分開考量」，堅決不讓。兩邊的態度根本就是平行線，沒有交集。即使如此，討論到最後還是勉勉強強生出了一個結論。這個結論是一篇很長的文章，其根本的要旨是：

一、當蘇聯、或是包含蘇聯的第三國，與德義爆發戰爭的時候，日本的態度將會站在德義一邊，不只表達意見，且會進行武力援助。

這是針對蘇聯以及共產國際，極為明確的表示，可是在「二、不包含蘇聯的第三國場合」中，卻用了極其曖昧難解的語彙：

甲、我國在意見上必定會站在德義一邊，而非英法一邊。但是，視情況可能一開始就參戰、可能中途參戰、也可能完全不參戰。

乙、配合一般情勢加以考量，日本在做出無言威脅，以期牽制蘇聯等國參加戰爭、從而對締約三國有利的時候，不會作出任何意見表示，也不會行使武力。只是，在這種情況下，當然不用與德義進行協議。

就像這樣，他們煞費苦心，寫了一篇在不包含蘇聯的戰爭情況下，日本是否參戰固不用提，就連是否進行武力援助這種關鍵的問題上，全都模糊以對的作文。

儘管有這樣曖昧的文句作為結論，陸軍中央還是滿腹不滿。特別是作戰課，他們為了有個萬一所推定的作戰計畫，這下全都派不上用場。但是，至少陸軍總算是成功避免了同盟問題就此夭折的狀況。

六月三日的五相會議與五日的內閣會議，就將這個陸海軍主事者合意的方針定為國策，並依循這個方向，重新說服德義。政府立刻發出訓電給大島和白鳥。

在這之後不久，北支那方面軍幹了一件事，讓參謀本部大感頭疼、火冒三丈，心想「終於這樣幹了嗎……」。參謀本部被這件事的應對方針逼到死角，根本沒有傳達擬好的《諾門罕國境事件處理要綱》，更不要說被說服了。總而言之，忙於對應的困難問題實在是接踵而來、應接不暇。

●天津・英租界

事情還是有關天津英租界爆發的暗殺事件。如同前面已經提及的，日本與英國在引渡嫌犯的外交交涉上，產生了正面的尖銳對立。之後，英方強硬地不接受日方要求，而是提案由中立國構成調停委員會，但這個主張也立刻被日本否決，於是交涉更形惡化。

不只如此，在北支那方面軍中，集結了參謀長山下奉文中將、副參謀長武藤章少將等日軍中有名、口才與做事能力兼具的「奇才」。在和緩的外交交涉行不通的情況下，他們兩人驟然浮上檯面；在這兩位深謀遠慮的雄才看來，這正是個好機會，能夠徹底改善英租界的體質。

日方下達了最後通牒，要求在六月七日中午前引渡嫌犯，當英方拒絕後，方面軍便使出了封鎖租界的強硬手段。六月十三日，日軍發表了這樣的布告。

為了禁止天津抗日共產分子的活動，六月十四日六點以後，採取以下的一般交通限制。

通往英法租界的道路，除了以下路段外不許任何人通行：

萬國橋（六點到二十四點雙向）

山口街、旭街、芙蓉街、英國賽馬場、奉安路、中街（六點到二十二點雙向）。

這天晚上，英方急忙表示，「已經有了疑似犯人的線索，引渡也沒問題」，希望能夠中止封鎖，但遭到日軍峻拒。

六月十四日，在方面軍的命令下，師團長本間雅晴說：「已經到這種地步了啊……，」然後便斷然對英法租界展開個別處理。日軍在租界外，滿滿地拉起了通電的有刺鐵絲網，在以萬國橋為首，包括山口街、旭街等七個檢查站，日軍對出入的男女進行嚴密調查；其中尤以英國行人遭到的身體檢查特別屈辱，偶爾還得在民眾面前赤身裸體。

但是，日軍還是害怕英美形成共同戰線；為了不讓這種狀況發生，他們對美國人是絕對不會出手的（註一六）。

方面軍司令部接著又發表了一篇聲明：

箭已離弦，這場紛爭已經不是引渡嫌犯就能落幕的了。透過這次的問題，帝國陸軍呼籲英國重新檢討他們的援蔣政策；直到英租界官方高舉「將和日本攜手，齊心建設東亞新秩序」的新政策為止，我們將不會放下武器。

面對日軍這種態度高傲、蠻不講理的行動，英國政府基於面子，也不能不做出反擊。「如果答應日本的呼籲，就等於我國在武力的威脅下，放棄過去所有的政策。是故，英政府為了守護本國在中國的各項權益，不得不採取迅速且積極的措施。」英國發表這項重大聲明的消息，從倫敦傳到了日本；結果在東京，對英國感到惱火的反彈，也一下子燃燒了起來。

聽到日軍對天津英國人強硬處置的消息，日本國內的三國同盟推進論者不提，就連與日俱增的反英運動人士，也感到大喜過望。儘管大多數日本人未必如此，但對於英國拒絕引渡殺人嫌犯的利敵行為，在心裡也是感到相當不滿。

從這時候日本人惡化的對英情感來看，會發現一件相當不可思議的事。明治日本正是透過和盎格魯薩克遜圈子的協調合作才獲得了重大發展，可是時序進入昭和以後，日本卻捨棄了和英美協調的政策，一口氣向德國傾斜，特別是陸軍和少壯派的外交官僚，更是向德國一面倒。敵視英美和親德，這兩種傾向可以說是一體兩面。兩者說不上是誰比較先出現，而是有著微妙的糾纏。

不只是陸軍和外交官僚如此，事實上在海軍當中，也是一面倒地熱衷於反英親德。為什麼會這樣呢？

「……英國為了自己的繁榮，不惜犧牲日本在遠東的生存權，助長育成支那的排日反日政府，結果就導致了今天的日支紛爭……故此，只要英國不改企圖透過壓迫日本，以遂其遠東繁榮之企圖這一根本方針，日英的國交協調，只能說是困難至極。」

這是昭和十三年（一九三八）九月，軍令部彙整的極機密文件《對英感情為何會惡化》當中的結論部分。這和方才北支那方面軍司令部的聲明，有何大相逕庭之處可言？以英國為模範、追隨其腳步進行建設、且長年派遣軍官前往學習其優點，人稱開明的日本海軍，這時候也抱持著這樣的反英國觀。

反過來說，為什麼陸海軍人與外交官會對德國如此傾心呢？

一言以蔽之，就是被德國興盛的樣子給迷惑了。德國一掃第一次世界大戰敗北的屈辱，在希特勒元首的帶領下，讓德意志統一的偉大事業，以及「說德語的地方，全都變成德意志」（十九世紀愛國詩人阿恩特〔Ernst Moritz Arndt〕之語）這個未竟之夢與渴望，全都獲得具體實現，這讓他們不由得為之大驚。不，讓昭和十年（一九三五）前後訪問柏林的陸海少壯軍人與外交官瞠目結舌的，其實不只是這種對統一的壓倒性熱度而已。他們毫無疑問地，對德意志的民族性格產生了某種共鳴，並在腦海中描繪出一幅與日本共通的形象。從堅實、勤勉、一絲不苟、端正、徹底性、熱愛秩序的正面，到頑固、冷漠、偏重形式、唯我獨尊等負面，日本人在德國人身上，看到了自己的投影，也正因此多少會對他們抱持著親近感。

日本和德國都是單一民族國家，擅長團體行動，重視規律，富有守法精神，愛國心強烈。兩國的教育水準都高、頭腦靈敏、競爭心強烈，認為工作就是存在的意義。兩國人民都充滿對組織的忠誠心、勇敢、擅長於機械，軍事潛力也都很高。

不只如此，日德成為近代國家的時代，堪稱是「同年」；當他們形成統一國家的一八七〇年代時，先進列強已經將地球上的領土大致分割殆盡，因此兩者也都具備了明明是優秀民族，卻也是「什麼都沒有的國家」這樣的苦惱。

雖然有點過於老生常談，不過這種徵兆其實在大正十一年（一九二二）的華盛頓，以及昭和五年（一九三〇）的倫敦兩場裁軍會議上，就已經明顯看得出來。這項強迫艦隊對英美比例為五：五：三的條約，在海軍內部形成了許多對英美強硬派。

「華盛頓會議……是美國的勝利，也是日本的敗戰；它讓（老）羅斯福以降美國對遠東的侵略政策，成功地跨出一大步。」

「倫敦會議，完全是美國操弄下的結果……他們預期要發動侵略戰爭，因此不裁軍而是擴軍，不追求世界和平，而是想讓日本屈服，從而達成美國式的和平。」

這種論調，是那些深刻體會到裁軍而造成的鬱悶，飽受力主要進行國際協調的米內、山本等條約派無法滿足的念頭所啃噬、血氣方剛的中堅軍官，內心熊熊燃燒的火焰。

特別是第一次大戰期間，日本作為「大英帝國的看門狗」，派遣艦隊到地中海，執行了很多勤務。然而在戰爭結束後，英國卻驟然捨棄了日本。為此大感憤慨的海軍軍官，在部內因此日益增加。在這之後日英同盟也隨之瓦解，就連造船軍官前往格林威治皇家海軍學院（Royal Naval College）的留學，也在大正十二年（一九二三）宣告結束。「英美對日本一派冷淡，根本不值得信賴」，青年軍官不由得萌生出這樣的惡劣情感。在這種反作用力下，會對崛起的德國產生親近感，也是再自然不過的事。

從以上幾點來看，號稱開明的海軍，其實比陸軍還親德。至於輿論方面，隨著租界封鎖事件，對英法的態度極度惡化，也是當然的吧！這些全都正中陸軍中央與右翼的下懷。他們從很久以前就開始煽動國內的反英運動，現在終於徹底爆發出來。

●東京・宮城

在這裡不可忽視的是，以奧托大使為中心、納粹德國第五縱隊（諜報、宣傳部隊）的活躍。潛入陸軍省、內務省、外務省甚至是右翼團體的納粹勢力宣傳戰，堪稱是極為巧妙。

奧托只要看到日本報章媒體刊載反德的報導，就會立刻向外務省提出抗議與強硬意見。他會抗議說，這樣的報導是「落入共產主義意識形態的陷阱中，違反了日德防共協定的意旨」。

另一方面，在日本發行的各種出版品，也被德國宣傳大大利用了一番。當日本人看到德國的槍砲、戰車、飛機等的照片時，也被它的軍事力量所深深吸引。不只如此，德國人也會積極參加宮城遙拜、神社參拜等國民儀式，還發給日中戰爭的犧牲者大量慰問金，這都讓他們巧妙地抓住了因國際孤立感而苦惱不已的日本人心理弱點。

在這種愈想愈覺得德國是「盟邦」的氛圍下，英國自然就變成了敵人。這不能不說是納粹第五縱隊的壓倒性勝利。

話又說回來，當我問到「為什麼開明的海軍會如此親德」時，有位爽快回答的前海軍大佐C先生，他的話語讓我印象深刻：

只要有軍人派駐到德國，納粹就一定會派女人過來陪伴他們，而且都是美女唷！這在英美這種清教徒式、有人種歧視的國家，可是完全遇不到的事情哪！

不管怎麼說，這種國內原本已經朦朧繚繞的反英情緒，一下子開始轉為更激烈的排英氣勢。「以天津事件為契機，趁機一口氣解決中國全境租界問題」，這樣的想法固不用說，就連「要求英國放棄援蔣政策，滾出亞洲」的聲音，也漸漸高漲起來。不用說，在這背後有陸軍中央的宣傳，主張「原本應該可以馬上解決的日中戰爭，之所以會陷入泥沼，全是因為在中國擁有莫大權益的英美給予他們援助之故」。

對國內這種排英親德情勢激進化深感憂慮的，不是別人，正是位在宮城深處的昭和天皇。天皇從年輕時候開始，就對英國有著格外強烈的親近感。六月十四日，當陸相板垣為了人事上奏前來參謁時，他特別針對天津事件，提出了這幾點注意事項：

「一、徒然意氣用事的對立是很不得體的，一定要採取某種解決之道。

二、為了預防士兵、憲兵、警官等基層人員不夠充分了解朕的意圖，一定要留意，不要讓出乎意料的事件爆發開來。」

板垣誠惶誠恐地答道：「我會確實跟參謀本部協議」，便退下了。

第二天（十五日），參謀總長閑院宮與板垣為了上奏增設四個師團而入內參謁時，也針對天津事件對天皇提出根本問題之所在。

「根據北支那方面軍的報告，這次對天津租界的封鎖，似乎不單只是為了引渡犯人，而是希望促使英國在金融經濟政策上，倒向我方企圖的路線。」

天皇聽了之後，對參謀總長下達指示：

「既然如此，那以檢查搜索為首漸漸強化，事實上達到經濟封鎖的這種做法，並不能簡單解決事件，反而會造成各式各樣的問題；故此，為了不徒然刺激英國，應該盡速解除封鎖，把兵力撤回。」

參謀總長回答說，「既然是以引渡犯人為目的進行封鎖，那只要達成目的，我們就會考慮解除封鎖。」

但是那天晚上，板垣陸相打電話給畑侍從武官長，毫不隱瞞地這樣說：「聽了參謀總長宮這樣上奏，我才知道北支那方面軍的封鎖意圖，不只是為了引渡犯人，而是為了將英國導向對日本有利的經濟政策。既然如此，那該怎麼辦才好呢？」由此可知，陸相完全被蒙在鼓裡了。

畑並沒有擺出一副事不關己的態度，而是在第二天（十六日）便向天皇報告了電話的內容。聽到畑絮絮叨叨表示，「封鎖事件的解決或許並沒有那麼簡單」，天皇不由得深深嘆息：

「這真是很令人困擾啊，該怎麼做才好呢？」

第二天（十七日），另一項讓天皇聽了之後不由得再度長嘆「真是困擾啊」的報告，從柏林傳到了外務省。那就是針對先前的外相訓電，從大島方面傳來的報告。到現在為止，即便是把這麼不明確的事務提到外交交涉的檯面上，但外務省還是認真以為，「對方並不了解我們的心意」，所以才會要求大島與白鳥貫徹目標，「盡全力嘗試」，但大島卻回答說：「非常遺憾，未能達成目標」。

里賓特洛甫對大島這樣說：

「這種滿是保留條件的條約，根本就是鬧劇一場、全無價值。首先，日本敵視蘇聯敵視得要命，但在處理中國問題上造成障礙，不正是英國比蘇聯更為嚴重嗎？英國如果不是面對不可抗拒的實力，是不可能放棄在中國的既得利益的。英國在歐洲與德義作戰的時候，不正是將他們逐出亞洲的最好機會嗎？在這種時候，日本仍要做壁上觀，這樣的態度我完全無法理解。至於有人說德義對英法開戰之際，日本如果參加這場戰役，會引發美國站在英法一邊參戰；但假使日本搶先一步投入戰事的話，我相信美國應該不會站出來才對。」

大島表示，「希特勒也同意這種意見，強烈反對鬧劇一場的協定」，並做出這樣的結論。

「現在我們只有兩條路可選：一是放棄提出這種對德義有所保留的交涉文件，二是趕快放棄進行這件事的交涉，該怎麼做，還請政府盡快下定決心，發電說明。」

確實，狀況已經到了如大島所言，不放棄不行的地步了。對政策決定者而言，這真是個處處多災多難的時刻——不，真正的多災多難，現在才要開始降臨。讓一片騷動的日本國內風潮更加騷動的戰鬥，再次在諾門罕附近展開。參謀本部作戰課做出「戰鬥已然落幕」的判斷，實在太過樂觀了。

●新京．作戰室

第二次諾門罕事件的開端，也是從小松原師團長的一通緊急電報開始的。

六月十九日早上，關東軍司令部透過這通電報得知，在十八日的時候，十五架蘇聯飛機攻擊了阿爾山地區，十九日更有三十架飛機對甘珠爾廟附近展開空襲，燒毀了儲存的五百桶汽油。小松原在電報末尾，加上了自己的意見：

「出於防衛的責任，我認為應該向對方展開徹底的痛懲。」

他大概是對第一次諾門罕事件的虎頭蛇尾感到憾恨，想要在這次一雪前仇吧！

話又說回來，為什麼這時候蘇軍會展開行動呢？一個理由是朱可夫要求的兵力終於集結起來，特別航空兵力更是獲得了充實。正因如此，他才會想要對第一次諾門罕事件中，遭到日軍航空隊迎頭痛擊的事展開報復吧！

然而比起這個，更重要的是史達林的焦躁不安。比方說六月十五日，保加利亞公使造訪德國外交部時，帶來了這樣的情報：

「史達林正處於極度困難的狀況之中。面對世界的現狀，到底要重新和英美結合，還是向德國靠攏，他的態度始終懸而未決。然而，事情終歸是要決定的。靠攏德國儘管在思想上有所差異，但最接近他的期望……俄羅斯的代理大使是這樣跟我說的。」

這段話確是一語中的。而就在這個終於要決定態度的時候，對史達林而言，為了走出反覆思考的迷惘之路，日本陸軍就成了他的眼中釘、肉中刺。

六月上旬，史達林收到了佐爾格的極機密報告。

「中國作戰的長期化，讓日本全體都處於緊張狀態之中。對於日軍是否投入對蘇戰鬥以支援德國，其實還說不準；但是，日本的軍事力量必須徹底重新武裝與編制。德國軍用車輛運輸部的情報指出，這種重編預計需要一年半到兩年時間。換言之，日本要準備好發動『大戰』，最快也要等到一九四一年了。」

（《佐爾格・改變世界之人》，「ゾルゲ」世界を変えた男：ソ連で初公開された36年目の新事実）反覆收到佐爾格篤定的報告，讓史達林鬆了一口氣，且感到相當滿意。

「結論就是，日本雖然對哈拉哈河地區發動侵略，但還沒有做好和蘇聯打一場大戰的準備。」既然如此，那現在正是透過集中強大兵力猛烈攻擊，拖遲日軍對蘇大戰重新編成的絕佳時機，不是嗎？故此，史達林會對朱可夫送出「上吧」的信號，其實也沒什麼好驚訝的。

關東軍的作戰參謀，在這之前不久才大舉前往孫吳視察。緊接著他們也巡視了黑河的國境陣地，在這之後植田軍司令官留在北安、矢野副參謀長留在孫吳，寺田課長以下的作戰參謀則在十八日才剛回到新京。途中在列車上，這一行人談起了北支那方面軍強硬封鎖英租界的話題，考慮是不是要打一封激勵的電報過去。意氣昂揚地回到新京，結果一回來，就收到小松原的緊急電報。

火速集結到關東軍司令部作戰室的參謀們，全都漲紅了臉。大家一致認為，蘇軍發動大編制的轟炸機隊深入國境線發動攻擊，這已經不是單純的找碴，而是正式對日軍下戰帖。讓他們就此得意忘形的話，搞不好還會大膽地轟炸海拉爾和齊齊哈爾。大家都認為，眼前的情況「確實無法置之不理」。

寺田課長站在正中間，四周圍繞著三好、服部、村澤、辻四位參謀（島貫參謀出差不在）。這場沒有軍司令官、參謀長、副參謀長加入，只有少壯參謀出席的會議，自然充滿了勇武、鬥爭心與幹勁。

高級參謀寺田首先開口：

「蘇軍這場堪稱暴行的攻擊，從關東軍司令官的防衛任務來看，將之盡可能擊破驅逐自是理所當然之事。但是現在為了解決支那事變，最重要的就是處理天津英法租界的封鎖問題。因此等到此事順利步上軌道之際，再在滿蘇國境附近展開規模較大的戰爭，這樣如何？畢竟中央的注意力要是被這方面所牽制，可能會導致天津事件的處理在不徹底的情況下落幕，這點實在讓人掛心哪！」

寺田的態度明顯是偏向參謀本部一方，或者該說是要電一下總是自行其是的辻政信吧！接著他又補上這樣一句：

「去年的張鼓峰事件也是這樣，當時明明是漢口作戰最重要的時刻，結果中央方面、特別是作戰相關人員，上下全都把思慮集中在張鼓峰，反而將漢口作戰放空城，這個實例就在眼前。故此，直到天津問題的解決邁向坦途為止，我認為都應該暫時抱持靜觀態度，方為上策。」

這大概是最正確的看法，畢竟蘇聯飛機的空襲，還沒到達難以忍受的重大程度。

然而，辻卻憤怒地反駁道：

「事情都到了這種地步，根本不能把諾門罕置之不理。如果默不作聲，只會被蘇軍給看扁，甚至還會發動更大規模的侵犯攻擊。如此一來，英國毫無疑問也會小覷日本的實力，在天津問題上擺出更加強硬的態度。有了第一次諾門罕事件的經驗，依循事後的教訓，這次我們有自信能夠徹底擊破蘇軍。為了對日英會談產生效果，我們在北疆發揚武威是相當重要的。」

接下來，辻更放大了聲音說：

「面對蘇蒙陣營旁若無人的行動，應該在他們剛發動的時期就予以痛擊，除此之外別無良策。說到底，不言而行就是關東軍的傳統；對於天津事件的處理，與其發封電報去激勵北支方面軍，還不如透過我們展現實力，來給予間接支援更好。這正是我們關東軍不言而行的傳統啊！」

目光炯炯、容貌魁梧、無所畏懼的辻參謀，滿臉通紅地力陳著。不只如此，對主動積極的意見抱持好感，而對被動消極的意見加以蔑視，這是軍人共通的心理。在會議上，總是「過激」、「勇敢」的主張占了主流，而「膽小」、「畏怯」，則是他們最怕被人貼上的標籤。

在這種情況下，當辻扛出「關東軍值得誇耀的傳統」時，所有人全都矮了一截。滿洲事變的成功，正是因為如此；積極任事、發揚國威，這正是關東軍的良好傳統，不是嗎？──辻熱力四射、滔滔雄辯，不知止於何境。

「對手可不是我們讓步就會滿足的有良心敵人啊！」

這時候，若要阻止辻的最強硬論調，只要聲望無二的作戰主任服部說一句話就夠了吧！相對於感情用事，緊咬一點攻擊，堅持「信念」的辻，服部則是以卓越的見識和豐富的人情味，以及臨機應變的正確判斷力，在陸軍的大道上平步青雲。兩個人的發言，在分量上明顯不同；因此，服部從大局著眼的發言，應該能夠遏止辻的無謀莽撞，但是──

服部卻爽快地，對辻的雄辯與說服表示了贊同之意。瞬間，慎重論立刻煙消雲散。負責航空的三好也同意，村澤也沒有特別表示反對。在大家的目光注視下，這年春天才上任、知道自己對關東軍內部還有很多不了解之處的寺田，也沒有多花片刻，就撤回了自己的論點。這些作戰領域出身的軍人，除了以軍事眼光為基準之外，完全不曾考慮國家的命運與將來。

作戰課於是達成了意見一致。接下來他們花了一點時間檢討，然後關東軍便以辻的原案為基礎，決定了超積極的作戰方針：

「將諾門罕方面越境的蘇蒙軍加以急襲殲滅，徹底摧毀他們的野心！」

他們立刻把司令部各課找來作戰室，由寺田參謀說明，並取得各課長的同意。就這樣，殲敵成了關東軍的總體意志。

辻政信殫精竭慮擬定的作戰要領如下：

哈拉哈河西岸小松台地的敵砲兵，是執行作戰的最大障礙。因此，我們要在哈拉哈河北方架橋，以第七師團（旭川）和戰車部隊為主力，向西岸越境入侵，攻擊蘇軍砲兵陣地，並將之加以撲滅。之後，我軍將從背後攻擊哈拉哈河東岸的蘇蒙軍。另一方面，跟主力的西岸攻擊相呼應，第二十三師團則從諾門罕方面往東岸的敵橋頭堡正面攻擊，將之殲滅。飛行部隊也應盡全力協助地面作戰。

由第七師團取代第二十三師團為主力，是為了最快達成作戰目的。第七師團即使在關東軍中，也是以最具傳統的精銳師團而享有盛名。

●新京・軍司令官室

擬好方案的參謀們，向植田軍司令官與磯谷參謀長呈上方案，懇請他們認可。

寺田、服部首先來到參謀長室，向磯谷進行說明。磯谷雖然同意對侵入之敵予以迎頭痛擊，但對於動用兵力出乎意料之大，也是瞠目結舌。

「若是要動用這種規模的兵力，必定得向中央報告計劃，讓他們了解後才能行動。只有中央和本軍的思想統一，化為一體進行處理，作戰行動才能順利進行。」

面對磯谷開出的這個條件，寺田與服部紛紛提出異議。

「可是，如果中央方面不允許作戰行動的話，我們關東軍的立場要往哪裡擺？再說，排除越境的蘇蒙軍，本來就是關東軍的任務。從過去的經驗來看，中央方面鐵定會拒絕我們的意見。看看現在中央的氛圍，有事之際一片優柔寡斷，根本不可能明快接受關東軍充滿自信的作戰行動。因此應該趁機不可失，盡速實行作戰才對啊！」

要是中央拒絕作戰的話，就應該停止這樣的作為，但是他們完全沒有這樣的想法，根本就是熱血衝頭、失去理性。不過，磯谷仍然堅持不依。

「總之，因為事關重大，所以還是等副參謀長（矢野）回來，從長研究之後再決定計畫吧！」

這種迴避責任的遁詞，一點效果都沒有。「眼下的事態，不是這種悠悠哉哉、慢慢討論的時候吧！」在服部嚴厲的催逼下，磯谷除了勉勉強強同意外，再無他法。

和磯谷「溝通」過之後，接著寺田、三好、服部、村澤、辻等作戰參謀傾巢而出，湧入軍司令官室。身為陸軍最資深的大將，植田留著一口漂亮的鬍子，終身未婚，因此又有「童貞將軍」的稱號；外界對他的評論，都是「純粹的武人」、「無欲」。但反過來說，就是一個「沒有什麼宏圖與見識，也沒有獨特的經綸與抱負，毫無特性可言，也正因此對外毫無任何統御能力」的軍人（中島今朝吾中將，《陣中日記》）。

磯谷在植田面前說明了自己同意作戰案的理由，並請軍司令官裁定是否要採行這個案子。植田聽完之後，相當爽快地認可了提案。

「關東軍為了達成任務，給諾門罕附近的敵軍一擊自是理所當然。我同意這個方案。只是，在這個案子中，攻擊主力是第七師團，但當地負責防衛正面的是第二十三師團長，不是嗎？這個防衛地區發生的事件，交給其他師團解決真的好嗎？沒有重新思考的餘地嗎？」

服部解釋說，第二十三師團新設不久，在戰力上有若干疑問。植田捻了捻他的翹鬍子，開口說道：

「從戰術上來考量，確實是這樣沒錯。可是，這不是統帥之道。如果這樣處置的話，我要是第二十三師團長，一定會拒絕的。」

辻在手記上這樣寫道：

「近代日本的軍司令官，常常都把在戰場上下棋、看看幕僚擬定的策略、點點頭說聲『好』，就蓋下章定案的人物當成『名將』來看待……結果就是幕僚下剋上、將軍不用功，最後成為大東亞戰爭失敗的一大主因。綜觀整個諾門罕事件，在關東軍的高層當中，找不到這種愛慕虛榮的統帥。儘管有火花四濺的討論，但決斷都是由軍司令官在軍參謀的輔佐下，靠著獨立的見識產生出來的。」

這完完全全只能說是胡說八道。恣意遂行下剋上，讓國家陷入危機的，到底是誰啊！

第二天（二十日），他們完成了取消投入第七師團，以第二十三師團和戰車部隊為攻擊主力的作戰命令，並加以下達。投入戰力為步兵十三個大隊（其中四個大隊是從第七師團加以補強）、火砲（含速射砲、聯隊砲）一一二門、戰車七十輛、飛機一八〇架、汽車四百輛。相對於此，眼前的蘇蒙軍兵力，據偵察則為步兵九個大隊／營（一個步兵師）、火砲一二〇門、戰車一五〇至兩百輛、飛機一五〇架、汽車一千輛，外蒙軍推定有騎兵兩個師。只是，其中未知的部分還很多，因此有相當程度的低估。

服部參謀對當時關東軍參謀課的判斷，如此驕傲地記述道：

「我們之所以採取牛刀殺雞之勢，主要是鑑於第一次事件之經過，以及第二次事件當初的敵兵力判斷，意圖以此一舉終結事件而做的考量。」

從中明顯可以看出關東軍作戰課的自信滿滿。「談笑間，強虜灰飛煙滅」是他們的豪語。和第一次事件時不同，這次是由他們來指導戰爭。可是，我們完全沒看到服部和辻在判定敵方戰力上付出重大努力的形跡。不管怎樣，蘇蒙軍離後方基地有七五〇公里遠，要跨越不毛的沙漠地帶、維持既長且龐大的後勤，都是不可能的事——他們只從自己的後勤常識，做出如此天真的判斷。

但是，就在服部和辻實施「牛刀」作戰計畫的前夕，他們確實得到了無比珍貴的蘇聯情報。

就在這個月初，日本駐莫斯科大使館的武官土居明夫大佐，因為憂慮諾門罕事件的發展而提出暫時歸國的請求，在獲得許可後，他便經由西伯利亞鐵路踏上歸國的路途。土居和另一位武官美山要藏少佐隔著車窗，晝夜瞪大了眼睛，目擊貨物列車與蘇軍軍用列車。他們看到的是數量遠超預計的戰車和重型火砲正源源不絕往東運送。

土居抵達新京是在六月中旬，也就是二十日前後。他立刻在植田軍司令官以下的幕僚會議席間報告了這件事。土居推論說，蘇聯往東運送的兵力，達到包括重砲八十門的裝甲部隊兩個師。

土居在戰後的遺稿中這樣寫道：

「這次蘇聯軍下定重大決心，要用裝備優良的師團和我們一決雌雄。這已經不是單純的國境紛爭；

在關東軍以主力應對的同時，視情況還必須從日本本國增兵才行。如果沒辦法做到這點，那還不如退兵妥協，這就是我的結論。」

土居在莫斯科，也對歐洲情勢的動向做了確實的觀察。雖然不知道蘇聯內心在打什麼主意，但是不管怎麼說，他們都環繞著德國對波蘭的進攻，跟英法持續在私下談判中。結果是，史達林對於當英法蘇開啟戰端時，關東軍卻乘隙進攻而感到極端恐懼。因此在這之前，他或許會考慮一口氣給東邊關東軍的戰力迎頭痛擊也說不定。土居將這樣的事情告訴了關東軍司令部的核心幹部。接著，他在手記上這樣寫道：

「我講完之後，作戰主任T參謀把我叫到別的房間，語帶威脅地對我說：『土居先生，如果你像今天這樣口出軟弱之言的話，恐怕會有性命之憂喔！激憤的年輕軍官，搞不好會起來殺了你喔！畢竟，我們今天才在計畫擄獲蘇聯的戰車後，要來辦個戰勝祝賀閱兵式呢！』」

作戰主任T參謀，毫無疑問就是辻參謀。在這個「關東軍前所未見的大規模地面作戰」即將展開之際，土居竟然說出這種話，這讓他不禁勃然大怒，動了殺心。

然而，土居大佐也不甘示弱。

「戰勝祝賀閱兵式……這種蠢話就甭提了吧！你知道蘇聯一個師的火力是日本的多少倍嗎？」

土居說得沒錯，蘇軍已經做了徹底的改編。雖然師的定額人員還是一萬三千人沒有變，但是師編制內新設了戰車營，師砲兵也增加到兩個團，輕機槍更是增加了四倍。日本一個師團弱小的程度，根本是遠遠不及。

土居寫道：

「我在前往東京的飛機上，正好和參謀本部第四部（戰史編纂）部長富永恭次少將同席，我問他說，『植田軍司令官認可諾門罕的出動交戰了嗎？』富永回答說：『雖然他心中似乎不太同意，但因為幕僚立了案、請求許可，所以他還是答應了。』」

最後他憂慮地寫下，「這種下剋上的風潮，真是很糟糕啊！」可是已經太晚了。

●東京・陸相官邸

關東軍不要說事前協議了，就連聯繫也沒半句，只在六月二十日的「關作命第一五三二號」（關東軍作戰命令）中，將這件事向上通報。參謀本部作戰課收到這份通報時的驚愕可想而知。東京一直擺出消極軟弱的姿態，也沒能給予第一線關於解決方案的適當指導。既然如此，那我們只好用最漂亮的手段，來教育你們一下了——從這份命令中，可以讀出關東軍作戰課那種華麗登台的調調。

這份報告在參謀本部作戰課引發了正反兩面的激烈討論。有人大喊：「應該馬上發出大陸命（大本營陸軍部命令）制止這種暴行」，有人主張：「應該馬上派部員飛到新京，充分傳達我們的想法」，但也有人爭辯說：「只是這種程度的話，有必要做到這個樣子嗎？」大家在激辯之中，連時間流逝都忘了。

不管怎麼說，這都是大事中的大事，所以作戰課長稻田也向陸相作了報告——有意思的是，稻田似乎有和陸相直接聯繫的癖好。這時候，陸軍省軍事課也接獲了通報，要一同參與此事。軍事課總司軍政

（人事、預算、武器、醫務）大任，是陸軍省內的核心。於是，一場非常時期的省部聯合幹部會議，在陸相官邸內、當著陸相的面展開，結果又是一番猛烈的唇槍舌戰。

反對方是作戰課的荒尾參謀、軍事課長岩畔豪雄大佐（30期）以及高級課員西浦進中佐（34期）。

「這種草原國境移動三、五公里的雞毛蒜皮小事，根本不值得大作文章；關東軍西北方面軍為了這種事幾乎使盡全力，有這個必要嗎？萬一事態擴大的話，又該如何是好？畢竟誰也無法保證事態不會擴大。明明對收拾局面沒有確切的勝算和實力，卻要投入大量兵力，導致重大犧牲，這種無謀的用兵，我們斷然無法同意！在眼下這種重大時局接踵而來的情勢中，這完全就是嚴重的脫序。現在該關心的是聚焦在外交問題上，以圖解決之道才對啊！」

相較於這種反對論，參謀次長中島、作戰部長橋本、作戰課長稻田等參謀本部方面的首長，則是用相較於現實想法，更加趨於幹勁滿滿的態度加以反駁。

「既然我們把和優良的蘇軍對敵、防衛國境的重責大任交給了關東軍，那就應該承認他們有在某種限度內，獨立行使武力的權力。再說，讓關東軍偶爾展示一下威力也是必要的，不是嗎？」

在這番論調的背後，其實是他們對關東軍司令部會完全同意陸軍中央的「不擴大方針」，抱持著相當程度的樂觀。

可是，陸軍省方面的反對者也不依不饒。

「投入一名士兵就會要求十名、投入十名士兵就會要求百名；既無止境，也無計畫。此值日中戰爭泥淖化、對軍備充實有著龐大需求之際，統帥部還要認可這種無意義的消耗，實在太讓人無法理解了！」

稻田聽了之後，抗聲反駁說：

「此際，蘇聯國境的紛爭正逐漸擴大當中；日蘇之間如果不歷經一番苦難，是不可能穩定下來的。如果敵人氣勢高漲、該怎麼做才好呢？挫挫他們的銳氣當然也是一種可行方案。他們對第二十三師團面對的犧牲，應該也有覺悟了吧！只是，當然要有限度才行。所以至少在一個師團範圍的運用上，還是讓關東軍自由裁量吧，畢竟這是攸關士氣啊！」

從稻田的發言，可以看出當他把關東軍的《處理要綱》加以擱置、作出「無言的承認」以來，便認為對方一定會知恩圖報。對照稻田之前強烈要求「必須和中央進行充分協調」的態度，如今要求追認關東軍這種完全不把事前協議當一回事的他，簡直是判若兩人。

陸軍省方面還想提出反對意見，但一直默默聆聽雙方沉重討論的板垣陸相制止了他們，作出最後結論。

「就一個師團而已嘛，何必斤斤計較呢？就交給前線自己處理吧！」

陸相這一發言，就代表中央也許可了關東軍的作戰。關東軍的作戰實施報告，其實是一種尋求事後承認的專斷作為。儘管大家對此心中都懷有一抹不安，但還是認可了這次的主動攻擊。

話又說回來，省部會議之所以會作出這種帶著「讓關東軍放手去做」氛圍的決定，其實也是因為他們對蘇軍兵力驚人的低估所致。陸相的「一個師團而已嘛」，也是全體成員的共識。沒有人想像得到，這樣的決定居然會招致幾近全滅的慘敗。

就這樣，參謀本部作戰課儘管嘴上講「不擴大方針」講到冒泡，但他們遇到事情，還是寄望——不，應該說是確信——一向無謀的關東軍，會謹守這種原則。

●東京・三宅坂上

但是，參謀本部作戰課也不是吃素的老好人集團。雲集了出類拔萃人才的他們，不可能完全沒想到有逸脫組織、背離組織、在下剋上的認知下，遂行自己意志的野心家存在。或許他們是太樂觀了，覺得儘管關東軍司令部裡有辻政信這種暴亂之徒，但在其上還有冷靜的服部卓四郎，而在服部之上，更有陸大出身的優秀課長、副長、參謀長在。但事實上，以服部和辻為中心的作戰參謀完全掌握了主導權；參謀本部作戰課大概是因為自己也屬於這種日本陸軍組織構造上的特異性——下剋上體制當中的一員，所以才沒想到這點吧！

不只如此，關東軍作戰課還隱瞞了重大的事實，那就是他們並沒有把作戰計畫完整向上呈報。他們計畫在地面作戰開始之前，先向哈拉哈河西方、位在外蒙古境內的敵空軍基地展開轟炸，但對中央卻秘而不宣。事實上，作戰課長一開始對此強烈反對，但在服部和辻的強逼下，只能不情不願地認可。辻強詞奪理地說：

「為了獲得制空權，這是絕對必要之事；作為關東軍防衛策略的一部分，這也在軍司令部的裁量權之內。」

不只如此，他們還用「關作命甲第一號」這個新設案號，向飛行集團下達命令。利用若有似無的新設案號作掩護，他們巧妙地錯開了上呈給東京的報告。

對國境外展開航空進攻作戰已經超過了國境紛爭的範圍，當然必須要有天皇統帥命令的正式許可才行。但他們對此也有一番自圓其說的解釋：在敵人已經對甘珠爾廟進行轟炸的情況下，外蒙古領地內的航空基地已經可以視為戰場，因此對它展開攻擊也屬於關東軍司令官的權限，而不需要別的天皇命令。

這樣做的背景是六月三十日，三好參謀搭乘偵察機，親眼目睹了在塔木速克、馬塔德（Matad）、桑貝斯（Sanbeisu）基地，集結了超過兩百架以上的敵軍軍機。在地面作戰開始前，顯然有必要將之加以擊潰。

雖然是極機密計畫，但前往東京出差的關東軍第四課（對滿政策）參謀片倉衷中佐，還是將之透露給了岩畔軍事課長。片倉強烈批判辻的專斷獨行，將之視為違反統帥原則的重大事件。

參謀本部作戰課知道此事後忍不住大吃一驚。（果然是這樣一回事嗎……）他們全都有被擺了一道的感覺。（又自行其是了嗎？）這時候他們一定悔不當初，對於有末參謀擬定、放在參謀本部的那份《諾門罕國境事件處理要綱》，不應該把它塵封在保險箱內，而是該馬上下達才對啊！對設定為目標的敵方基地塔木速克、馬塔德、桑貝斯進行越境攻擊，除了把事件更加擴大外再無其他可言，因此這是東京方面無論如何，都必須提出異議的作戰計畫。

然而，參謀本部作戰課的消極軟弱，卻在此時達到了極點。

六月二十四日下午五點五十分，他們以中島參謀次長的名義，發電報給關東軍的磯谷參謀長說：

「……特別是對（外蒙）內部轟炸，會在敵我內部掀起波瀾，結果反而會讓事件拖長，因此應該考慮此事是否適當。」

換言之，就是勸告他們自行中止轟炸。在電報後面還附加說，「明天（二十五日），我們會派有末中佐飛過去」，可以看出參謀本部以期萬全的態度。但是，比起這種「勸告」，他們更應該直接了當下令「中止」才對啊！

這天，對關東軍打算無視命令、秘密進行越境航空作戰的企圖一無所知的天皇，對入內上奏關東軍作戰計畫，尋求核可的參謀總長閑院宮這樣說：

「滿洲事變的時候，陸軍也是說『事變不擴大』，結果引發了那麼大的事件。這次一定要充分注意，不要再重蹈上次的覆轍了。不只如此，不管事件如何收尾，一定要確實劃定國界。然而，我聽說關東軍並不想劃定國界。事實真相究竟是怎樣？」

這時，天皇聽到了畑武官長的同聲嘆息。畑不只相當理解天皇的憂慮，也知道從最近日蘇關係的惡化來看，要劃定國界可說難上加難，所以才會喟然長嘆吧！

●新京、然後是東京

下令發動作戰的關東軍，確實不希望劃定國境；即使天皇的憂慮，也無法對他們產生影響。儘管對外蒙領土的轟炸計畫不知為何洩露，讓辻等人一時怒髮衝冠、又一時陷入苦思。但他們的過激行為，卻是有增無減。已經沒有時間去找出犯人了。偵察機傳來的每日報告，都讓他們的內心無法休止，迎擊空戰的準備已經持續好幾天了。

「不要緊，在有末中佐過來之前幹下去就對了；畢竟中央的電報，並沒有明確下令中止啊！」

他們這樣強行說服著自重派的寺田高級參謀。寺田自從一度認可這個計畫以來，就屢屢展現出脆弱不決的一面。最後，他們在七月一到二日，獨斷提出了預定的轟炸計畫——

以寺田參謀的名義，作戰參謀們火速向第二飛行集團的主任參謀，發出了決定命運的一封電報。

「明天（二十六日）若可行的話，應立刻果敢發動轟炸。」

箭已離弦。

六月二十七日早上，隨著重轟炸機二十四架、輕轟炸機六架、戰鬥機七十七架，合計一〇七架飛機對塔木速克的轟炸，事件演變成大規模戰鬥。日本軍報上的戰果是擊墜九十九架、爆破二十五架、摧毀基地的一半；日方則有四架飛機未歸，戰死七人，兩人受重傷。這次轟炸的重大成功，從蘇方戰史幾乎對此噤口不語可以得到反證。不過，飛機的戰果常常都欠缺正確性，大幅度的灌水也是常有之事。

另一方面，平井友義先生[2]發掘出的蘇方記錄則是這樣寫道：

「六月二十七日，在第二十二戰鬥機航空團（22nd Fighter Aviation Regiment）的跑道上空，突然出現了敵軍的偵察機；我們立刻派遣巡邏中的編隊將之擊墜。但在十分鐘後，由七十架戰鬥機、二十三架轟炸機組成的敵方大編隊殺向機場。尾追在後的蘇聯軍機擊墜了兩架轟炸機、三架戰鬥機。幾乎就在同一

2 編註：蘇聯和俄羅斯軍事外交史專家，大阪市立大學和廣島市立大學名譽教授。

時刻，貝爾湖（Lake Buyr）附近的驅逐第七十戰鬥機航空團（70th Fighter Air Regiment）基地，也遭到約七十架敵機襲擊；起飛中的蘇聯軍機在升空過程就遭到狙擊，有八名駕駛員戰死，敵方的損害則為零。」

根據這點可以察知，這是一場大編隊，漂亮的拂曉奇襲攻擊。

精力過人的辻參謀在二十六日傍晚從新京飛到海拉爾，搭乘轟炸機參與了自己策畫的這場空襲作戰。當他回到海拉爾基地後，對飛行集團長儀峨徹二中將敘述了自己關於這趟轟炸的感想，並將它寫在手記上。

「……戰鬥機的戰果確實是相當偉大，可是轟炸大部分都偏離了目標。故此，讓全部敵機升空，成為戰鬥機的餌食，效果應該會更好才對。」

光從這裡就可以感覺得出，辻對這場勝仗的得意之情。為了帶回這次大戰果的報告，辻立刻又搭乘司令部偵察機返回了新京。

原本提心吊膽的關東軍司令部看到辻的報告後，所有人全都毫不保留地沸騰了起來。至於欺瞞參謀本部的事，則早已被大家全都拋在腦後了。有末參謀抵達新京已經是在這之後的事了。

寺田高級參謀立刻滿臉喜色地撥電話給東京。他和參謀本部的稻田作戰課長在陸士時是同學，儘管兩個人在性格上未必那麼相通，但他還是對著話筒，興致匆匆地說：「如何，這可是大戰果啊！」但是，電話那頭傳來的，卻是猛烈的怒吼聲。

「笨蛋，這叫什麼戰果啊！你們關東軍到底在想什麼啊！」

寺田滿臉蒼白，握著話筒的手顫抖不已。

「你們這樣大聲嚷嚷說自己做了什麼好事，難道覺得不會遭報復嗎？」

稻田的能言善辯是公認的，當滿座的人在說話時，只要他一開口，其他人就沒有置喙的餘地。這時候他也將自己的辯舌發揮得淋漓盡致：

「總之，立刻停止公開發表訊息！」

服部和辻就站在電話旁邊，對稻田的「笨蛋」兩字聽得一清二楚。

面對東京這種出乎意料的斥責，關東軍作戰課不但沒有肅然自省，反而產生了激烈的反彈。沒有實戰經驗的課長在說什麼啊！東京作戰課的傢伙，連一個參謀都沒派到前線，就只是紙上談兵地批判！

「我們明明冒死獲得了大戰果，而且這次攻擊明顯是報復行為，結果他們完全無視第一線的心理，踐踏我們的情感，這算什麼參謀本部啊！」

就像辻在手記中所言，他們全都激憤不已。不只對自己的獨斷獨行沒有任何反省之意，反而對參謀本部的消極不作為，打從心底掀起了叛旗。對於為了這次大戰果犧牲的英靈，稻田的話是無禮至極的惡言；不能原諒，絕對不能原諒！孤狼般的辻狂怒不已。其他的參謀雖然沒有這樣口吐不滿，但對參謀本部作戰課的不信任卻變得更加篤定。他們不由得心想：三宅坂上的那些傢伙，到底是敵方還是我方啊！

東京方面對於「背叛我們的信賴」，也是毫不留情。關東軍沒有任何特權足以將日本扯入戰爭。這天下午，中島次長發了一封電報給磯谷參謀長。

「對於轟炸外蒙內陸這件事，我們在本日才首次得知；這跟本部所了解、貴軍的處理方針，在主旨上有著根本的相異，對於貴軍在事前毫無聯繫，我們深表遺憾。」

在這個開頭底下，參謀本部提出了強烈的警告：這種重大的事件，不屬於關東軍可以自行決定的性質，對外蒙內陸的轟炸，也是不該有的作為，應當嚴守一直以來的原則。電報的最後寫上「右依命」（按以上命令行事），意思是「這是閑院宮參謀總長的命令」，也是參謀本部要將關東軍置於自己管理之下的意志表示。

對此，以服部、辻為中心的作戰課絲毫沒有任何服從的態度，而是正面予以反擊。第二天（二十八日），磯谷給了中島一封回電。他強調，我們關東軍的作戰方針，是在敵人剛開始進行不法行為的時候就予以痛擊，以強化北邊的防備，並為日中戰爭的根本解決做出貢獻。接著他又說：

「我們只是在現狀的理解與手段上，和貴部的見解有些許相異；關於北邊的些許小事，請安心交給本軍處理即可。右依命。」

簡單說，他的意思就是「你們專心解決日中戰爭就好，滿洲的事情交給我們處理，參謀本部完全是多管閒事」。這根本就是不把中央統帥放在眼裡，宣告自己為獨立軍團的宣言。把這種和國家大事直接連結的正面衝突稱為「北邊的些許小事」，他們還真有膽說呢！

電報最後的「右依命」，指的是按植田關東軍司令官的命令行事。從現在殘留的擬稿紙「撰」的部分來看，撰稿者雖然寫著「辻」的名字，但裁決者與相關負責人全都沒有署名，甚至也沒有蓋印。說到底，這個「右依命」的命，到底是誰下達的呢？

據田田宮英太郎先生所述，那封對外蒙空襲表達遺憾、關鍵的參謀次長電報，其實被辻刻意掩藏起來了。至於電報的裁決書，據井本熊男大佐所言，課長、參謀長、軍司令官的欄位，全都蓋了辻的印章，或是簽上「代理」名義——田田宮先生是這樣講的（註一七）。

「我們可以明確地說，軍司令官、參謀長沒有代理的規定，辻是把自己當成課長、參謀長、軍司令官了。按照陸軍刑法，他已經犯了擅權之罪，但辻卻對統帥權的尊嚴完全視若無睹。」

●東京・三宅坂上

另一方面，參謀本部則是既可憐又可鄙。

根本的原因是當這封蔑視參謀本部、直接掀起叛旗的電報發出時，他們完全沒做出任何處置；對於背棄統帥正道，任意造成統帥權紊亂也沒有追究責任。在應當嚴正以對的時候，他們不只不這樣做，還連明確的指示都不下，任憑對方恣行己意，擺出一副萬事拜託的模樣，這只能說是自食惡果，再無他話可言。就像他們一直以來的作為，這時候也是顯現出一貫的欠缺指導能力與曖昧不明。

在作戰課參謀中，也有人寫下這樣一段合乎道理的手記：「關東軍的這封電報，未免太不像話了！這種把關東軍和中央當成完全同等的對象、絲毫不考慮統帥大義的舉動，根本沒有資格做為幕僚。關東軍司令官應該自請下台！」可是，在這個以超級菁英自豪的集團中，卻沒有人站出來採取行動。

另有一種說法是，參謀本部其實有看穿做出這種不法舉動的是辻，而作戰課長也向板垣陸相建言，請他放逐辻。可是在山西作戰時，相當賞識辻的陸相卻回答說：

「就隨他去也無妨吧？你對辻的評價未免太誇張了一點哪！」

說到底，在滿洲事變時就有獨斷專行老毛病的陸相，其實也沒什麼資格處分人家就是了……

就這樣，慘遭羞辱的參謀本部作戰課，也只能保持傳統的安靜統御，朝著執行原本的任務邁進。作為秀才參謀的他們必須要做的，就是在「關作命第一五三二號」已經發動的現在，對關東軍進行戰爭指導。他們認為，由於關東軍的權限究竟到哪裡並沒有一個明確的界定，所以會產生形形色色的齟齬。既然如此，要防止國境紛爭的更進一步擴大，就必須限制關東軍的任務，而對他們行動實施規範，更是緊要之事。

六月二十九日，經過充分研究之後，參謀本部對關東軍下達了一道重要命令——

這道大陸令第三二〇號，竭力將國境糾紛的處理限定於局部地區。命令中這樣說：「在滿洲國中，關於其屬地與鄰國主張相異之地區、以及兵力使用不便之地區，動用兵力進行防衛時，應視情況知所進退。」

接著在大陸指（大本營陸軍部指示）第四九一號中，他們又作出指示：地面戰鬥的範圍應限定於貝爾湖以東，且不許對敵方根據地進行空中攻擊。

同時，參謀次長也對關東軍參謀長，送去了關於這兩道命令的詳細說明電報（註一八）。

不只如此，大陸令（大元帥命令）如果下令「知所進退」，按照慣例就是強烈表達「不可行事」。換言之，參謀本部對關東軍下達的命令就是，對於涉足國境線主張迥異的哈拉哈河東岸、並進行布陣的蘇蒙軍，即使不斷然將之擊破也無所謂。

●將軍廟・戰場

然而，當這道命令傳抵關東軍司令部的時候（晚上七點三十分左右），關鍵的人物已經都不在新京了。這次負責總攻擊作戰主要任務的矢野副參謀長、服部作戰主任、辻作戰參謀，都已經飛到最前線將軍廟的第二十三師團司令部進行緊密的作戰指導了。將軍廟是一個位在諾門罕東北約十七公里處的聚落。從關東軍的角度來看，各部隊遵循二十日的作戰命令都已經動起來。現在參謀本部才發這種不痛不癢的命令，根本一點意義都沒有。現在已經沒有空閒時間去拘泥大陸令這種東西，作戰執行的時間表已經無法變更了。

為了補強而被下令應急派兵出動的第七師團步兵第二十六聯隊（指揮官須見新一郎大佐），從齊齊哈爾用火車運送到海拉爾，再從海拉爾歷經六天酷暑下的行軍，於二十八日抵達了將軍廟。

當二十三日左右抵達海拉爾的時候，須見大佐身為新配屬的部將，為了打招呼而前往第二十三師團司令部。小松原接獲他造訪的消息後，簡直就像喝下午茶般，一派輕鬆地說：「哎呀，你能來打個招呼，真是太好了哪！」和須見從幼校到陸大一路同窗的大內參謀長，則是笑容滿面地說：

「你辛苦了呢。雖然作戰還在計畫中，或許會有變更，但不管怎麼說，須見兄，我們都一定會讓你別上金鵄勳章[3]的啦！」

3 編註：日本陸海軍授予有戰功軍人的勳章。

戰車部隊（指揮官安岡正臣中將）的兩個聯隊，也從根據地四平街出發，在二十九、三十日，陸續耀武揚威地抵達了前線。至此，全體部隊在將軍廟附近大致集結完成。

師團的正式作戰計畫雖然如大內對須見所言「還在策畫中」，不過在二十九日晚上，也於將軍廟決定完成。他們的計畫是按照關東軍作戰課的計畫，渡過哈拉哈河，斷然入侵外蒙古領地。當時參謀本部參謀次長澤田茂中將在遺稿中這樣寫道：

「據小松原中將所言，他一開始其實是反對渡過哈拉哈河的，但是辻卻頻頻要求渡河。辻甚至說：『如果師團長下不了決心的話，我就請出關東軍命令！』結果就搞出了這場讓我大為光火、自行其是的越境攻擊。」

就這樣在強逼的情況下，決定了作戰的框架。

接下來讓我援引辻的手記；在這晚，他用植田軍司令官這句充滿感情的「我要是第二十三師團長，一定會拒絕」為開頭，向小松原詳述事情的來龍去脈。接下來他又加了這樣一段話。

「雖然我必須就自己的見識短淺向您誠心致歉，但軍司令官深深體察師團長閣下的心意，並對您賦予莫大的信賴，而關東軍也會盡力滿足閣下的期望，給予萬全的援助。不管您想要什麼，都請讓我轉達吧！」

小松原一聽這話，立刻淚流滿面。

「這感動的淚水，正是第二十三師團能以新編乍到之姿……面對極具優勢的敵方強襲，在三個月間獨立阻止擊破之，儘管失去了師團的大半兵力，仍沒有一句抱怨不平、畏怯退縮之言，持續奮戰苦鬥的原因啊！」

辻寫起這段文章，簡直就像事不關己一樣。對於自己靠著得意的辯才賣弄人情，讓師團長動搖的心情堅定下來，他毫無任何悔意或歉疚感。從這裡來看，在渡過哈拉哈河、入侵外蒙古的作戰上，小松原與其說是下決心，不如說是被逼著下決心吧！

之後，小松原將選定渡河點的責任，委託給了工兵第二十三聯隊長齋藤勇中佐。齋藤從工兵的角度出發，煞費苦心地盡速選定了地點。渡河地點位在哈拉哈河上游，鄰近將軍廟西方的七二一高地（飛伊高地，Fui Heights）。在此同時，他也提出意見，表示讓戰車部隊渡河有其困難。之所以如此，是因為戰車部隊的燃料彈藥運送因為下雨而一再延遲。於是作戰方針又變成「戰車部隊如果渡不過去的話，那就只讓第二十三師團渡河也行」。簡直就是一片雜亂無章、兵荒馬亂的景象。

●東京・宮城

不管怎麼說，地面作戰的作戰範圍，絕對不是六月二十九日「大陸指」第四九一號所規定的貝爾湖以東，而是要捕捉殲滅在湖西南邊布陣的蘇蒙軍——不，不只如此，他們還要渡過哈拉哈河，踏足外蒙古領土，簡單說就是完全無視參謀本部的統帥命令。

對此一無所知的閑院宮總長，在前一天（二十八日）午後，為了讓這份要向關東軍下達的「大陸令」、「大陸指」獲得核可，入宮參謁天皇。這時，關東軍對塔木速克空襲的事情，已經傳進了天皇的耳中。

天皇嚴厲地批評這次攻擊是違反了以天皇之名下達的命令，也就是干犯了天皇的大權。他認為，關東軍司令官對此難辭其咎，於是對畑侍從武官長再次這樣傳達。

「因為這時候敢如此妄為的人並不多，所以應當予重重處罰，好為後者戒，以免將來再有類似事件發生——總之，我認為不得不給予軍司令官禁閉的處分，你覺得呢？」

參謀總長也從畑這裡聽到了這件事。當作戰命令核可完成後，不等天皇發問，閑院宮便主動上奏說，對於關東軍司令官的處分，「我們會慎重研究該如何處置」。天皇滿足地點點頭，接著又再次提醒：「將來絕不可讓這種事再次發生，你們要充分注意啊！」畑的日記中形容「天機甚麗」，亦即天皇心情相當之好；等閑院宮退出後，天皇再度召來武官長，並對他發表這樣的感想：

「在今天上奏之前，我本來想說參謀本部是不是在隱瞞些什麼，但現在看起來，一切都相當明確，讓我感到非常安心。」

天皇的直覺一語中的。沒錯，確實有些事情被隱瞞了，然而對天皇隱瞞的並不是參謀本部，而是關東軍作戰課，更正確來說，是服部和辻等少數參謀。他們完全無視所有的命令與規範，一味朝著自己制定的越境攻擊路線往前狂奔。因此老實說，天皇實在不該就此安心的。

就在這個無視統帥權、讓人對將來不寒而慄的六月即將告終之際，終於傳來了一個讓天皇稍微安心一點的訊息。參謀本部的堀場參謀飛到北平，遊說北支那方面軍的山下、武藤兩位巨頭。堀場帶去了自己擬定的天津租界問題解決方案，主張解除封鎖，由東京方面來展開外交交涉。

武藤表示，面對英國的橫暴，封鎖是賭上日本的名譽與威信而為，因此對堀場的遊說充耳不聞。有硬漢之稱的堀場也毫不客氣地加以反駁；他堅稱：「要取回名譽與威信的話，就透過外交來幹吧！」

山下則是帶著笑容說：

「說什麼封鎖、封鎖的，這太誇張了啦！這在我看來，就只是對茶碗裡的蛞蝓灑灑鹽而已嘛！」

堀場一聽，也馬上頂了回去：

「統帥龐大兵力、武威赫赫的方面軍，對區區一個租界擺出這種『對蛞蝓灑鹽』的強硬封鎖態勢，這算什麼！就算真能封鎖抗日運動好了，閣下可有考慮過，這對租界內的民眾而言，是對生活威脅多大的苛酷處置呢？這種處置除了傷害我軍的胸襟外，又有何益處可言呢？」

據蘆澤紀之的記述，堀場這番率直的話，確實打動了兩巨頭的心。

結果立刻具體呈現在行動上。六月二十七日，天津防衛司令本間下令，暫且先停止對英國人的搜身行動。透過這第一步，為日英雙方送進了一陣微風，也自然營造出在同一張桌子上好好對談的氛圍。

第二天，英國政府提案，要把天津問題的解決託付給東京的外交交涉，日本政府對此也欣然應允。不只是親英的天皇，對參謀本部作戰課而言，也像是越過了一座小山般，有種愁眉稍展的感覺。因為他們懷疑蘇軍在諾門罕附近的蠢動，是不是和天津問題有所關聯，所以對於此事產生的影響效果能夠波及滿蒙國境多少也抱持著期待吧！三宅坂上，似乎也吹起了和煦的微風。

●將軍廟・莫斯科・柏林

和東京的種種思慮完全沒有關係，關東軍對第二十三師團下達指示，「一旦準備完成，立刻發動攻擊」，而小松原也順著他們的意思，火速進行準備。這時候，航空偵察傳來了奇妙的情報：不知道為什麼，蘇蒙軍開始渡過橋梁，三三兩兩地展開撤退。好不容易出動的第二十三師團司令部與各指揮官一聽這消息，全都踴躍爭先、不落人後地催兵進擊。

這項「蘇軍退卻」的情報，應該是報告分析有誤，或是誤判了部隊行軍方向而做出的判斷。但也有種說法指出，這是某位「鷹派關東軍參謀」為了催促小松原迅速行動而使出的手段。雖然大家都把辻描寫成一副戰略家的樣子，但實際情況如何並不清楚。（註一九）

六月三十日傍晚，小松原師團長下了決斷；第二十三師團不可錯失機會，應於七月一日破曉時分，盡速展開行動。完成展開、總計一萬五千名的各部隊，徹夜進行準備；接著，他們按照作戰計畫，各自朝攻擊發起地點運動。

這時候在莫斯科（當地時間二十九日午後），德國駐莫斯科大使按照希特勒的指示，和莫洛托夫外交部長展開了重要會議。莫洛托夫表示，他知道德國媒體輿論正對蘇聯保持克制，對於柏林希望能與蘇聯重啟通商會談這件事，也有充分理解。德國大使在會談結束後，就「自己的印象」對里賓特洛甫做了報告：

「蘇聯政府很了解我們的政治見解，也就是深知我們的意圖所在。因此可以說，他們對於和德意志維持親善這件事，抱持著相當大的關注。」

希特勒看了這份報告，感到喜不自勝。史達林如果也有這種想法，那就可以期待他伸出友誼之手了！話雖如此，在外表上他還是裝出一副漠不關心的樣子。

六月三十日，希特勒下達了另一道極機密的指令：

「在莫斯科的外交行動，於俄羅斯人做出某種明白表態以前，暫時停止。」

和蘇滿國境不同，這邊的虛虛實實，仍在不斷來回上演。

註釋

（註一六）美國的反日情緒，在這時候也被熾烈地點燃起來。在稍早之前的六月十日，美國國務卿赫爾就天津問題，對日本大使提出了嚴重警告：「在公眾面前讓其他國家的市民裸裎，這會讓全世界各地的一般民眾，都把你們看成洪水猛獸。即使這樣做，你們的政府還是什麼都無法達成，只會招致世界性的激憤與非難……美國政府希望日本政府，不只是不去剝奪美國公民的權利、利益和事業，更應該避免做出引發日美兩國人民間敵對情緒的行動。」

（註一七）田田宮英太郎先生針對這件事，曾詢問過井本熊男前參謀。井本先生的回答，收錄在田田宮先生的著作中。他是這樣說的：

「若從統帥原本的大前提來說，關東軍司令官的電報不只違反了統帥正道，還直接頂撞上級最高司令部——大本營的意圖。這種司令官，應當立刻加以罷免才對。要是在蘇軍，他一定會馬上被判死刑，在希特勒的德軍也是一樣。／在這之後，若是判定此電報乃辻參謀任意發布，那就該把他立刻罷免，從此在軍隊中永不錄用，這樣才是最妥當的做法。這通電報示範的紊亂統帥系統，在有日本陸軍之年，是空前絕後的唯一案例。／可是，這是在陸軍統帥能夠正常展現其面貌時，才能討論的做法。很遺憾的是，日本陸軍當時已經墮落到毫無統帥之道可言，辻參謀也不過是利用這個弊端罷了。」

覽卷至此，令人喟然無語！

（註一八）參謀次長送來的說明電報，內容要旨如下：

「對國境外的航空攻擊屬於（天皇）大權範圍，若要實施必須有陛下的允許。又，關東軍的《處理要綱》中，雖有『一時於國境外展開行動』事項，但不能期待它被當成軍司令官常設的權限，並獲得天皇的裁可。就算真的到了萬不得已的場合，你們也必須深刻理解中央對上述行動的關切。」

簡單說，參謀本部表明，為了不讓國境紛爭愈形擴大，甚至引發全面戰爭，他們將會適時、斷然地插手管制。說得更白一點，就是叫關東軍「好好尊重大元帥的統帥權」吧！

（註一九）作家伊藤桂一先生，對以辻參謀為代表的作戰參謀有著嚴厲的批判。

「這些人一味求嚴，完全不顧人情，只會下命令而已。結果，他們只是靠著紙上談兵和兵棋推演來建構計畫，而完全沒有『人』的存在……辻政信這些人，總是躲在後面，看著部隊朝山上的敵人進攻，然後嚷嚷著：『攻擊速度再快一點』；明明攻擊的士兵已經非常辛苦了，他們還是只會喊著『進攻進攻』。等到士兵衝上山，也死得差不多了。他們就是只會下這種隨便命令的人。」

第五章

七月

●哈拉哈河·戰場

小松原師團長在《陣中日記》裡這樣寫道：

七月一日　晴　大暑

諾門罕戰鬥第一日

從將軍廟出發，經酷暑荒原沙漠地帶行軍，抵達嘎布津·甘克丘陵。行程約八里，沿途一滴水都沒有。部隊於凌晨四點出發，因為收拾駐地以及出發準備等工作，將士們前夜一整晚都沒睡，還要背負著十餘貫的背囊裝備行軍，勞苦可想而知。

步兵在背囊裡裝著食糧（乾麵包一餐、米飯一餐的量）和彈藥、衣服，上面還捆著外套。這一帶白天的氣溫將近四十度，晚上卻寒冷到要結霜的程度。他們的腰上掛著刺刀，左右各掛著一個裝有三十發子彈的盒子，背後則有一個裝六十發子彈的彈藥盒；此外還有裝著鋼盔、防毒面具、鏟子、手榴彈的雜囊，比生命更重要的三八式步槍，則是扛在肩上。就像小松原所言，士兵身上的總重量達到十餘貫（四十公斤左右）。

這項作戰計畫如前所述，是一場宏偉的包圍殲滅戰。主要兵力分為兩支：哈拉哈河東岸攻擊隊與西岸攻擊隊。

東岸攻擊隊是由第一戰車團長安岡正臣中將指揮的戰車第三（指揮官吉丸清武大佐）、第四（指揮官玉田美郎大佐）兩個聯隊、步兵第六十四聯隊（指揮官山縣武光大佐）、以及工兵兩個中隊、支援野砲兵第二大隊所組成的裝甲部隊。他們的責任是從側面掩護西岸越境攻擊隊的突破，從曼蘇迪湖附近南下，直逼哈拉哈河與胡魯斯台河分歧點的匯流點（川又）軍橋。從將軍廟到哈拉哈河，距離約三十公里。

西岸攻擊隊則是以步兵第七十一（指揮官岡本德三大佐）、第七十二（指揮官酒井美喜雄大佐）兩聯隊為主力，再加上配屬的步兵第二十六聯隊（指揮官須見新一郎大佐），以及負責支援的師團搜索隊（指揮官井置榮一中佐）、野砲兵第十三聯隊（指揮官伊勢高秀大佐），是一支強大的兵力。他們會在飛伊高地西南的渡河點渡過哈拉哈河，也就是越過國境線、侵入外蒙領內，摧毀西岸小松台地上的蘇蒙軍砲兵陣地；接下來的任務，則是截斷川又軍橋附近的退路，將入侵滿洲國領內的敵人擊滅。這支部隊的總指揮，是第二十三師團步兵團長小林恒一少將。

各部隊在一片漆黑中展開進擊。黑暗的呼倫貝爾高原，往往會讓人走錯方向。四周全是由沙漠和草原組成、宛若波濤起伏般的地形，完全找不到藏身之處。行軍持續展開、寒意也益發刺骨，讓人不禁更增添了幾分悲壯感。

破曉之後，地面又化為酷熱的熔爐。被大地吹起的熱氣烘烤的士兵，只能喘著大氣不斷前進。喉嚨乾渴、發不出半點聲音；酷熱讓人幾近乎呼吸困難，鞋底都要燃燒起來。一路上看不見可以補給水的地方，偶爾會找到一些小湖沼，但靠近一看，才發現水邊都是白白的結晶，比海水還要鹹。

全軍一萬五千名的將士，就在「這次有充分戰力，理當不會輸」的自信下，不顧撲面的沙塵，和簌簌落下的鹹汗，一心一意奔赴戰場。雖然也有掉隊的人，但這些人也以自己所能使出的最大速度，拚命追趕。

特別是東岸攻擊隊的山縣聯隊將士，帶著為第一次諾門罕事件復仇的心念，鬥志熊熊燃燒。而且他們還有超過八十輛的戰車部隊作為作戰主力。在步兵眼中，沒有比這更讓人覺得安心可靠的友軍了。

最初在嘎布津湖附近進行會戰開火的，是西岸攻擊隊。為了迎擊出現在意想不到地帶的日軍，蘇蒙軍派出了十多輛戰車。

「來襲的戰車兩輛遭到速射砲擊破、燃起大火；將士望之，莫不士氣昂揚。敵軍於是退卻，首戰堪稱迅速獲捷。」

和西岸攻擊隊同行的小松原，自豪地如此寫道。挾著這股速勝的氣勢，這天晚上，日軍逐走七二一高地（飛伊高地）的敵人，占領了該地。

「師團此夜於附近露營。」

小松原在日記中，用了「露營」這個令人懷念的詞彙。設置步哨後，將士便進入深深的沉眠中。

●東京・霞關

此時在東京，要求平沼內閣總辭的聲浪高漲入雲。三國同盟問題依然處於觸礁狀態，天津租界問題又擺出「事已至此，只能透過外交解決」的態度，政府的軟弱消極，在在映入民眾的眼裡。

陸軍元老宇垣一成在七月一日日記中的文字，或許正充分傳達了國民的心情。

「帝國燃眉的急務，在於解決時局，並重新讓國家站穩腳步；這些任務的實踐，是實現八紘一宇[1]理想的基礎工程。為了前者，須達成日支間的和平、及與歐美各國的外交調整，必要時得採用果敢的進擊手段；置於後者，則必須著重在科學的研究發明、資源的調查開發、產業的振興……」

然而，平沼內閣只會嘴上說漂亮話、凡事鬥口嚼舌，行事卻日暮途窮，在實踐上不管內外，都是寸步難行。特別是平沼在三國同盟問題上毫無定見、擺出一副機會主義的模樣，一直左顧右盼，有時支持陸軍的主張，有時又偏袒海軍，這些都被大家看在眼裡。正因如此，倒閣的聲浪會洶湧澎湃，也是理所當然。街頭巷尾都在討論，接任者會是小磯國昭大將、南次郎大將，還是近衛文麿？

米內海相對這種狀況感到憂心不已。七月一日，他要求和板垣陸相會面，並提出一份可以視為妥協方案的備忘錄，署名交給了對方：

一、我方沒有無條件參戰的義務，這項方針不變；

二、按照六月五日陸海軍間一致的訓電方針，讓德國了解我方的立場；

三、在堅持上述條件的情況下，有關外交交涉的技術性問題，完全委任給外相。

這個提案的意思就是，「是否可以就此結束討論，之後就把閣議決定的方針委任給外相處理呢？」板垣讀了米內的備忘錄後，表情有點苦澀。做為想要照考斯方案行事的陸軍，對這種曖昧的方案，說到底還是很難吞下去。更重要的是，雖然海相並不知情，不過陸相這時最在意的，其實是蘇滿國境。以關

1 編註：日本政府二戰期間宣傳的理念，其解釋是天下一家、世界大同。

東軍的作戰指導為基礎，諾門罕方面的日軍終於展開了總攻擊。（原來如此，若是動用一個師團的兵力，一定可以擊退敵人吧！）板垣在心裡這樣想著。（可是，另一方面，也有情報指出，蘇蒙軍集結了相當兵力與機械化部隊；因此，要安心還言之過早……）

結果，米內的提案就這樣不了了之，而要求平沼內閣下台的聲浪又更加高漲了。

●哈拉哈河東岸．戰場

七月二日 渡河準備

小松原在日記上，颯爽寫下這樣一筆。

這天，在西岸攻擊隊前面打頭陣、展開行動的，是齋藤勇中佐指揮的工兵部隊。用來渡過哈拉哈河的應急軍橋，使用的是不設橋墩、而以鐵船代替支撐的傳統工法。但是，渡河用的材料大部分都被挪用到中國戰線，關東軍手頭的庫存其實已經見底了。從在這種情況下要讓大部隊（包括野砲和汽車）渡河，可以看得出這項作戰計畫有多粗糙，又有多趕鴨子上架。

不過，齋藤工兵部隊在轉調滿洲時，有帶著訓練用的渡河建材；能利用的就只有這些而已。拜此之賜，橋總算是勉勉強強架起來了。

只是，架好的軍橋也就只有這一座而已。

另一方面，東岸攻擊隊則為了準備三日拂曉的第一波攻勢，各隊一股腦地不斷往南，朝著預定地點全力推進。走在戰車部隊主力前頭的山縣聯隊，儘管面對迎面而來的敵方戰車砲，還有敵人砲兵偶爾從對面台地上射來的砲彈，仍然毫不畏怯地持續進擊，將士的士氣可以說是極度旺盛。

緊跟在後面的，是位在右翼的吉丸戰車聯隊（八九式中戰車二十五輛、輕裝甲車七輛），以及位在左翼、充當第二線的玉田戰車聯隊（八九式中戰車七輛、九五式輕戰車三十五輛、輕裝甲車七輛）。他們在大浪起伏般的高原上，埋頭一路往前猛衝。這種規模的裝甲部隊在戰場上進擊，堪稱是日本陸軍有史以來的壯舉。

不久後，夜幕逐漸低垂。晚上七點半左右，在諾門罕附近下起了傾盆大雨；彷彿就是在等待這個機會般，西岸的越境攻擊隊展開了行動。汽車部隊在伸手不見五指的漆黑中，從物資儲存點運來許多的渡河建材。不用多說，那是一片沒有任何路標的波浪狀台地；他們不時迷失方向、偶爾陷入零星散布的溼地中，完全是一派惡戰苦鬥的模樣。途中，他們甚至一度誤以為要把建材搬運到塔奇湖附近，等到終於抵達渡河點的時候，已經比預定落後了很大一段時間。

「架橋建材分散各地、失去聯繫；不只如此，各個方向都產生了延誤，沒能如預期會合。司令部幕僚分頭努力搜尋，甚為勞苦；到了兩點半左右，終於漸漸找齊了材料，將它們運抵架橋點。這時的憂心，我一生都難以忘懷。」

簡直就像在尋找走失的孩子般，小松原日記的文字，充滿了讓人如歷其境的真實感。不管怎樣，總算是可以開始架橋了。

在稍早之前，東岸攻擊隊已經比預定時間提早推進，展開了攻勢。先是山縣大佐提出意見，認為應由步兵獨力、斷然向對方發起夜襲。另一方面，在七點四十分左右，我方偵察機投下的通信筒也報告說：「敵人正在從川又的渡河點退卻中，有必要盡速展開追擊。」凡此種種都給人一個感覺，那就是彷彿有某種力量，正不斷催促著眾人展開攻擊。

儘管蘇蒙軍的兵力和陣地構築概況仍屬未知，但安岡中將還是立刻下定了決心。

在雷閃雷鳴的大雨中，改變預定計畫的部隊一齊動了起來。戰車隊以十五公里的時速南下；但是，因為夜間攻擊的命令過早發出，所以打從一開始，就無法期待步、砲和戰車之間，能有任何戰力上的相互配合。

但是，東岸攻擊隊的鬥志，讓他們跨越了這些不利。震破虛空、持續不斷的雷聲，還有猛烈轟擊台地的豪雨，掩蓋了戰車的引擎聲，為進軍創造出有利的條件。令人眩目的閃電，也帶來了不間斷的光亮；這些電光讓各部隊在零星分散的同時，也能藉著青白色的光芒清楚辨別鄰接部隊的身影，對於保持呼應合作有相當大的助益。

兩支戰車聯隊就這樣在出乎敵軍意料的情況下，各自猛烈推進。吉丸部隊一如預期，輾碎了蘇蒙軍的第一線和第二線陣地，突破後又繼續南下。當他們抵達敵方第三線的七三三高地附近時，遭到對岸重砲猛烈的阻止射擊，不得不放棄攻勢，掉頭撤退。晚上十點，吉丸部隊和山縣部隊從七三一高地轉進，攻打七五五高地的玉田部隊也中途轉進。在凌晨五點左右，各部隊陸續於「烏蘇特水」附近集結。他們在這裡徹夜進行物資的整飭，好為接下來的拂曉攻擊做準備。

就這樣，在安岡的決斷下，這次採用夜間追擊方式展開的攻擊，收到了某種奇襲效果，也獲得了一定的戰果。蘇聯官方戰史上也承認，「獲得戰車支援的日軍步兵，成功楔入了蘇蒙軍部隊的陣地之中。」然而，日軍也察覺到，「敵人正在退卻中」是一個相當要命的誤報。不管他們樂不樂見，蘇蒙軍構築了有縱深的堅固陣地，都是必須正視的事實。吉丸部隊戰車所受的損傷，也明顯是由包含戰防砲在內的有力火砲，以及戰車砲的射擊所致。不只如此，對岸小松台地上的蘇蒙軍重砲陣地，也一如預期地展開了砲擊。

說個題外話，一九八九年八月，諾門罕戰役五十週年之際，參戰者與遺族的慰靈團，走訪了這片過去曾是戰場的土地。當時同行的《朝日新聞》記者石川巖，在九月八日的報紙上刊載了一篇附有照片的報導。當眾人踏上曾是蘇蒙軍砲兵陣地的小松台地、眺望舊戰場時，參戰者們全都一起發出驚訝的聲音。

「哇，從這裡根本就把整個戰場俯瞰得一清二楚嘛！」

也有人說：「簡直就像蘇聯軍的後院嘛！」

曾任第二十三師團情報參謀的鈴木善康前少佐也這樣說：

「我在大正十二年（關東）大地震的時候，擔任東京警備的工作；當時我從九段坂上乘馬，往東一路望去，燒毀的地區什麼都沒留下，完全是一片平地。站在外蒙古的台地上俯瞰滿洲國，地形就跟燒毀的東京一模一樣。神保町附近就是哈拉哈河；從這邊的高處，可以將它俯瞰得一清二楚。」

簡單說，哈拉哈河西岸是蒙古高原，比滿洲國這邊的海拔要來得高，因此從東岸不管怎麼看，都看不見西岸台地上的蘇蒙軍砲兵陣地。從哈拉哈河一路直逼外蒙台地，這中間五十到六十公尺的高低差地形，就結果論而言，正是日軍直到最後都無法取勝的主因。

正因如此，身處閃耀的電光與猛烈擊打的豪雨中，這晚的安岡，心裡始終無法平靜下來。面對高處的攻擊，基本上日軍是一面倒地任人宰割。但他接到的命令卻是「必須在三日拂曉，對東岸的敵人展開攻擊，朝川又突進，殲滅蘇軍」。從這晚的戰鬥中他深刻體會到，這實在不是個容易的任務。

可是，主攻的第二十三師團主力一早就已經預定好要渡過哈拉哈河對西岸展開攻擊；既然如此，那我們這邊的部隊也只能悶著頭，朝已經嚴陣以待的敵軍陣地猛衝了……

雷雨終夜不停，明天的天候應該會逐漸轉好吧！對安岡而言，真不知道這件事值不值得高興。

●東京・宮城

這天（七月二日），參謀本部做好覺悟，知道自己不能再像現在這樣，一直擺出一副茫然無知的態度了。

諾門罕附近的國境紛爭，已經演變成越過國境線、跨入外蒙古境內的入侵。有關這次兩岸攻擊的作戰以及命令，雖然全都是在第二十三師團內策定與發令，但基本計畫是由關東軍作戰課擬定而成，再加上參謀本部的默認，才會演變成這種局面。明天，計畫終於要實行了，而軍隊的統帥——大元帥陛下，卻到此時仍一無所知。

七月二日午後，中島參謀次長入宮參謁，向天皇首度上奏攻擊計畫。

「踏入敵境這件事，是有鑑於諾門罕附近的整體地勢，在不得已情況下採行的權宜性戰術手段；因此，假使立刻退兵的話……」

天皇身為大元帥，並不認可這種曖昧的事後承諾計畫。「戰術」也好、「權宜」也好，都是日軍入侵到其他國家境內。而這種作戰要說不會引發大戰爭，也實在毫無道理。

在昭和七年（一九三二）陸軍擬定的軍機《統帥參考》中，明記了統帥權的規範：

皇軍的統帥指揮，全都是基於統帥權的直接或間接發動，依天皇的親自裁可或委任而實行。

換言之，兵馬大權亦即統帥大權，全都掌握在天皇（大元帥）一人手中。正如張鼓峰事件之際天皇所言，「無朕命令，不許動用一兵一卒」。

昭和的陸軍為了不讓戰爭受到政治影響，每當遇到緊急狀況，就會把統帥權——在他們口中，就等於軍隊獨自執行作戰的權限——當成「魔杖」一般，拿出來隨意揮舞。這時候也是一樣，他們完全忘了行使統帥權的大權，只有大元帥一人有資格掌握這件事，只自顧自地恣意行事。不只如此，從這時候開始，一種詭辯的論述，也悄悄地蔓延開來——

（當天皇的聖心有誤的時候，為了國家大計，我們也可以充耳不聞。）

這雖然是種叛逆的思想，但從這時起，卻漸漸不只是少數人，而是有愈來愈多人接受這種想法。僅僅兩年後，陸相東條英機就發表了「君不君」的演說。

對於軍隊越過國境侵略這種嚴肅的事實，天皇不要說親自裁可了，就連委任也不記得有做過，因此這時候應該會嚴厲地加以否決才對。但是，中島的上奏其實頗為巧妙；陸軍靠著長年鍛鍊出來的橫暴謀略，用巧言誘騙天皇，可說是家常便飯之事。不只如此，根據前面提及的鈴木前少佐的說法，「越過哈拉哈河、在權宜之下踏足外蒙古，這是經東京（參謀本部）認可，也獲得今上（天皇）裁可才下達的師團命令——我在越境當時，確實是這麼想的。」

話雖如此，能夠蔑視天皇的意志到這種地步，代表當時陸軍的威勢，已經滲透到日本的各個角落。若是形容當時的日本帝國已經「被陸軍所占領」，其實一點都不為過。總之，大軍既然已經動了，那就是已經得到大元帥的認可了。

●哈拉哈河西岸・戰場

小松原在七月三日的日記中，劈頭就寫上這樣一句。當然，他也沒有忘記寫上，這天的天候是多雲，之後晴朗酷熱。

渡河成功！

在哈拉哈河上架起了一座橋。這座橋是在並排的鐵舟上搭起木材做成浮橋，再將它們鉚接在一起。橋的寬度為二點五公尺，長約六十公尺。作業屢經延遲，最後終於在破曉的六點四十分完成。

在這之前，作為架橋的掩護隊，岡本部隊第一大隊划著配屬工兵小隊的十艘摺疊舟，渡過河流進入了敵地。這次渡河對將士而言，堪稱是無與倫比的恩惠；在灼熱沙丘間忍受乾渴的將士，簡直就像是忘記將要到來的戰爭般，「鯨吞」著哈拉哈河的水。

公認神出鬼沒的辻參謀，他的身影也出現在這支率先抵達敵地的掩護隊之中。大隊長藤田千也少佐雖然跟服部在陸士同期、算是辻的前輩，但因為他跟辻很熟，所以辻便主動提出「讓我同行吧」的請求。不過，辻卻刻意把藤田寫成「橫田」。渡河後，辻向藤田（橫田）建言說：「橫田兄，就在這裡設立陣地吧！」於是全大隊便在渡河處，挖掘好了立射的散兵壕。在這之後不久，他們就遭到了敵人的攻擊；辻用勇猛的筆觸這樣寫道：

「隨著夜光中拖曳的彈道，敵人的數量明顯呈現在我們眼前。有人大喊：『是戰車！』『進入壕溝，準備肉搏戰！』就在我這樣怒吼的瞬間，站在我旁邊的橫田大隊長陣亡了；他的頭部遭到一枚子彈貫穿。從左、右和正面，十幾輛敵軍戰車闖進了大隊陣地；（中略）這場戰鬥進行約三十分鐘後結束，我們用火焰瓶燒毀了兩輛戰車，另外跳上砲塔，捕獲了一輛。只是喪失了大隊長，讓人感到無比憾恨。」

雖然還是一貫的說書式誇張手法，只是「進入壕溝，準備肉搏戰！」的怒吼，是由沒有指揮權的辻參謀所發出，而接下來的三十分鐘戰鬥，也是由他所指揮。這種只差沒直接說出口的寫法，相當奇妙地有點罕見。

不管怎麼說，這場戰鬥對蘇蒙軍而言，也是出乎預料的遭遇戰。

蘇聯官方戰史記載，「七月三日上半夜，日軍在掩人耳目的情況下逼近哈拉哈河，開始渡過西岸。早上七點，日軍渡河結束，占領了白銀查干山，開始朝南方前進，看樣子是意圖包圍哈拉哈河東岸的蘇蒙軍部隊。」事實上，聯隊主力也用摺疊舟等方式進行渡河，凌晨三點十五分，步兵第七十一聯隊的軍旗，率先踏進了外蒙古領地內。

與藤田大隊交戰的，是負責守備白銀查干方面的外蒙騎兵第十五團；他們接獲掩護東岸外蒙部隊的任務，於凌晨五點接近河畔的時候，在那裡發現了日軍，驚愕之餘，立刻展開攻擊。

就這樣，正如小松原在日記中所寫，這次渡河是場成功的奇襲。繼岡本聯隊之後，酒井聯隊的主力也用划船等方式，渡過了哈拉哈河。不久後隨著橋梁架起，野砲聯隊和搭車的須見聯隊也隨即渡河。至此，西岸攻擊隊的步兵主力，其基本態勢大致告成。步兵團長小林下令前進，小松原日記也自豪地說：

「左岸攻擊部隊持續向小松台地前進。」

面對大軍渡河，負責防備這個地點的外蒙騎兵第十五團，只好在不得已的情況下勉強撤退。前往當地視察狀況的軍事顧問阿佛寧上校，搭著汽車疾馳而來。上校大喝一聲、停下汽車，遠望出現在稜線那端的部隊，查覺到那和平日常見的外蒙兵大不相同，於是慌慌張張跳上汽車，又掉頭回去了。

朱可夫這時還不知道日軍的渡河行動。可是在這之前，他已經在二日深夜得知日軍對東岸縱深陣地發起了攻擊，於是下令剛抵達塔木速克一帶、擁有一百五十輛戰車的第十一戰車旅，和編制有一百五十四輛裝甲車的第七裝甲旅開始行動。

「前進，如果遇到敵人就展開攻擊，盡速！」

為了支援在哈拉哈河東岸進行防衛戰的第九機械化旅和第一四九機械化步兵團，並與進攻的日軍戰車部隊進行決戰。這些部隊在一片漆黑的深夜之中，以猛烈的速度展開東進。

朱可夫在破曉時分，從阿佛寧上校那裡得知日軍出乎意料渡河攻擊的事實。他明確認識到，眼前的情勢並不輕鬆，要阻止日軍南下前進也相當困難。但儘管如此，他的命令還是相當適切，而且極具攻擊性。他變更了命令，下令東進中的戰車旅和裝甲車旅，立刻朝白銀查干山方面急行軍，並命令哈拉哈河兩岸的砲兵部隊，儘可能將砲擊的目標變更成南下中的渡河日軍。接著他更下令，所有的航空部隊全體起飛。

駕駛戰鬥機I－16，攻擊日軍架橋渡河地點的沃羅日金中尉（Arseny Vorozheykin）[2]，日後這樣回憶：

「……在遙遠的彼端，可以看見一條若隱若現的黑色長龍，那裡就是渡河地點。再仔細端詳，可以看見從滿洲方面往渡河點，還有大部隊呈扇形集結。

那是迄今為止不曾見過的大部隊與車輛群。到底是從哪裡冒出來的？簡直就像是出乎意料、從地下湧現的一樣。毫無疑問，哈拉哈東岸的日軍正以優勢兵力，壓迫著我們的守備隊。」

從空中鳥瞰，哈拉哈河將無盡的曠野一分為二，東岸滿洲這邊，被連綿不絕的黃色沙丘掩蓋的日軍，宛若一把倒置的扇子般，朝著一座橋梁收攏。接著在渡過橋後，又在外蒙古灰綠色的西岸平原上左右展開，呈現出一副壯觀的景象。

可是在地面上，就沒有空中看起來這麼秩序井然了。哈拉哈河在雨後的流速約兩公尺，河底又是沙地、再加上鐵舟不足，結果使得軍橋早早就變形了起來。不得已，只好讓馬一頭一頭通行，而砲兵也因此必須用挽馬從砲架上分離才能通過。汽車必須放下所有的裝載，甚至連它自己使用的汽油也得放掉，不然就無法獲得擔任橋梁長的工兵准尉許可放行；儘管如此，也還是只能一次通過一輛。故此，在橋邊等著渡河的人馬和汽車擠成一團，陷入了無秩序的大混亂之中。雖然不用多說，但師團要讓相當的戰力

2　譯註：蘇聯王牌飛行員，後來官拜少將。

渡河，至少需要架上三座橋才行。

須見大佐指揮的第二十六聯隊，按作戰計畫要全體乘車，以快速部隊之姿在破曉全數渡河、突破戰線，從最西邊繞過去，直取蘇蒙軍的後方。但現況就如上述，儘管第一大隊氣勢洶洶、設法渡過了河，但剩下的兩個大隊不要說汽車了，就連一個將士想渡河也不可得。時間徒然流逝，蘇聯戰鬥機還屢屢前來用機槍掃射。凡此種種，都讓須見的焦躁感益發強烈。

這時候，小松原在第一線現身了。關於當時的狀況，須見記載在手記之中。他立刻對小松原陳訴說：

「閣下，請看看渡河作業吧！我的聯隊到現在才渡過了第一大隊而已。按照這個狀況，全部渡河恐怕要到日落時分了，該怎麼辦才好？」

「好吧！那給你的任務，就交給渡河的第一大隊來執行吧！」

小松原幾乎是想也不想地，立刻變更了命令。結果對須見而言，實在是慘到不行。第一大隊以外的剩餘卡車，全都當作師團專用被撤回，主力一下子變成了徒步部隊。因此，須見必須用徒步的方式來追趕先行的汽車第一大隊。不只如此，小松原也沒有給予之後的行動明確的指示就直接搭著高級車，迅速地過了橋。師團司令部的幕僚也尾隨在後，一同渡過河流。

在須見的手記中，還記載了另一件有趣的事。東京的參謀本部作戰部長橋本群少將，事實上曾在偕同的參謀陪伴下，前往渡河作戰的現場視察。橋本看到現場無秩序的混亂，對須見下達了這樣的命令：

「萬一這種時候敵機來襲的話……在敵機來襲前，你做為現場最高階軍官，必須想辦法收拾混亂！」

結果在這之後不久，蘇聯飛機真的從超低空前來襲擊。

橋本的發言，聽起來似乎相當不合道理。須見的任務是盡早渡河。明明是要展開大作戰，卻只有一座變形的橋，而且渡河順位不明確，所以才會招致這麼大的混亂。因此橋本的發言，或許是對關東軍作戰課這種完全不講理的作戰計畫表示猛烈批評、乃至於斥罵之意吧！

儘管如此，東京的作戰部長現身在戰場上，應該不只是要「見識一下關東軍的本事」這麼簡單的狀況而已。然而，我們卻完全沒有看到橋本在這時候和小松原、乃至於關東軍作戰課的成員好好對話的跡象。這也是很奇妙的地方——他來戰場視察，到底是做什麼的啊！

辻也在手記中，帶著滿滿怒意寫道：

「參謀本部派來的第一部長前往戰場附近，三日早上到將軍廟視察狀況。當他偶爾目擊到敵方轟炸機出現在橋梁附近、感到戰況不利時，就連跟師團長見個面也不做，直接掉頭回去。當師團長和副長正置身第一線奮戰的時候，中央的高級幕僚不跟前線的師團長會面就回到東京。對第一線而言，絕對不會留下好印象。這個部長對事態的認識有誤、抱持悲觀的態度，正是日後產生重大齟齬的原因所在啊！」

照辻的說法，橋本只是在遠遠的將軍廟望見蘇聯飛機的攻擊而已，因此他才會充滿怒氣與怨氣。但是辻的非難是錯的，橋本其實是在軍橋附近遭到了敵機的掃射。換言之，他有親眼去看過作戰是否順利進行。儘管如此，就像辻憤怒的理由一樣，他完全沒跟小松原、服部和辻見面就逕自離去，這也是不爭的事實；真是夫復何言！

如果說，這就是持續和眼前的敵人戰鬥、無論如何都想取勝、腦袋熱血沖頭的關東軍作戰課，和位在遠離戰場的東京三宅坂上，冷靜判斷大局的參謀本部作戰課之間的差距的話，這也未免太……

不，現在不是進行這種無關緊要討論的時候。上午七點，已經渡河的岡本、酒井兩支部隊前進不到一個小時，便陷入了激烈的戰鬥之中。這兩支部隊都預期會遭遇到敵方戰車，所以在正面和左右配置了手持戰車地雷、火焰瓶的肉搏攻擊班、聯隊砲[3]、速射砲[4]才前進。儘管如此，當他們看到前方波浪狀沙丘間若隱若現、蘇蒙軍戰車直衝而來的景象，還是全都愣住了。那是多麼壯觀的陣容啊！二十輛、三十輛結伴成群的戰車和裝甲車，以彷彿要讓整個地平線全都沸騰起來的態勢，急速往前推進。

這時，朱可夫面對進退兩難的事態，不得不下達一個悲痛的決定：他徹底捨棄了《紅軍野外教令》（一九三七年發行）第一二二條的規範──「不論在怎樣的情況下，步兵的戰鬥任務都要和砲兵以及戰車的行動一致，透過在第一線緊密的協調，以期獲致相當之成果。」現在已經不是等待步兵、砲兵和裝甲部隊協調的時候，只能將抵達戰場的戰車與裝甲車部隊逐次投入。

沒有步兵伴隨的戰車殺到，對日軍將士而言，在某種意義上反而激起了他們的鬥志；畢竟他們所受的迎擊訓練，就是只以戰車為對手而設定的。他們把速射砲和聯隊砲拉到必中距離的四百公尺內，進行幾近貼身的猛射。在這種攻擊下，一定可以貫穿車體，並讓戰車燃起火焰。岡本部隊的聯隊旗官川添武彥前中尉就說：「我們用速射砲、聯隊砲和改良的三八式野砲狙擊對方，打得相當漂亮哪！我們都有感覺，覺得應該贏定了。」

接著迎接被擊中戰車衝擊的，就是步兵的反戰車作戰。作為蘇蒙軍王牌的裝甲部隊，是由 T26輕戰車和 BT 中戰車編組而成；這兩種戰車都裝備了汽油引擎，因此即使是榴彈，只要命中貫穿就會起火，再加上在炎熱天氣下長時間高速奔馳，車體相當的燙，甚至光是日軍逼近丟出火焰瓶，就很容易燃燒起來。這些戰車又都是空冷式，會把火焰吸進內部，一瞬間車體內部就會化為火海。

日本兵被教導，戰車的死角是前後八公尺、左右四公尺以內。他們會潛進這個死角，緊緊跟著衝進己方陣勢中的戰車奔跑，然後對槍眼或後方的引擎投擲火焰瓶。

以下摘錄一段酒井部隊的戰鬥報告。

七點，敵方以戰車十餘輛、火砲數門展開射擊……八點左右，敵方十一、二輛戰車展開攻擊……十點左右，我方遭到四十七輛敵戰車攻擊……十三點左右，開始重砲射擊，約百輛戰車展開逆襲……這些戰車大部分都拋錨起火，幾十道黑煙直衝天際，簡直就像日本海大海戰的繪卷一樣。

另一方面，暫時停下腳步的須見部隊，也在十一點左右以全體徒步的方式，渡過了哈拉哈河。這時候，先前搭車渡河的第一大隊，已經在遠離徒步主力的前方展開，和敵軍戰車開始交戰。緊接著，部隊主力在做為第二線的後方、前進不到兩公里處，也遭遇到數十輛的蘇聯戰車群；如此一來，他們當然達不成原本期待的任務，也就是前進到最西方，掩護岡本、酒井兩支部隊。蘇蒙軍就是以這種方式拚命壓制著日軍。

在昭和十九年（一九四四）七月出版的《實戰寸描》中，須見這樣描述當時的戰鬥：

「在廣袤的曠野上，遠遠可以望見地平線上出現的敵方戰車身影。兩千、一千五百、一千，沒有射

---

3 編註：四一式野砲，通稱聯隊砲，各步兵聯隊配備四門，口徑七五公厘，最大射程六三〇〇公尺。
4 編註：九四式速射砲，為日本陸軍第一款三七公厘戰防砲，可在一〇〇〇公尺內貫穿二〇公厘裝甲。

擊，只有敵方重砲一如預期地打擊過來。等到接近到八百米處，（對戰車砲分隊）才開出第一砲。我們辛苦地忍耐著，取而代之的是期望一發必中……雖然展開射擊頗遲，但一開始射擊，就確確實實地漂亮命中。敵方戰車陸續拋錨起火。然而，敵方戰車突破八百公尺平地的時間相當短，在這段時間內能發射的砲彈數量也有其限度。我們的砲彈在陣地前約百米處，又讓兩輛戰車燃燒起來，但剩下的戰車仍持續突擊……」

蘇軍戰車以時速約五十公里的速度展開突擊。在（對）戰車砲與速射砲應戰後，接著就是肉搏攻擊班的捨身攻擊。將士忘我地將火焰瓶，朝著蹂躪自軍陣勢的戰車投去。火焰瓶的油膜燃起，當火焰燒完後聽到「碰」地一聲，已經歷經長距離的猛烈奔馳、鐵板燒得火熱的戰車內部燃起了火焰，黑煙開始濃濃地冒了出來。

火焰瓶是用汽水的空瓶填裝汽油、再用裝乾麵包的袋子、或是擦拭兵器用的棉布、手巾等撕裂開來當成點火芯。這些都是士兵們在將軍廟應急趕製出來的。然而，就憑這種最原始的兵器，卻達成了難以置信的戰果。

根據日方的記錄，岡本、酒井、須見三支部隊，總計擊破了敵方戰車一百數十輛，小松原日記則寫說「擊毀敵方戰車兩百輛」。渡河部隊的對戰車武器總計加起來，不過是速射砲十八門、聯隊砲十二門、一二〇公厘榴彈砲數門，即使是在敵方分散攻擊下展開應戰，戰果似乎也有點誇張了。儘管如此，火焰瓶的威力還是超乎想像，而我們也不得不對日軍士兵的勇敢力戰刮目相看。他們以血肉之軀對抗鋼鐵洪流，結果贏得了漂亮的勝利。

根據蘇軍的記錄，這天蘇軍向哈拉哈河西岸出動的戰車有一八六輛、裝甲車則達到二六〇輛。他們首先以戰車第十一旅的前衛攻擊岡本、酒井兩部隊，接著又投入十一旅第二團、外蒙騎兵第八師的裝甲車營、以及戰車第一旅的主力用來阻擋日軍的前進。之後，他們又派出裝甲車第七旅，以戰鬥隊形襲擊而來。對須見部隊，他們則以戰車第十一旅的一部分、堪稱該旅主力的第一團從西北面，第三團從西面展開攻擊。在如此眾多的敵方戰車與裝甲車攻擊下，日軍不得不停止朝小松台地的直線前進，轉而在哈拉高地附近構築陣地，以準備接下來的反戰車戰鬥。

在戰鬥稍歇的戰場上，超過一百輛的蘇軍戰車不斷冒出黑煙或白煙；被火焰瓶燒起的戰車，不久後開始引爆搭載的砲彈，砲彈就像是設置好的煙火一樣，朝著天空飛起。機關槍子彈也跟著誘爆；從戰車內部傳來不斷作響的爆炸聲，子彈向四面八方飛射。戰車一旦被引燃，就會持續冒出濃煙四、五個小時，那種壯觀的景象，簡直就像是在觀賞全景圖一般。

●哈拉哈河東岸・戰場

三日午後，熊熊燃燒的不只是西岸的蘇蒙軍戰車；日軍戰車也在哈拉哈河東岸的戰場，遭到大量破壞而燃燒起來。

這天早上，吉丸戰車聯隊長收到命令，要他「協助山縣步兵聯隊戰鬥，朝川又追擊捕捉蘇軍」。收到這份越過支援渡河部隊攻擊的主任務，要他乘勝追擊哈拉哈河東岸蘇蒙軍、氣燄高張的追擊命令，讓他大感困惑。

在前夜的攻擊中，他已經知道東岸的敵人配置有強力的裝甲部隊，也建構有堅固的反戰車陣地。不只如此，在西岸的小松台地，還有準度十足的猛烈砲擊。簡單說，這根本不是一個能夠「追擊」的狀況。但是，吉丸大佐對這個要求攻擊再攻擊的「追擊」命令，卻毫不猶豫地加以服從。

和山縣經過充分協議後，吉丸親率戰車聯隊於正午過後開始行動，朝著敵軍主力布陣的七三三高地前進。山縣指揮的步兵部隊，也同樣開始前進；可是，當抵達敵陣一角時，山縣部隊遭到敵砲兵集中攻擊，自第一大隊長以下眾多人員戰死，已經無法更進一步推進。之所以如此，和三日早上開始飲用水中斷、將士陷入疲勞困頓狀態也有很大的關聯。

向前猛衝的吉丸部隊，就這樣在沒有步兵協同的情況下，只率戰車向前突擊，結果蘇軍戰車固不用說，還得跟裝備了四十五公厘速射砲的裝甲車，以及四十五公厘戰防砲對決的局面。蘇軍採取將戰車、裝甲車配置在沙丘背後，只用砲塔射擊迎擊的戰法。不只如此，蘇軍陣地外圍還拉起了用鋼琴線作成的蛇腹式鐵絲網（註二〇）。

由中戰車二十五輛、裝甲車七輛組成的吉丸部隊，就像狂奔的野獸一樣猛烈推進。結果相當悲慘，他們不只遭到集火攻擊，等他們冒煙突火來到七三三高地面前時，又有鋼琴線等著他們。

他們用雙筒望遠鏡看不見這些線，直到極近距離才察覺到它的存在。當他們勇敢穿越這些線的時候，有彈力的鋼線就像蜘蛛網一樣纏住了履帶；動彈不得的戰車，就這樣遭到戰防砲的猛擊，吉丸大佐也在燃燒的戰車內戰死了。

戰車十三輛、裝甲車五輛遭到破壞燃燒起來；聯隊長以下幹部的戰車全滅，剩下的大部分戰車也都受到重損、失去戰力，不得不退卻。

蘇蒙軍忠實遵守並實踐了《紅軍野外教令》第二二六條的教誨：「現代戰爭的防禦中，首先應具備的要件就是對戰車防禦組織。對戰車防禦應由自然或技術性的反戰車障礙物、協同反戰車地雷及其他人工障礙物的各部隊，以及戰防砲兵的火網所構成。」

根據官方戰史，蘇蒙軍也有戰車三十二輛、裝甲車三十五輛遭破壞，死傷約一二〇人。如果從吉丸部隊在數量上遠遠居於劣勢這點來看，這場戰車戰的戰果，可以說相當漂亮。當然，蘇方的戰史是不會承認這點的，而這當中或許也有誇張的部分。然而，就算這是事實，從後方補充的力量來看，吉丸部隊受到了幾近致命性的損害。但對成功擊退他們的蘇蒙軍而言，這樣的消耗還在可以忍受的範圍之內。

話又說回來，日方仰賴的日製戰車，未免也太過脆弱了。事實上，要說這是理所當然，其實也不為過。之所以如此，是因為日本陸軍自大正十四年（一九二五）創立戰車隊以來，一直對「戰車對戰車」的戰鬥抱持著質疑心態，而這正是它脆弱的原因。對於西方列強以戰車為主要兵種，步兵、砲兵、工兵為支援兵種，組成有機動力的戰鬥集團，也就是「移動砲兵」的思考方式，他們一直抱持著「為何會這樣」的懷疑（註二二）。以法國為學習標竿的陸軍，模仿其傳統建造了許多輕量小型的戰車；他們認為用戰車直接支援、協助步兵，增強其戰鬥能力，這樣的方針才是最正確的使用方法。所謂「步兵支援」說得更白一點，就是摧毀敵方的機關槍。因此，他們一股腦開發的，都是配合步兵速度的直接協同戰車。

勇猛衝鋒的吉丸部隊主力——八九式中戰車，正是他們理想中的步兵直協戰車，也是日本陸軍的第一款制式戰車。這輛車在昭和四年（一九二九年）四月完成，由於當時正值神武曆二五八九年，所以被命名為「八九式」。它在引擎與操縱裝置方面相當優秀，耐久力經測試的結果也屬一流。就像是手工藝品一樣，它經過相當的琢磨，看起來就像是源平合戰中的甲冑武者一般威風凜凜。

八九式重八點九噸，一百匹馬力，最高時速二十六公里，最大行程一一〇公里。在堪稱「宿命制約」的戰場運輸條件方面，它能夠徹底滿足日本內地的窄軌鐵道、船運起重機的承載與碼頭設備等，是輛優秀的戰車。

但是，戰車最關鍵的還是攻擊力和防禦力，而八九式在這兩點上都不及格。即使它是日本在各種制約下所能造出的中戰車，但裝備跟不上戰鬥要求的話，就不是好兵器。因此，當它冠上「戰車」之名時，就不能說是一輛好車。以八九式的情況來說，它的攻擊武力是在一座全迴轉砲塔裡，搭載一門五七公厘短砲身砲（九〇式）與一門機關槍。然而，這門砲的反戰車攻擊能力是零。因為它被賦予的任務與指令是撲滅敵方的機關槍，所以只能發射打不穿蘇軍主力戰車——BT戰車正面裝甲的榴彈。八九式正面的一七公厘裝甲其實也沒有那麼弱，但面對可以發射高初速穿甲彈的BT戰車四七公厘主砲，完全不是對手。這種蘇聯戰車的主砲屬於長砲身速射砲，初速很快，穿甲力也很強；在五百公尺的距離上，它可以貫穿六〇公厘到七〇公厘的裝甲。雖然外表看起來比較醜，但是扣除外貌，BT戰車可說是大勝；光是主砲和裝甲，就已經堅實許多了（註二二）。

日本陸軍難道都沒有掌握這些情報嗎？答案是否定的。據曾任戰車學校教官的加登川幸太郎前中佐所言，日軍很清楚，蘇聯是以戰車王國而威名遠揚。蘇聯抱持著「戰車就要像個戰車」的方針，從輕戰車到裝甲車，全都裝備了四五公厘以上的主砲——這些情報，日軍全都相當了解。

但是，參謀本部的秀才們，還是頑固地主張協助步兵撲滅敵方機關槍是戰車的主要任務，且盲目信奉對戰車戰鬥力等於零的五七公厘短砲身砲的威力。比起現實，他們更偏向於抽象的思考，對於「戰車對戰車的戰鬥」全然無視。最好的例子就是作為《戰車兵操典》前身的教練規定中，寫著「戰車不應胡亂進行對戰車戰鬥」這樣一句話。

儘管如此，吉丸部隊還是在明知會和敵方戰車戰鬥的情況下，彷彿忘了協助步兵戰鬥的任務般，筆直往前突擊。吉丸身為軍人，真可說是非常勇敢的典範。另一方面，我們也可以說，是因為安岡戰車團長受到「追擊」的想法所束縛，所以才會導致這場戰鬥。但不管怎麼說，我們都可以從司馬遼太郎筆下的「帝國陸軍思想」，了解到這場悲劇性突擊發生的原因。

「防禦鋼板薄弱，可以用大和魂來補足。就算裝甲薄，也還有機動力。砲的力量雖然弱，但對敵人的步兵和砲兵都有效，不是嗎？」然而實際上，敵人的步兵和砲兵身邊，都有敵方戰車在守護。為了擊潰這些戰車，所以才需要戰車。他們對這種近代戰爭的組成，難道完全一無所知嗎？還是只是佯裝不知而已？由於參謀本部的幹部沒有任何一個人是戰車出身，所以大概是真的不知吧！

吉丸部隊就是在這種參謀本部的思想，或者說帝國陸軍光榮傳統的明顯束縛下，展開了這場胡亂的突擊。

另一方面，玉田戰車聯隊這時候又在做什麼呢？這支在戰場較遠處集結的部隊，也在上午八點左右開始行動。正午前，他們和蘇聯七、八輛戰車、裝甲車，以及數十名步兵在七五五高地附近遭遇，漂亮地將之擊退。可是對岸砲兵的威力固不用說，七三三高地的敵方陣地，光用肉眼看就知道堅固無比。

玉田冷靜地判斷出，獨力攻擊幾乎沒有任何勝算。以他麾下所有戰車的攻擊力，要衝鋒奪取敵陣也是有勇無謀。不得已，玉田只好下令主力暫時後退，以待之後的攻擊命令，而他的決心就結果而言是正確的。

玉田所率領的兵力是前面寫到的八九式中戰車七輛，以及三十五輛九五式輕戰車。儘管數量上看起來似乎兵力雄厚，但是內在其實比想像的還要寒酸。九五式輕戰車，是為了彌補八九式無法配合平均時速四十公里的汽車部隊行動，而於昭和十年（一九三五）製造的車輛。它的重量為七點一噸、最高時速四十五公里、是輛搭載三七公厘砲的小型戰車。比起協助步兵的任務，它在使用上更接近於「機械化部隊的機動輕戰車」這一層意義。

但是，和這種聽起來很好聽的名義相反，它的裝甲只有十二公厘，防禦力堪稱悲劇，連機關槍也擋不住。儘管有反對的聲音認為這種「弱武裝」、「弱裝甲」，無法戰鬥的戰車，根本不能稱為戰車，但這樣的聲音馬上被壓制下去。陸軍死抱著「戰車既然是戰車，那就和敵人的戰車是等質的，防禦力和攻擊力也差不多」這種不可思議的邏輯。既然名字叫「戰車」，那就是戰車了，至於對防禦力抱持疑問，則是不成文的禁忌。「槍彈不足懼」這種步兵的攻擊精神，同樣適用於戰車這種機械上。話又說回來，輕視防禦力並不只是陸軍的問題，海軍也是如此，零式戰鬥機正是其典範。昭和前期的日本軍部正如司馬遼太郎所說，是腦袋正常的人都難以想像的攻擊幻想家集團。不，更正確來說，昭和前期的整個日本，都是沉浸在無敵幻想中的詭異國家吧！

玉田在下定決心撤退時，一定是想起了前夜雷鳴下的攻擊。當時他的部隊深入敵境，成功襲擊了對方的一五〇公厘榴彈砲陣地。當蘇蒙軍落荒而逃之後，他們便盡情蹂躪了那個陣地——雖然我很想這樣寫，但事實並非如此。

儘管敵方的一五〇公厘砲是心腹大患，但重量只有七噸的輕戰車，實在沒辦法摧毀那門大砲。就算要把它當戰利品加以牽走，也因為大砲太重而無法實現。這個嚴酷的現實，讓以玉田為首的將士都有切身之痛。於是，玉田部隊的輕戰車，就在敵方的堅壘面前果斷地轉身；除了留下一部分進行搜索警戒外，主力不做暴虎馮河的無謀之舉，往後撤退。

接獲「敵人退卻中」這個虛報的東岸攻擊隊，進行的兩次「追擊」作戰，就這樣在正午時分，於盤踞堅固縱深陣地的蘇蒙軍抵抗下，伴隨著吉丸部隊被破壞燃起的戰車黑煙，宣告慘烈失敗。

●哈拉哈河西岸・戰場

渡過哈拉哈河的西岸攻擊隊，也在三日午後，不意外地陷入苦戰。面對蘇蒙軍裝甲部隊壓倒性的反覆攻擊，日軍步兵部隊展現出超人的強韌，將之一次次加以擊退；但是，蘇蒙軍的攻擊很快記取了先前戰鬥的教訓，變得有組織起來。他們改變戰法，停止了胡亂的戰車衝鋒，改成在步兵砲的射程外，只於稜線上露出砲塔進行砲擊。就這樣，他們成功地從西、南、北三方，宛若一個半圓形的鐵環般，將日軍緊緊包圍起來，比起蘇蒙軍的執拗砲擊，更令日軍將士叫苦連天的是飲水的問題。被毒辣的陽光灼灼蒸騰的大地，再加上遠近熾熱的戰車熱氣，在在襲擊著將士。他們所能仰賴的，就只有渡過哈拉哈河時裝滿的水壺而已。而到現在，水壺已經快要空空如也，給水卻不見蹤影。儘管陸續擊破敵方戰車，但將士已經完全感覺不到戰勝的意氣昂揚，身心疲勞隨著給水不足，整個一下子湧現出來。

戰場的狀況可說糟糕透頂，更慘的是，架在哈拉哈河上、堪稱日軍生命線的軍橋，還屢屢遭到蘇聯空軍的轟炸。日本戰鬥機光是防衛戰，就已經應接不暇了。在這種狀況下，下午三點，在小松原的師團司令部中，關東軍的副參謀長矢野少將，以及服部、辻兩位參謀齊聚一堂。關於今後的作戰該怎麼辦，圍繞著小松原的三位參謀，大喇喇地交換著意見。

辻在手記中寫道，矢野問小松原：「閣下的想法如何呢？」

聽了矢野的問話後，小松原這樣答道：「一切全照軍司令部下達的指示行事。如果軍司令部要我繼續攻擊的話，那我就排除萬難，對小松台地展開攻擊；如果要我從西岸撤退、把重心轉向東岸攻擊的話，那今晚我就把主力轉進。」

簡單說就是把責任全推給了關東軍。如果這是真實狀況，那小松原實在是太軟弱了，跟一個月以前豪氣干雲地說：「軍司令部不該對防衛司令官的作法任意掣肘」時相比，簡直是判若兩人。如果一切都交給關東軍，那跟機械人有什麼兩樣？不只如此，在可怕的參謀面前，隨便說出「轉進」兩字，這是應該的作為嗎？

不過，在這之前其實發生了一起讓小松原心膽俱裂的事件。當時，小松原渡過哈拉哈河的座車被捲進了對戰車戰鬥的修羅場當中，變成敵方戰車的好目標，危在旦夕。幸好師團野砲兵草葉榮大尉指揮的火砲直接瞄準了那輛戰車，對它展開攻擊，小松原才撿回一命。但是不久後，他的座車還是被敵方砲彈命中，包括司機在內共有三人戰死。

不管怎麼說，「轉進」這個詞，可以感覺得出是會議上關東軍參謀意見一致的決定，只是為了正當化，才藉小松原之口早早將它說出來。

辻在手記中爽快地寫道，眾人「基於以下的理由，就主力轉進東岸達成了共識」，也就是接納了小松原的主張。至於是怎樣的理由呢——

一、日軍的補給僅僅仰賴一道軍橋，而這座橋在明天早上之後，恐怕會遭空中轟炸或戰車集中攻擊所破壞。然而，我們卻沒有任何可用以修補的渡河建材。

二、今天的戰鬥雖然擊破了敵軍半數的戰車，但是彈藥所剩寥寥無幾，無法期待明日繼續獲致戰果。

若狀況如此，那轉進也是相當合理的。但辻這樣說，總給人一種「你到這時候才來講這種話」的感覺。一言以蔽之，這三個負責戰爭指導的參謀，他們的不負責任在這裡表露無遺。由他們策畫的這場作戰，在遇到推車撞壁的時候，完全沒有任何稱得上計畫的方案；才打了半天仗就說要「轉進」，除了證明這場渡河作戰打從一開始就毫無道理外，再無其他可言。

正如扇廣先生[5]在他的著作（《私評諾門罕》〔私評ノモンハン〕）提出的嚴厲指責般，首先，他

5 編註：第二十三師團參謀。

們完全沒有把給水和彈藥補給放在心上。轉進理由是便橋只有一座，但對架橋建材完全不夠這件事，他們卻沒有在計畫前就調查清楚。彈藥之所以剩餘不多，也是因為對蘇蒙軍兵力的評估過低之故。嘴上雖然說：「無法期待明天繼續獲致戰果」，但事實搞不好全軍都有潰滅可能。

辻在手記上冠冕堂皇地這樣寫著：

「進退的責任應由軍司令部來負，而不是師團長來承擔。」

這話說得一點都沒錯。可是這種理所當然的事卻沒有被實行，結果還是小松原負全責。矢野對小松原提議說：

「從軍司令部的立場來看，我們判斷中止西岸的戰鬥，集中師團全力在東岸攻擊上，對整體戰況方為有利。」

也就是要轉進、渡過軍橋退卻的意思。小松原接受了他的提議。據辻在手記中所言，「不難察覺師團長和師團參謀，在內心其實也都渴望著這樣的提議。」

另一方面，小松原則在日記中寫道：

「師團繞到敵人背後、讓敵人心膽俱裂，也造成敵方戰車重大的損害，但我們的背後全都仰仗那座脆弱的軍橋，而軍橋還不時遭到敵人的襲擊；本軍認為危險相當之大，於是決定在今天半夜將主力轉移到右岸，並於日沒時分展開行動……」

他其實是用曖昧的筆法表示，在自己的指揮下，「師團」打得非常奮勇認真，但「軍」卻決定轉進，這全是關東軍作戰課的責任。

指揮岡本、酒井兩聯隊的小林步兵團長，在接獲轉進（正確來說是撤退）的命令後，於日記上寫下了自己憾恨的心情。

「下午四點，收到有關撤退的師團命令。未能達成期望的目的，甚感遺憾。如果再做得徹底一點，局面應該會更有利吧！（中略）畢竟我們已經看到來襲的戰車減損將近一半，也一一變成火團了啊！」

在半數戰車潰滅的此刻，再加一把勁就行了——最前線指揮官該有的鬥志，在這裡表露無遺。但實情是，彈藥所剩無幾，補給無法獲得，就連火焰瓶也幾乎告罄。士兵們全都苦於極度乾渴，也已疲憊不堪。

小林步兵團整理戰線，在七月四日午夜零時開始撤退。可是戰線展開得太廣，寸斷分散各地的部隊要展開撤退行動並不是那麼容易。在敵戰車群的包圍下，為了隱匿企圖，各部隊保持靜肅，以北斗星為指針，向北一步步開始撤退。萬一遇到再度前來攻擊的敵人，就會斷然展開應戰。當後衛的須見部隊，最後一名士兵完全渡過軍橋時，其實已經是五日的凌晨五點，也就是過了二十九小時。

這段期間，發生了結束渡橋的師團司令部遭到砲擊，大內參謀長戰死的意外事件。關於當時的狀況，引用小林少將的日記是最清楚的。當時他和酒井部隊一起，終於渡過軍橋抵達東岸的時候——

「我們挨了敵軍砲擊，各部隊頓時四分五裂，師團和各部隊全都愣住了……（之後，當我終於遇到師團長的時候），聽聞大內參謀長戰死，實在難忍哀悼之情。師團司令部的人員零星四散，師團長也一副心驚膽戰的樣子，看起來相當可憐。酒井部隊也陷入混亂，直到日沒時分才集結完畢。之所以如此，是因為撤退之際，沒有明示適當的集結位置之故。」

當時對他們進行砲擊的，僅僅只有四門一五〇公厘加農砲而已；但是這陣「疾風般的急射」（小松原日記）卻造成師團司令部與步兵部隊陷入大混亂。之所以如此，或許是因為日軍將士繃緊的神經，隨著平安渡河生還，一下子放鬆下來之故吧！不只如此，抵達哈拉哈河時，看見朝思暮想的河水，也讓疲勞感一下子大增，從而使得將士的注意力變得散漫。而且也如小林的指摘，師團命令並沒有明示適當的展開與集結位置。

小松原在日記中，只寫了這樣一句：

「自軍橋渡河，於軍橋東北方台地附近集結兵力。」

對於須見部隊的撤退也不可不提。蘇聯方面的戰史記載，從四日白天到深夜，日軍都死命抵抗；日軍最後的抵抗是在一片黑夜中進行，當他們退卻到渡河點時是五日凌晨三點。接下來就描述一下須見部隊的奮戰：因為乘車的第一大隊還留在敵境深處，所以當須見接到命令時，並沒有馬上撤退（註二三）。

須見將指揮下的兵力分成攻擊隊和救出隊；他的作戰是，當第三大隊長指揮的攻擊隊進行白刃突擊的時候作為呼應，救出隊則首先給予殘存的第一大隊士兵飲水，並迅速收容死傷者、展開撤退。他自己與攻擊隊同行。在這裡，他們發揮了日本陸軍的本事，成功進行了刺刀突擊。攻擊隊反覆進行了三次突擊，殺出一條血路，直到天空漸漸泛白，將士才攙扶著死傷者，急急忙忙後退。

「搬運傷者比較簡單，但要搬運氣絕的戰死者，實在是相當沉重。搬運一位戰死者，需要赤手空拳的士兵四名；兩個人從脇下抱住遺體，另外兩個人支撐住兩腳。」

須見在戰後的手記中這樣寫著。接著，他又這樣寫道：

「我忍不住心想，自己乾脆早早被子彈打死算了……這樣的話，心裡的痛苦也會煙消雲散了吧！」

這裡相當奇妙的是，在須見部隊為了救出第一大隊、展開夜襲的幾乎同時，師團司令部下令，要為了掩護轉進而留在哈拉哈河畔敵境的岡本部隊急速渡橋。岡本部隊在五日凌晨一點展開行動，當須見部隊終於殺開血路的時候，他們已經渡過東岸了；萬一蘇蒙軍對扛著死傷者、正在撤退的須見部隊展開追擊，還有誰來「掩護」他們啊！

辻的手記還是像若無其事般，用漂亮的文字這樣寫著：

「儘管擊毀了約一百五十輛戰車，但質還是勝不過量。

等到日落後，部隊便展開行動。戰場各處仍在燃燒的戰車火焰，就像是為我軍的轉進提供路標般閃爍著明亮的紅色光芒，在漆黑的草原上，明示著退卻的方向。我們就這樣在毫無混亂的情況下轉進，在四日拂曉時分，讓主力按照預定在飛伊高地附近集結。」

大內參謀長的戰死和須見部隊的苦鬥，全都沒被他放在眼中。

岡本部隊戰死四十七人、負傷一〇八人，酒井部隊戰死四十八人、負傷八人（不含撤退後的砲擊損害）。須見部隊的戰死者包括第一大隊隊長、第三大隊長，以及聯隊副官為首的軍官十六人、士官兵二一二人，合計二二八人，負傷四八四人。第一大隊第三大隊二四三人中，平安生還者僅有二十三人，其他或死或傷。

五日凌晨五點，須見部隊最後一名士兵渡河後，日軍對軍橋進行了爆破。工兵聯隊長齋藤，是須見在士官學校的同學；他在戰場上，展現了溫暖的友情。

「須見，你安心吧！只要你的部下還有一個人留著，我就不會炸橋！」

齋藤果真信守諾言，直到對岸尾隨而來的戰車群出現為止，他都沒有下達爆破命令。目送軍橋爆破後，辻一言不發地消失在東方。對於自信滿滿擬定的蘇蒙軍殲滅作戰以失敗告終，他是怎麼想的呢？他在手記裡是這樣寫的：

「（失敗）的主因，是對敵情判斷有誤。我方原本判斷大致相等的敵軍兵力，結果是我軍的兩倍之多；特別是數量驚人的戰車，以及威力強大的重砲，雖然相當遺憾，但確實是出乎意料。」

只是，這個「我方原本判斷大致相等的敵軍兵力」，並不是依據確切的情報和資料，而是凡事仰賴直覺推測而已，這點自然毋庸贅言。

在戰場上，作戰將士抱持著氣吞敵軍的必勝信念是必要的因素。但是，負責擬定作戰的參謀，以及受命指揮全軍的師團長，全都抱持著抽象的必勝信念、藐視弱小敵軍，就沒有比這更危險的事了。服部和小松原不只沒有正確把握敵方戰力，甚至可說是一無所知，因此完全沒準備事有萬一時的對策。這點從他們只讓渡河士兵準備兩天份的「攜帶口糧」就可以知道得一清二楚。雖然前面已經一再強調，不過在大部隊渡河時，派得上用場的橋居然只有一條也可以明白這點。至於在彈藥和飲水補給上的考慮不足，就更不用說了。

不過，儘管只有一條橋、且不斷遭受砲擊和轟炸，但高射砲隊、工兵部隊和陸軍飛機的頑強守護還是可圈可點。雖然歷史沒有「如果」，但假使這條橋被摧毀了，那麼太平洋戰爭中，發生在瓜島和南太平洋各小島的玉碎悲劇，恐怕就要提早在這哈拉哈河西岸上演了吧！屆時，關東軍作戰課毫無根據的傲慢，將會產生無法一筆帶過、更大規模的犧牲。

就這樣，日軍對外蒙古領地的入侵作戰，在兩晝夜後遭到了挫折。此後，日軍再也沒能踏足哈拉哈河西岸的蒙古領地，一切的戰鬥都在東岸進行（註二四）。

●東京・宮城

在東京，日軍於哈拉哈河兩岸造成蘇蒙軍重大損害，結果卻敗北退卻的消息，照理說是不會被報導出來。也正因如此，在國民之間，有關日德義三國同盟與反英的氣勢，依然日益昂揚高漲。

諾門罕的敗退，也還沒傳進天皇耳裡；不，甚至連板垣陸相，也萬萬沒想到事態會演變成這個模樣。三宅坂上的秀才參謀們，也只是抱持著遠遠觀之、「就讓我們拜見盛氣凌人的關東軍作戰課要使出什麼手段來實現他們大言壯語」的心態。如果他們有些許不安的話，面對這些人屢屢違反命令、實施侵犯國境轟炸的暴行，應該多少會說句「這些傢伙這樣做，實在是不行啊」的話吧？三宅坂上的眾人，對於「無敵日本陸軍」的盲目信仰，其實並不落於人後。

就在七月五日下午三點半，在諾門罕戰場上，撤回的西岸攻擊隊與安岡中將指揮的東岸攻擊隊會合，開始重整旗鼓之際，板垣因為人事問題，以及派遣寺內壽一大將前往德國、出席納粹黨大會的事情，而入宮進行上奏。當板垣提出上奏後，天皇對他提出了嚴厲的質問。

首先，天皇不認可石原莞爾少將與山下奉文中將成為親補的軍司令官（榮升）。不只如此，天皇還針對派遣寺內前往德國一事，詰問板垣說：

「關於防共協定的擴大，德方不是已經拒絕我國的要求了嗎？既然協定不成，那交涉應該已經決裂了才對。說到底，這個協定朕本來就反對，是因為陸軍一再要求，朕才予以妥協。然而陸軍明知如此，卻仍然使出各種手段想要進行締約。朕說的有錯嗎？」

天皇在這段話裡，明確表示了反對三國同盟的意思。對於陸軍的下剋上，以及一向以主觀態度來看事物的傳統也提出了嚴厲的關切。接著，天皇更進一步說：

「這種時候派遣寺內大將前往德國，到底是基於何種目的？」

板垣以一種老實說，堪稱是死皮賴臉的態度答道：

「為了強化防共軸心，我想有必要和德方進行更進一步對話……」

不等他說完，天皇便怒斥說：

「朕從沒見過像你這樣愚蠢的東西！」

板垣恐懼地退下後，向侍從武官長畑俊六傳達天皇憤怒的狀況，並表達辭意。

被斥為「愚蠢」，意指不堪輔弼之任；陸相會這樣想也是理所當然。畑也嚇了一跳，連忙安慰板垣說：「明天我會委婉確認一下天皇的意向，你先別那麼急著提出辭呈吧！」

第二天（六日）早上，畑入宮拜謁，傳達陸相的辭意。這次輪到天皇吃驚，否定地說：「朕並沒有這個意思啊！」當陸相辭職的騷動就這樣告一段落後，天皇對著畑大將說出自己仔細思考後的想法。在畑的日記中，這樣記載了天皇的話。

「關於派遣寺內大將到德國這件事，明明只要說『已經安排了他接受招待，所以要派他前去』就已足夠，結果卻要強調『為了強化防共軸心』之類原本朕就不喜歡的東西，實在是讓人覺得相當不爽快啊！」

又，在軍事參議官會議上，陸相還做出「外相也贊成軍事同盟」的虛偽報告，這讓人不禁覺得陸軍在施展什麼近乎陰謀的事情，且和陸軍的「下剋上」風潮有著密切關聯。天皇接著又繼續說：

「說到底，陸軍的教育太過主觀，不懂得對事物進行客觀觀察；這只能說是幼年學校[6]一直以來教育偏差的結果、是德意志流教育的結果、是搞不清不擇手段、獨斷獨行問題所在的教育結果……」

天皇對陸軍做了正確且嚴厲的批判。自己也身為陸軍大將的畑，到底是抱持著怎樣的心境，在聆聽這些話語呢？

天皇的批判雖然是圍繞著三國同盟問題，但光是這個不曾真槍實彈開火的問題，就已經讓他這麼激動了；要是讓他知道這場無視天皇命令、在諾門罕方面進行的戰鬥，不知會憤怒到什麼程度呢！在策略上誆騙天皇說：「這是地勢上不得不為之事」，同時又不顧正式命令，「不擇手段獨斷獨行」；這就是關東軍作戰課搞出的作戰命令。

對此完全一無所知的國民，這時候還是一味沉浸在反英熱潮當中。報章媒體毫無節制，大肆散播對英強硬論，而這是某些人巧妙煽動之下的結果。簡單說，他們的目標是要抨擊由天皇心腹與重臣組成、所謂的「維持現狀派」，亦即親英美派，因此也可以說是內政問題。另一方面，這種攻擊也與擊垮由心

6 編註：日本陸軍從中學年齡開始招收的訓練學校。

腹重臣集結成立的平沼內閣，亦即倒閣運動緊密相連（註二五）。

天皇對於事態的激化深感憂心。七月六日，天皇問平沼說：

「反英運動不管怎樣，都無法進行取締嗎？」

當平沼表示「取締有其困難」後，天皇又繼續問道：

「既然如此，那難道不能讓反對排英論的說法，廣為國民所知嗎？」

平沼表示「我會再和木戶內相商量看看」，然後便退下了。

然而，被詢問的木戶卻說：「親英派之流，還是早點打道回府比較好吧！」他說：「現在半路要求排英運動收斂的話，反而會造成惡性爆發。就算一時採取盡量和緩的方式，早晚還是得斷然鎮壓的。」簡單說，他的態度相當曖昧。說實話，木戶之所以沒有取締的意志，明顯是畏懼陸軍政變的陰影；這點從他對親信原田熊雄的一句嘟囔中，可以清楚察覺。

「說到底，沒有陸軍出錢，這種（排英運動）是起不來的啊……」

聽到原田轉述這段話，海軍次官山本五十六意氣昂揚地表示：

「如果這是事實的話，那就讓我來痛斥陸軍吧！」

然而，處於遭痛斥危險狀態的，其實是山本自己。時序進入七月，國內的狀況已經惡化到非比尋常的地步，意圖暗殺重要人士而遭到逮捕的人數與日俱增（註二六）。

大家都看出，這場「官製的排英運動」已經到了不見血無法收場的地步。內務省保安課長橋本清吉，提出了「對違反國策的非法示威，應予以斷然取締」的正當言論，結果在第二天就遭到陸軍的軍官團包圍，用近乎脅迫的語氣斥罵他：「你是海軍的狗嗎?!」

前陸軍大將宇垣一成在七月七日和十一日的日記中，寫下了令人興味深長的內容。從他的觀察中，可以看出右傾一派是順著政府的心意，在指使下進行排英運動。他在七日這樣寫道：

「今天，四谷―新橋沿路豎立的（排英）看板消失了蹤影。不知是政府有意要緩和對英情緒，還是被煽動的右傾團體領會了政府的意思呢！」

接著在十一日，他又這樣寫道：

「今日在新橋―四谷間的十字路口，又見到排英看板林立。能夠不要做得這麼過頭嗎?!」

由此可見這位陸軍元老，對於排英運動在「政府心意」影響下生殺予奪的狀況深感憂慮。而這種「心意」說穿了，其實就是看陸軍、內務、外務各省的革新派，也就是對英美強硬論者的臉色而定。

在這種狀況下，天皇時而憂心、時而憤怒以對，整個人焦慮不已。

●哈拉哈河東岸・戰場

同一時間，坐立難安、滿腹憂心的還有另一個人，那就是小松原師團長。將作戰主戰場移往哈拉哈河東岸、掌握轉進後全體兵力的小松原，將主力放在胡魯斯台河北岸（七三三高地周邊），一部分則對南岸（諾羅高地周邊）的各蘇蒙軍陣地展開攻擊，期望用左右夾擊的方式，破壞占領川又軍橋。可是，轉進之後陷入混亂狀態的各隊，在整頓上並不如預期順利，甚至連下達命令也很困難。

各部隊就連自己所處的位置都很難正確把握。在波浪狀的茫茫草原地形上，完全沒有可供辨識的顯眼目標。不只如此，士兵在白天飽受酷熱與乾渴折磨，再加上保住了性命的安心感，在在讓他們無法敏捷地展開行動。還不只這樣，只要行動的將士稍微在稜線上現出身影，對岸的長距離火砲的砲彈就會如雨般傾瀉下來。在這種情況下，根本無法為了重新部署而展開移動；小松原就算恨得咬牙切齒，也還是一籌莫展。

更糟糕的是七月六日，一直生存下來的戰車部隊——玉田部隊，遭到蘇蒙軍以戰車、裝甲車配合步兵展開逆襲。玉田部隊採取只讓砲塔露出稜線射擊的巧妙戰法應戰，在步兵、砲兵的支援下，破壞了敵方五輛戰車並擊退之。但是他們自己也有六輛八九式中戰車、五輛九五式輕戰車失去戰鬥力。

這個損失實在很沉重。加上吉丸部隊在三日戰鬥中所受的損害，在安岡中將指揮下勇猛作戰的兩個戰車聯隊，戰力已經銳減了一半。

看完這場戰鬥的結果後，矢野、服部、辻這三位關東軍參謀，便回到新京的司令部；取而代之出現在戰場上的，是參謀長磯谷與高級參謀寺田。這或許是要對小松原進行無言的施壓吧！

七月七日是日中戰爭兩週年紀念日；在這天，在小松原總指揮下的日軍，總算是再度展開了攻擊。可是，沒有充分火力（重砲、戰車、飛機等）支援的日軍，勝算到底有幾分呢？三日投入戰車的攻擊都以失敗告終了，光憑步兵的血肉之軀的吶喊，真能成功嗎？儘管如此，日軍將士還是持續勇敢地展開攻擊。他們的攻擊法只有那一招，就是一味展開夜襲的白刃戰。

這種夜襲與白刃戰至上的主義，是日本陸軍唯一且牢不可破的必勝戰法。九七式中戰車與九五式輕戰車，從某個角度來看，也是在這種背景下開發出來的產物。戰車威力弱的話，那就不急著開發強力的反戰車武器（比方說戰車戰用的戰車、或是戰防砲等）技術，當然也不會有戰車對戰車的戰法。剩下、被視為至高無上的，就只有讓手持反戰車地雷、炸藥、火焰瓶的步兵對戰車進行肉搏戰這種戰法了。不只如此，為了讓步兵貫徹這種夜襲的白刃戰、突擊戰法，將精神力發揮到最大極限是基礎，也是他們強調的重點。在這裡可以看出日俄戰爭勝利的深刻影響。

整個日本陸軍都確信，日俄戰爭勝利是將士忠勇與精神力的極致發揮，以及將之活用到最大極限的作戰指導所致。從日俄戰爭中學到的東西被陸軍奉為金科玉律，並且化為攻勢意志的信念，簡單說就是一種精神主義。攻擊精神就是勝利的要諦，自主積極、必勝的信念，是日本陸軍從日俄戰爭中學來，無比重視的戰訓（註二七）。

但軍事史家前原透先生[7]，事實上調查到了一個微妙的地方。日俄戰爭後，參謀本部在編纂戰史時，對高級指揮官的不少描述，其實有不當之處。

「日軍士兵在戰爭中，其實並沒有那種精神力超強的特性；然而，將這點記錄在戰史當中，卻造成了弊害。戰史只寫漂亮的部分、強調精神力強韌的一面，結果就是讓這件事變成將來軍隊教育中強烈要求的關鍵。」

該怎麼說呢？日俄戰爭史並不是那麼真實的記載。簡單說，在戰爭莫名以勝利告終之際，日本人不

7 編註：前日本陸軍軍官，從陸上自衛隊少將退伍，著有《日本陸軍用兵思想史》等書。

可思議地全都失去了現實主義的精神，取而代之的是夢想。在那以後，他們強逼著謳歌那種根本不必要的精神主義。他們對航空戰力和機械化戰力不抱太大期許，極度重視奇襲先制的白刃戰法，強調積極主動的心態。有所不為或遲疑不前，都會遭到徹底的嫌惡，唯一被鼓吹的，就只有先發制人的突擊戰法這一信念。

三八式步槍也是如此。在諾門罕戰鬥中，日軍士兵就是拿著這種槍在戰鬥。它是明治三十八年（一九〇五）、日俄戰爭末期制定的槍枝。將五發子彈塞進槍機後，每一發子彈都必須透過栓動式操作，將子彈送進槍機。而每射出一發後，就必須再次拉動拉柄才能讓彈殼退出去。儘管是和機關槍或自動步槍相比極度無力的槍枝，但因為子彈製造得非常多，所以日本陸軍直到太平洋戰爭結束，都還在讓步兵使用這種槍。

或許是舊槍沒錯，可是每拉一次槍機，就能讓人的心鎮定下來；或許有弱點沒錯，但正因有弱點，才能讓人的精神變得強韌；日本陸軍對此深信不疑。

就這樣，日本陸軍背對真實，從對日俄戰爭的徹底肯定為基礎。七月七日以降的諾門罕戰場，就像照搬日俄戰爭一樣，自始至終都是在步兵的夜間突擊中度過。他們完全照著日俄戰爭後、明治四十二年（一九〇九）編纂的《步兵操典》行事。以強調攻擊精神的精神力為戰力的主體。透過刺刀突擊來贏得最後的勝利，也就是以肉彈攻擊的方式來致勝。在這兩大戰術方針下，日軍連夜以夜襲、還是夜襲的方式，威逼著蘇軍。

可是，從對日俄戰爭徹底否定為基礎的蘇軍，對日本軍得意的戰法有著充分研究與理解。他們對敗北的戰訓拚命鑽研，從而採用了新的野戰形式。日俄戰爭時，在滿洲平原上的數次大會戰中，俄軍採取老鷹展翼的橫線展開方式，結果吃了敗仗。從這以後，俄羅斯陸軍產生出新的野戰型態，並被蘇軍所繼承，那就是前面好幾次提及的縱深陣地。不像日俄戰爭時的橫一線，而是有第一線、第二線、第三線的縱深，形成橫格子花紋般的矩形陣地。不只如此，他們在據點中還設置了重機槍、鐵絲網與地雷，對於照明彈的準備也毫不懈怠，就是為了等待日軍的肉彈突擊。

日軍的白刃攻擊一直持續到十四日。雖然漸漸逼近川又軍橋，可是卻面臨到連續的苦鬥與死鬥。即使好不容易透過夜襲奪得一道、兩道陣地，到了破曉時分，又要面對來自周圍敵陣地的重型火器與裝甲部隊組成的障壁，同時還會遭到對岸小松台地上的重砲攻擊，於是不得不放棄占領的陣地，如此反覆不斷。

儘管如此，在十一日的夜襲中，他們還是擊斃了蘇軍戰車第十一旅的旅長雅可夫列夫少將（M.P. Yakovlev），讓蘇方也蒙受了相當的損傷。日軍步兵部隊採取合乎地形的戰法編組，戰鬥相當勇敢。因此雖然進度緩慢、損害也不輕，但還是逐漸逼近哈拉哈河。他們是在不許失敗的強烈意識下進行奮戰。反過來說，蘇蒙軍的步兵在這種力量下處於弱勢，所以屢屢後退。但到了天亮後，他們的砲擊力和機械化戰力就很有利，因此直到最後都能設法確保橋頭堡，且在縱深的防禦戰中，進行拚命的戰鬥。對於這點，日軍也有清楚的認識。

雙方使出全力，連日連夜血戰不休。

●新京・作戰課

這時候，迎回火速趕回新京的矢野、服部、辻三位參謀後，關東軍作戰課對戰局有怎樣的判斷呢？特別是對三位參謀而言，哈拉哈河兩岸的戰鬥，是按自己的計畫與判斷加以擴大和執行，堪稱為「我們的戰爭」；對於演變至今的事態，他們又是怎樣看待的呢？

辻在手記上是這樣寫的：

「我們雖然期望在這一戰中，一舉擊滅越境的外蒙軍，但實際上卻無法達成目的，只好重整旗鼓，以備敵方之再犯。（中略）根據監聽電報指出，蘇軍向中央陳訴自己的損害甚大，貝加爾湖以東的醫院裡，充滿了收容負傷者的哀號聲。雖然我軍的損害也不輕，但似乎給了敵人更大的打擊。在不分勝負、以平手告終的狀態下，我們一邊確保戰場，一邊針對重啟攻勢，擬定相應的方針。」

雖然多少帶有辯解的意味，但是「平手」這種說法，實在是相當寬以律己的自我評價。在這種自我本位的情況下，會出現「確保戰場」、「重啟攻勢」的策略也是理所當然。

雖然他們嘴上說得這麼強硬，但事實是自己計畫中的攻擊，明顯走進了死胡同。之所以如此，最大的原因就是哈拉哈河西岸小松台地上，俯瞰東岸全境、不斷進行射擊的蘇蒙軍砲兵群。這裡的砲兵主力為一五〇公厘級榴彈砲二十六門、一五〇公厘級加農砲十二門、一二〇公厘級十六門，另外還有一〇〇公厘級、七五公厘級加農砲合計七十六門，威力強大。關東軍司令部也看到了這一點。

如果不擊破這些大砲，不管步兵再怎樣勇敢，攻擊都很難成功。然而，第二十三師團卻從一開始，就是在沒有重砲的情況下進行作戰。對戰線上的兵團，必須保證有豐富的鋼鐵力量作為後盾，這是近代戰的戰略。直到現在才注意到這點，從戰爭的道理上來說堪稱愚昧至極。但說到底，還是太過小看敵人的結果。不管怎麼說，察覺到這點的關東軍作戰課，還是採取了應對手段。他們向植田軍司令官強烈陳訴，下定決心要以砲兵戰粉碎敵方的砲兵。七月六日，他們下令編制砲兵團，大本營也認可了這點。

這就是辻所謂「重啟攻勢」的妙策；但這種作戰方式，只能說是逐次投入兵力的愚行典範。

七月八日，戰鬥的主體由步兵切換成砲兵；收到這項指示的小松原，儘管對強化砲兵力量沒有異議，但毫無疑問必是大感愕然。畢竟他在六日已經下達命令，從七日晚上開始發動麾下步兵部隊進行夜襲，各隊正在為了作戰成功而奮戰；不只如此，就在八日這天，他還收到植田的賀電：

「慶祝七日的夜襲及爾後的追擊成功，同時也期盼貴部最後能獲得徹底的戰果。」

（關東軍這時候又下令「步兵夜襲中止」，到底是在搞什麼啊……）小松原連這樣抱怨的時間都沒有，關東軍作戰課就馬上下達了另一項處置。關東軍砲兵司令官內山英太郎少將，於九日抵達師團司令部就任砲兵團長。緊接著，關東軍的寺田參謀接踵而至，在十一日於小松原的帳篷內，就實施砲兵戰進行了具體的協調；至於在第一線進行白刃戰的步兵心情，則差不多已經被他們給遺忘了。

內山說：「砲兵在十九日左右會展開完成。作為砲兵，我認為蘇軍砲兵會後退到我軍砲兵的射程外，然後對第一線的我軍步兵展開射擊。故此，為了不讓敵軍砲兵後退，我希望這時候步兵能節制一下前進的腳步。」一聽這話，小松原當場變臉力陳：「在連日的夜襲下，占領區域已經逐漸擴大。因此，我希望步兵能依然持續展開夜襲。說什麼『有節制的前進』，那是絕對不行的！砲兵應該隨著到來與布陣，逐次加入戰鬥才對！」

寺田插嘴說道：

「這次以砲兵為主體的攻擊計畫，是遵循植田軍司令官的強烈意向所擬定的。畢竟，若能殲滅西岸小松台地的敵砲兵，那東岸的敵方陣地不就可以不費吹灰之力，加以擊滅了嗎？」

既然搬出植田的名號，那小松原也沒有提出異議的餘地了。小松原是個不管什麼場合，對上級命令都會立刻加以實行的神經質軍人。他在十一日下午三點，完成了下令步兵「後退」的師團命令。但是說也奇怪，他並沒有要求步兵部隊中止這晚的夜襲行動。

就像前面已經提到的，從十一日深夜到十二日傍晚，第一線步兵部隊的戰鬥可謂壯烈至極。胡魯斯台河右翼的山線部隊與酒井部隊奮戰不懈，師團搜索隊（指揮官井置榮一中佐）占領了飛伊高地。左翼的長野支隊（岡本聯隊長因大內大佐戰死而改任師團參謀長，之後新任的聯隊長由長野榮二大佐擔任）則是在持續不斷的攻擊下，掌握了諾羅高地。就好像要為步兵爭一口氣、在砲兵抵達前就把蘇蒙軍壓倒擊滅般，他們持續展開積極的白刃攻擊。

這時候，小松原的後退命令傳了過來。

「左右兩翼隊大致確保了夜襲前第一線主力附近的要點，現在占領（哈拉哈）河岸的部隊，暫時後退到夜襲實施前的位置，為爾後的攻擊做準備。」

收到命令的小林步兵團長，在十二日的欄位中留下了這行文字。由此可以推測，從夜襲戰延長到白天的戰鬥，一直持續到十二日午後很晚的時間，直到師團的村田參謀（作戰主任）前來，向小林傳達全軍後退的命令。

「即使命令山縣部隊趕快撤退，（山縣）恐怕也不容易聽進去。因此我提出意見，認為應該到明天破曉為止完全撤退，這樣才是解決之道。」

總指揮官小松原十三日的日記則是這樣寫的；雖然很長，不過有全文引用的價值。

山縣部隊在昨夜的夜襲以及昨日的日間攻擊中，已經逼近川又橋梁將近一千米處，破壞了對方戰車三、四十輛、擊斃敵人三二〇多名。然而聯隊也有七十七人戰死、二十人行蹤不明、一六〇人負傷，受到了相當大的損害。就在這個只差一步的地方，他們接到師團「維持現狀、準備攻擊」的命令，沒能達成破壞川又橋梁的勇敢企圖就徒然歸還。這實在是相當遺憾的事啊！於是它們紛紛上書兵團長，請求持續攻勢。這是掌握部下生命的部隊長應有的態度；身為師團長，我對戰死者實在是深感抱歉與自責。我知道部隊現在攻擊精神正值旺盛，也知道這是達成目的的大好良機，因此相當猶豫；但是昨天整晚電話不通，不清楚當下的狀況，於是我從大局著眼，下令按照昨日的命令行事。雖然這是理所當然，但讓部下的攻擊精神有所挫折，令我不免自責。

在師團長「從大局著眼」的命令下，好不容易奪下的占領地全得捨棄，退回攻擊前的位置。如此一來，山縣部隊將近一百名將士的犧牲，不就等於全然白費了嗎？因此從指揮官的心情來看，山縣大佐會聽不進去小林兵團長的命令，也是理所當然的吧！

小松原深感自責，但這時遠在新京的服部和辻又如何呢？他們完全沒有自責的念頭，只是抱著頭煩惱該怎麼處理這複雜的問題。畢竟說到底，是他們擬了這個方案，並下達作戰命令的。

他們因為希望在戰場上發揮摧枯拉朽的功能，所以把安岡戰車兵團拉上火線；然而事與願違，這些戰車不但沒有獲致戰果，還損傷喪失了將近一半。當他們回到新京一看，發現關東軍從以前就在規畫的「修正軍備充實計畫」，正沉甸甸地擺在他們眼前。於是，這些秀才參謀的思考，立刻有了一百八十度的大轉變。

據他們判斷，諾門罕的戰況是「當面的敵人已經被主力殲滅，一部分退往西岸」。既然如此，那就可以擬定命令，下令實力尚在的戰車兵團撤出戰場。安岡兵團原本預定是「充實計畫」的重要部分，也就是戰車部隊增強計畫的母體；他們要是被擊潰的話，不要說增強了，根本連談都不用談。因此，關東軍一定要避免更多戰車的損耗才行。

七月七日，服部和辻巧言傳達了植田的裁決——那是要安岡戰車兵團（戰車第三、第四聯隊）返回原駐地的作戰命令。副長矢野知道這件事後，提醒他們兩人說：

「我認為，這道命令應該等到第二十三師團確實能夠擊滅敵人的時機才下達。現在無視第一線的現狀，馬上且突然要撤出戰車，問題會很大吧！」

然後他也說，應該要以此為條件，獲得植田的認可；但辻卻充耳不聞，主張要在十日上午六點發出命令，服部也立刻表示贊同。在服部的《機密作戰日誌》裡，記載著一段除了讓人瞠目結舌外、再無其他形容詞的內容。

「服部、辻兩位參謀基於參加『哈拉哈』河西岸攻擊戰鬥的經驗，認為以師團主力進行的東岸攻擊，今明兩天就可以告終。為了讓東岸的占領盡快結束，我們應該盡速下達本命令（戰車部隊後退），如此方能達到促進師團攻擊的結果……」

這是何等自我感覺良好、大吹大擂的判斷啊！他們到底在戰場上看到了什麼，眼睛又擺哪裡去了啊！東岸的占領就在「今明日」，到底根據在哪裡？我看只是在新京的料亭裡，三杯黃湯下肚後的大言壯語罷了吧！

這道下令戰車部隊後退的命令，在十日下午兩點發給了師團參謀長。收到命令的小松原，立刻向安岡傳達。想當然耳，收到命令的安岡勃然大怒；明明戰鬥還在繼續，為什麼要這麼唯唯諾諾地後退！儘管戰車已經減少了一半，但在作戰中途命令返回，不就等於解職嗎?!——安岡憤怒地反駁小松原。

小松原手足無措，只好讓待在司令部內的關東軍參謀長磯谷得知此事。磯谷也大吃一驚，臨時擬了一套說詞將安岡暫且安撫下去，然後火速趕回新京。在和敵人的交戰中，竟出了這種意料之外的鬧劇。回到關東軍作戰室的磯谷，將一派若無其事的服部與辻斥責了一頓。既然自己在前線，那命令電報就不該發給師團參謀長，而是該首先發給磯谷才對。對兩位參謀展現了一下權威之後，他們便開始商量善後之策。結果他們也沒有什麼妙計，於是姑且在下達的諸多命令中，只留下「解除安岡支隊的編組」這樣一道指令，然後將這封丟臉的軍機電報，發給位在前線的關東軍寺田參謀。擬稿者是辻——

「按傳達內容行事。」

這封電報在十日午後五點四十五分發出。因為小松原與安岡是陸士同期，所以迄今為止指揮系統一直有點混亂；正因如此，才要透過「解除編組」來加以匡正。其他的命令全都保留，至於關東軍的意思，則由寺田清楚的傳達給小松原與安岡，也就是叫他負責當和事佬的意思。

可是，安岡的憤怒並沒有因此止息。大概在十二日的時候，他發了一封表示「感到相當遺憾」的電報，直接向植田傾訴。軍司令官問說：「這是怎麼一回事」，才知道原來作戰課又惹出了大麻煩。

十三日午後兩點二十分發給安岡的電報相當詭異。這封電報的擬稿者是服部。在電報中，他承認下達前一道命令的時機有些不當，至於安岡支隊的指揮關係、以及返回原駐地的事全都事後再議，換言之就是全部撤銷。在電報的最後，附上了這樣一句話：

「對於安岡支隊開戰以來的奮戰表示敬意，並期望您更進一步、努力奮戰。」

這意味著作戰課的無條件投降。

老實說，從十日到十三日，到底服部、辻、小松原和安岡在做些什麼呢？當步兵部隊在進行血流成河的肉彈攻擊時，關東軍作戰課與前線指揮官的這種狼狽樣，究竟該怎麼形容才好呢？一行一行寫下來，實在是愚蠢到罄竹難書，而且可恥。這票人在陸軍大學學到的，難道只有保身、升官，和誇耀功名與勳章的數量而已嗎？

在戰場上——除了仍在進行攻擊的部分部隊外，其他準備等待即將到來的重砲作為總攻擊主力的步兵，全都捨棄了占領的地區，按照命令退往預定的陣地。七月十四日，日軍停止了白刃攻擊。須見部隊第七中隊大高豐治上等兵的日記，對之後的事情留下了印象深刻的記述。

七月十六日　晴

我已經頗為習慣穴居的生活了；透過飛機的引擎聲，也可以辨別得出到底是敵機還是友機。一大早就開始激烈的砲擊戰，一尺五寸大小的砲彈碎片一直飛進來；不過聽慣了，也就沒啥大不了的了。今天是穴居的第二天，水是最讓我感到苦惱的事情。（略）果腹的食物也頗有不足。

七月十七日　晴

穴居生活的第三日，可以聽見連續不斷的砲聲，有兩、三發落到附近。那實在是令人毛骨悚然、感到心驚膽顫的聲音。我找到了小林和宮岸，平田似乎負傷了。距離二十日的總攻擊還有三天，大家都充滿活力，真是太好了。前方距離五百米處有敵人來襲，因此必須不眠不休警戒才行。

●東京・三宅坂上

同一時間，東京三宅坂上參謀本部作戰課的各位，又在做些什麼呢？三國同盟締結也好、天津事件也好，儘管現在還有那麼多理不清頭緒的待解決問題，但眼前必須面對的，還是看清諾門罕方面的戰鬥趨勢。

傳來的報告指出，由關東軍司令部作戰課指導、對哈拉哈河西岸的進攻作戰，雖然造成了對方裝甲部隊半數潰滅，但就結果而言並不順利。儘管如此，關東軍還是一副氣勢洶洶的樣子。他們表示，這次要集結全體步兵和砲兵，對東岸發動總攻擊，一定可以確實獲致成功。

參謀本部作戰課就不見得這麼樂觀了；他們已經看出，戰勢並沒有朝著有利的方向發展。儘管如此，作戰也不見得就會悲觀到以全面失敗告終。這些秀才參謀打從心底鄙視蘇軍，認為蘇聯人的民族性就是，「面對強者只會顯出實力以下的怯懦，面對弱者則會表現超乎實力的勇猛」。簡單說，面對蘇蒙軍的猛攻，只要還以更猛烈的攻擊，他們就會退卻——參謀們是這麼認為的。故此，既然已經動用了大兵力，那就無論如何都必須達成痛擊蘇蒙軍的作戰目的才行。也正因如此，他們反而對於關東軍的戰爭指導感到不滿與焦慮，覺得「第二十三師團究竟在磨磨蹭蹭什麼」！

參謀本部作戰課井本熊男少佐的手記，就清楚呈現了這樣的心境。

「七月六日，戰況依然不甚明確。即使把全部兵力集中到東岸攻擊，似乎也沒有讓進展更為有利……之所以沒能獲得明快的戰果，理由在於過度輕敵、砲兵力量不足、架橋能力不足、後方補給能力不足、第二十三師團的任務過重，以及通信能力不足。」

三宅坂上可說正確地把握了狀況；他們確確實實抓住了沒能達成期待戰果的原因。然而，他們卻依舊把全責託付給關東軍。

第二天（七日），關東軍的戰況通報送到了東京。

六日傍晚，我軍第一線已經逼近距合流點（川又）約八千公尺左右一線。儘管有炎熱和地形的不利，還有西岸敵砲兵的妨礙，但擊破東岸敵軍，只是時間問題而已。

就是在這種樂觀的情勢估計下，服部和辻才會起草命令，下令戰車兵團返回駐地。

三宅坂上對關東軍這種像是在安他們心的通報，似乎並沒有照單全收。可是，他們也沒有做出任何更進一步的指示——

七月七日，狀況頗為不明。萬一不成功的話，處理方式如下：

方針：對（敵地）徹底加以攻擊奪取，爾後確保此地，視時期自主性撤兵。

處理：（一）將第七師團（使用於西岸）、砲兵主力，以及充分的後援部隊加以集結準備後，一舉發動攻擊。（二）攻擊時期為七月下旬。（三）以第二十三師團為助攻部隊（使用於東岸）。

從這裡來看，三宅坂上確曾一度考慮，要投入精銳的第七師團，重新渡河、對外蒙古領地展開入侵。之所以如此，大概是這些秀才心中，燃起要取關東軍作戰課而代之、親上檯面指導戰爭的豪情壯志了吧！

第二天（八日），結束戰場視察之行的作戰部長橋本群中將回到東京，現身在參謀本部。橋本的視察報告可說是辛辣無比。他的結論是，「哈拉哈河西岸的戰鬥是自戰場退卻」，也就是日軍戰敗了。戰敗的原因雖然林林總總不一而足，但最重要的是，「積極堅定、斷然擊破敵人的意志」不足——橋本對參謀們如此明言。

信了他這番話的參謀本部，頓時燃起了一股「發揮更加果敢的攻擊精神，乃是最緊要之事」的氛圍。井本熊男在八日的筆記就反映了這種繃緊神經、一決勝負的心態。

「為了遏止今後數年的國境事件、並排除對支處理的阻礙，我輩深感此刻必須徹底擊破蘇軍，讓其不敢輕易再對國境事件出手。即使伴隨再大的痛苦，也都必須咬牙強忍才行。」

或許井本參謀在寫下這段話時，腦海裡其實也若隱若現有著「說得簡單、做起來難」的念頭吧？如果徹底擊破蘇蒙軍真有那麼容易，那麼哈拉哈河畔的戰事，老早就以勝利作收了吧！投入了作為戰略單位的一個師團，還把僅有的戰車兵團也投進去；明明使盡了全力在作戰，但綜觀整體戰勢，卻連一點讓人安慰的地方都求而不得。更正確來說，日軍的敗勢根本難以掩蔽；之所以如此，或許是關東軍的戰爭指導打從根本出了問題的緣故吧……？

至於橋本心中，與其說抱持著同樣的想法，不如說縈繞著某種強烈且更加深刻的念頭吧！這是大軍與大軍的正面對決；在這樣的戰場上，人所犯下的過錯、失敗與驕傲累積起來，就決定了勝負。而他透過雙眼，清楚目睹了這個事實（這起事件，早就不是區區的國境紛爭了……）。目睹戰況後，他不禁沉痛地如此反省。

橋本如此沉思的姿態，也都被部下們看在眼裡。作戰課的高山信武大尉為了拿文件請橋本批示，當走進房間時，他不只渾然不覺，還吃了一驚。高山看到這副景象，不由得瞪大眼睛、瞠目結舌。這時候，橋本嘴中碎念了一句跟批示事項完全無關的話。

「當我為視察諾門罕的現狀、從空中眺望呼倫貝爾的大平原時，不由得心想：那種大沙漠、什麼都沒有的不毛地帶，就算讓個一百、兩百公里的土地，也都沒什麼大不了的啊……」

這句話，或許就是三宅坂上對諾門罕附近發展成出乎意料大戰的戰況，深感困惑且羅掘俱窮的最好象徵了吧！然而，迄今為止喪命的眾多戰死者，以及今後必須為此而死的成千上萬將士，若是聽到了這句話，又會作何反應呢？

●莫斯科・克里姆林宮

就在三宅坂上的井本參謀，於筆記本寫下「徹底擊破蘇軍」這行字的同時，位在克里姆林宮內的史達林也反過來下定決心，要徹底擊破關東軍。

七月已經過了兩週，柏林沒有傳來任何訊息。留著小鬍子的獨裁者，依舊擺出一副默不作聲的架式。可是，若是論起徹底深藏不出，那史達林在這方面的忍耐力，絕對是世界領袖中首屈一指的等級。他維持獨裁的唯一方式就是保持神密，絕不在公眾面前進行慷慨激昂的大演說。

要是輕舉妄動，結果讓自己的要求遭希特勒狠狠打臉的話，那蘇聯搞不好會盡失共產國際盟主的地位；不只如此，還會提供希特勒獲得在東歐自由行動的口實。因此，史達林寧可貫徹原則，派那些只能算是三流的外交官手下去曲意承歡、舔納粹德國的腳底板，至於自己則是隱身幕後。用多伊徹[8]的話來說，「一時之間，史達林會放出好幾匹獵犬追逐野兔，然後自己跟著兔子一起奔馳；如此一來，兔子就感覺不到他也是獵犬的一員了。」他就是這樣巧妙地約束著自己。

然而，就在他這麼做的時候，歐洲的戰爭氛圍正不斷地擴大。法國開始動員，英國也開始繃緊神經。七月中旬，英國宣布要實施海軍臨時演習，儲備的艦艇也陸陸續續就役。他們的目的是要讓希特勒知道，「我們不會再讓步，已經在進行戰爭的準備了。」

8　譯註：Isaac Deutscher，波裔猶太作家，《史達林政治評傳》的作者。

儘管如此，史達林的目光還是認真注視著地球儀上亞洲的這一邊。他也接獲了報告，在哈拉哈河西岸的戰鬥中，蘇蒙軍的戰車遭到了相當嚴重的損害。這讓史達林重新認識到，更進一步增強兵力、擊垮煩人的關東軍，讓他們不敢起心動念、三番兩次渡河攻擊有多麼地重要。總而言之，問題還是出在歐洲。當歐洲爆發戰爭的時候，蘇聯不能被他國的政策牽著鼻子走，必須走出一條屬於自己的路。而為了達成這個目標，在東方也必須保有自由揮灑的空間才行。

史達林透過中央軍事會議作出決定，將西部外貝加爾正面與東部正面蘇軍的統領加以一元化。他在赤塔新設了遠東方面軍司令部，任命施捷爾恩上將（Grigory Shtern）為總指揮官。七月十五日，諾門罕方面的各部隊改編為第一集團軍，朱可夫被拔擢為集團軍司令。這是史達林向全體將士宣示自己終於下定決心，要正式打響這場哈拉哈河之戰，從而提振將士勇氣的手段。

當然在此同時，關東軍作戰課也掌握到了蘇軍增強的情報。在竊聽到的蘇軍無線通信中，包含了「陣地構築材料不足」和「下令動員」等重要的情報。對於參謀本部作戰課所作出、「蘇聯並沒有對日全面戰爭之企圖」的判斷，打從心底無法認可的關東軍作戰課，在七月中旬作出了新的判斷，那就是「從各個角度觀察的結果，蘇聯遠東正在全軍動員當中」。據辻等人的觀察，事態絕對不像三宅坂上想的那樣輕鬆愜意。

讓關東軍作戰課的憂慮更火上加油的，是七月十六日凌晨三點，蘇聯飛機對位在齊齊哈爾西南、橫跨嫩江的富拉爾基鐵橋進行了轟炸。這是通往海拉爾方面唯一的鐵路幹線，要是鐵橋或鐵路被爆破的話，諾門罕方面的補給就會遭到斷絕。關東軍作戰課因此立刻斷定，蘇軍有讓國境紛爭越過大興安嶺，擴大到滿洲北部中樞地帶的意圖。

從事實來看，不管史達林還是朱可夫，都沒有這樣的意圖。只是從七月中旬以來，蘇聯空軍就慢慢處於優勢，也轉守為攻。儘管日本航空隊在空戰中展現了壓倒性的強勢，但在歷經重重戰鬥後，業已身心俱疲，而蘇聯空軍也察知了這點。

蘇方取代了鈍重的I－15、I－16等舊型機，轉而將裝備了強力機砲的I－153「海鷗」等新銳局地防衛機派到前線。不只如此，在和日本陸軍軍機交戰的經驗累積下，蘇聯空軍深知日本飛機的特性與戰法（單機格鬥），也發展出一套對應的戰術，那就是以編隊方式從高空俯衝而下進行射擊，再利用加速脫離，也就是所謂的「垂直一擊脫離戰法」。

不只如此，蘇聯空軍在飛機油箱等方面，也著實進行了防彈性能的改良。即使是被日本戰鬥機的七．七公厘機槍一兩次連射，導致冒煙起火，飛機也不會輕易墜落。如此一來，不只飛行員的死傷率驟然減輕不少，還給了他們勇氣，讓他們得以掀起反攻的勢頭。

相對於此，日本飛機飛行員遭擊墜的損失固不用說，在中彈損傷或意外事故中的消耗也日益激烈。儘管自六月二十七日以來，日軍就一直在進行迎擊作戰，但到了七月中旬，一直以來都在盡情發揮、「一股腦擊墜敵機」的日本航空隊，其力量明顯已經開始瀕臨極限。不管人或飛機，都呈現出濃濃的疲憊之色。為了迎擊新來乍到的敵人，日軍飛機每天要出動五到六次。就算他們多以空中纏鬥的優秀技藝自豪，戰鬥力的自然低落，還是不可避免。

蘇聯空軍的沃羅日金中尉（Arseny Vorozheykin），在回憶錄中如此自豪地寫著：

「對敵方機場的成功襲擊，讓日本機組員在精神和肉體上飽受壓力，也讓蘇聯空軍將制空權掌握在手中成為可能。當時，裝備了西歐沒有任何一國空軍擁有、新式對空火箭彈的I－16也登場了，夜間轟炸機TB3的行動也積極地展開。」

這種夜間轟炸機也可以用來執行空中偵察；對富拉爾基鐵橋進行挑釁式投彈的，或許就是這種飛機也說不定。

●新京・作戰課

區區一架轟炸機，投下的僅僅是八發炸彈，也有一說是一發炸彈；至於造成的損害，則幾乎是等於零。

但是，關東軍作戰課卻震撼不已。對照迄今為止得到的種種情報，蘇軍對滿洲國境發動總攻擊的可能性相當大。因此關東軍深感憂慮，也陷入極度緊張之中。他們立刻下令麾下的全軍強化戰備，同時作戰課也對參謀本部提出意見，主張對蘇採取強硬作戰，特別是轟炸外蒙古領內的敵軍航空基地更是緊要之事。他們發文的時間，是十六日下午五點三十分。

這封電報中，充滿了關東軍自六月二十七日轟炸塔木速克以來，被參謀本部禁止進行國境外轟炸行動的怨念，特別是辻本人更是恨之入骨、情緒激動。明明敵機一再越過哈拉哈河進行攻擊，「我方越過哈拉哈河轟炸的舉動，卻遭到天皇嚴命禁止。這種綁手綁腳的痛苦，讓飛行隊將士深感懊惱，甚至可說是怨恨東京。他們每天都仰天嘆息，抱怨說：『如果能把手銬腳鐐摘掉就好了』……」在手記中這樣寫的辻，將對參謀本部作戰課的怨念，全都一股腦發洩在這封意見書中（署名：軍司令官，起草：辻）。

> ……鑑於以上的情勢，放任敵機猖獗，必定會招致敵人的輕侮，並使事態惡化。鑑於這種再清楚不過的傾向，我們相信關東軍對外蒙空軍的根據地（塔木速克、桑貝斯、馬塔德）加以急襲擊滅，乃極為緊要之事，謹在此提出意見。

從關東軍迄今為止對東京輕視的無禮態度來看，儘管他們突然「謹」提出意見，但辻根本沒在考慮東京會怎樣裁決吧！他們很有可能會覺得「又在開玩笑了」，又或者覺得「到這種地步才擺出一副客氣的樣子，實在是太無禮了」。辻自己也是在很清楚這點的情況下，起草這封電報的吧！

不過，也有可能他真的覺得有必要陳訴這件事的緊要性，所以才擺出這種恭敬態度吧……

這封提議電報的結尾是這樣寫的：

> 中央方面應該擺出不惜斷交的強硬態度，來領頭進行外交交涉。

弄到斷交，實在是相當駭人，總之不管敵我，都已經擺出一副準備幹架的樣子。第二天（十七日）午後，參謀本部發了一封表示「對此意見礙難採用」的長文電報給關東軍。

> 關於敵人對滿洲內部的轟炸，（中略），應按照本事件之處理方針、也就是地區性解決主義，該隱忍處且隱忍，方為妥當。

午後兩點三十分收到這封電文時，才讀完第一行，以辻為急先鋒的關東軍參謀們，全都怒髮衝冠。

服部在自己的《機密作戰日誌》中，留下這樣一段憤怒的文字：

「本文中『該隱忍處且隱忍』等文句，大大刺激了上下眾人：『什麼叫該隱忍，誰要隱忍啊！』、『這是大本營該寫的電報嗎？』作戰參謀們全都憤慨到難以形容的地步。」

不只如此，參謀本部電報接下來的內容，更是完全不講道理。

現在進行的地面作戰，並非必得經常性絕對保持制空權的狀態；無論如何，現在已經到了應該考慮讓事件自主畫下句點的時候了。

這封電報又讓關東軍參謀激憤不已。

「這是要放棄滿洲國的防衛嗎？要捨棄滿洲國不顧嗎？滿洲國要怎麼辦啊！」

「不必要保持制空權，這是參謀本部該說的話嗎？」

「滿洲國在日本帝國的地位，到底算什麼啊？」

最後，像是要給這些激動的參謀潑上一盆冷水似地，參謀本部的電報這樣作結：

請你們考慮一下，帝國並沒有被國境紛爭牽著鼻子走、對蘇聯開戰的決心；因為他們擴大紛爭範圍，我們就要報復，對這種回應觀念，請務必再三省思。深切期望你們能盡一切努力，好好收拾事件。

這段話充分傳達了參謀本部在國際情勢激盪下的苦惱，可是關東軍完全聽不進去。他們把其看成是極端軟弱的表現，對這些毫無方策的傢伙大加輕蔑。面對這些只想以力服人、腦袋裡只有戰爭的參謀，若要嚴厲抑制他們，三宅坂上的秀才其實必須更強勢才行。用仔細檢討國力、冷靜觀察國內外情勢的理性，從迄今為止的來龍去脈加以思考後，認定關東軍的要求無理，為什麼參謀本部不作這樣的判斷呢？他們去拜託這些人「深切自省」，但這些人根本是毫無自省能力的傢伙，不是嗎？反省需要的是謙虛啊！

辻這樣寫道：若是史達林看到參謀本部的電報，「一定會狂喜不已吧！……就這樣，中央與前線、東京與新京，完全看不到融合一致、處理事件的曙光。」

簡單說，他們重新確認了關東軍就是關東軍、「要走自己的征途」這件事。在他們的字典裡，連個謙虛的「謙」字都找不著。

●東京・首相官邸

參謀本部作戰課在這個時間點，確實在思考作戰終結的必要性。三宅坂上已經完全喪失了七月上旬井本參謀在筆記中寫道，要在「七月下旬」動員第七師團渡河攻擊西岸的銳氣。已經沒有任何人相信關東軍說的「擊破哈拉哈河東岸之敵，只是時間問題」這種樂觀報告。

同時在七月十一日，有關天津問題的第一次日英會談，在歷經困難的交涉後總算水到渠成，在反英排英熱潮日益熾烈的東京展開。以當時輿論的狀況來看，用半吊子的條件解決問題，社會是絕不會接受的。就連北支那方面軍為了會談來到東京的參謀，也為東京高壓氛圍下的國內情勢感到大吃一驚（註二八）。

在外交方面，美國展現了出乎意料強硬的對日態度。羅斯福總統突然在七月十日，針對去年開始日本軍機對蔣介石政權根據地重慶的轟炸，向日本駐美大使提出了抗議。

「這是無差別轟炸；我想聽聽日本政府的直接聲明。」

在這份抗議文中，特別強調了當地美國人財產的損害。

不只如此，華府方面也開始指責日軍在中國的行動、日本國民的反英態度，並且隱約透露有意廢棄《日美通商航海條約》（US–Japan Treaty of Commerce and Navigation）。一九一一年七月起實施的這項條約，若要廢棄必須在六個月前通告。日中戰爭爆發後，日本推動戰爭的主要資材供給源頭就是美國；對美進口總額的四成，都是原油、廢鐵、飛機材料等軍需物資。美國手裡握的牌，就是「是否廢棄條約，中止這些貿易」。

嚴重的問題不斷逼近，再加上感覺已經觸礁的日德義三國同盟問題，參謀本部眼下必須專心應對的問題可說堆積如山。都已經到這種地步了，還打算徒增混亂是怎樣？更不要說對蘇聯擺出「不惜斷交的強硬態度」，這更是萬萬不可。

海軍的高木惣吉在日記中，留下一段有意思的記載。

七月十八日（週二）晴

在接續閣議的五相會議上，陸相透露有意將諾門罕國境問題轉移到外交交涉，並且希望儘速開始交涉。同時他也倡議，為了解決國境問題，有必要促進三國協定的強化。

就這樣，「窮途末路」的陸軍中央，開始表明要透過外交手段終結戰鬥的意圖。同時，板垣也明確主張，「要堅持極力防止日蘇發展成全面戰爭的方針」；五相會議接受了這個方針，將它定為國策。

儘管如此，板垣在這樣示弱的同時，仍然相當倔強。他試圖取巧，把暫時被擱置不提的三國同盟問題給帶進來；但因為這實在太無理，所以外相和藏相立刻回嗆說：「國境問題和三國同盟有什麼關聯」，結果板垣張口結舌，完全無法回應。

高木日記委婉地寫道：

雖然詳細情況我並不了解，但陸相會針對諾門罕事件提出外交交涉的火速要求，應該是滿洲傳來的情報指出，他們遭遇了相當沉重的失敗吧！

陸軍在諾門罕的敗北，終於開始傳入東京高層的耳裡。陸軍中央即使再顧面子，也非得設法解決這起事件不可。

●莫斯科・外交部

莫斯科的駐蘇大使東鄉茂德在第二天（十九日），收到了有田外相的訓電。之前他針對諾門罕事件，已經和莫洛托夫溝通了好幾次；這次的電報內容是要他選擇適切時期進行交涉，好收拾時局，這也是五相會議的決定。東鄉對此相當慎重；畢竟，政府——不，應該說是陸軍——真的有覺悟，付出相當程度的讓步以收拾殘局嗎？東鄉在和有田經過好幾次電報交換後，最後獲得授權，把這件事完全託付給他。

可是，東鄉並沒有馬上行動。他的想法是，在戰局不利的情況下，由我們這邊主動提議和平，會在交涉上陷於不利。儘管如此，東鄉還是屢屢尋求和莫洛托夫會談的機會。畢竟包括北洋漁業與樺太利益等，需要商量的其他事情比比皆是。

這時候，東鄉與莫洛托夫對諾門罕紛爭的和平解決究竟談到什麼程度，其實並不太清楚。根據第三者的觀察，他們兩人似乎從很早以前就開始激辯了。駐莫斯科的英國大使希茲（W. Seeds）在七月送給英國外交部的報告中，就這樣寫道：

「莫洛托夫確實是個難纏的對手，但是站在為了發生在蒙古國境的武力衝突問題，不得不和他會談的東鄉立場考量，又覺得毛骨悚然。特別是目前的情況，大概是勝負機率各半吧……畢竟東鄉也是頑強且毫不留情的性格，就連強悍且身經百戰的李維諾夫，也曾說自己被他搞得筋疲力竭。」

諾門罕事件的走向，就在和「第二次世界大戰」危機微妙相連的情況下，受到國際所矚目。

●東京．三宅坂上

不管莫斯科的交涉情況如何，三宅坂上的秀才們，只是一味地急於終結作戰。五相會議的決定是如此，陸軍中央的方針也與此一致，認為不應再繼續擴大紛爭。為了貫徹這個決定，也為了統一意志，他們認為有必要召喚關東軍參謀長前來東京。

七月十八日，參謀總長發令給植田軍司令官，要求「軍參謀長前來東京」。當這封電報抵達關東軍司令部的時候，好戰的參謀們又是大發牢騷。辻在手記裡這樣主張：

「在這個戰況尚不知如何轉變的重要時機，讓參謀長唱幾天空城並不適宜。就算是支那方面的作戰，也從沒有召喚過參謀長去東京。若是必要的話，應該派參謀次長來前線才對，因此全體幕僚都抱持著反對的意見……」

關東軍作戰課的傲慢，可說是到了極致。叫參謀次長來前線這種話，堪稱是把參謀本部與關東軍視為對等，甚至是超過對等的狂傲之言。中國戰線沒有這種事，是因為和關東軍不同，各司令部都服從中央統帥的緣故啊！

不過，參謀長磯谷倒是沒有像底下的人這麼自負。在得到植田同意後，他在七月十九日只帶著副官搭上飛機，前往東京。

第二天（二十日），為了消弭諾門罕事件，堪稱「最長的一日」。在這天，過去情感上的摩擦都該一筆勾銷，中止彼此的幻想、可能的期待和白日夢，站在現實主義的立場，憑藉資料虛心坦懷、針對現狀進行分析，針對戰爭該如何收斂好好商量才對——東京和新京恐怕都是這樣想的，然而……

磯谷抱持著想與參謀次長中島以及陸相板垣認真討論的打算，悄然來到參謀本部的大門。正因如此，他並沒有帶著參謀隨行。同時，他也想把「不要讓多餘人等參加」的特殊期望再次傳達給中央。儘管如此，這天磯谷與會的席間，除了次長之外，包括陸軍次官山脇正隆、參謀本部第一部橋本、第二部長（情報）樋口季一郎、作戰課長稻田、俄羅斯課長山岡道武、參謀本部的大頭齊聚一堂，感覺起來簡直就像是要開庭審判關東軍似的。

磯谷的辯詞自然是強烈主張關東軍的立場，同時他也認為這是反過來說服參謀本部的好機會，因此昂然不屈，一言以蔽之就是準備幹架。他主張，中央擺出的這種軟弱態度，只會讓蘇軍得寸進尺，招致紛爭擴大。只有徹底擊破越境的蘇軍，才能找出解決紛爭的突破口。在論及確保哈拉哈河東岸乃是絕對必要的時候，他這樣說：

「簡單說，諾門罕事件的結局，絕不能重蹈張鼓峰事件的覆轍，這是最關鍵的重點。為此，有必要盡速許可對塔木速克與桑貝斯的空中攻擊；希望各位能夠盡早認可。」

磯谷這種氣勢洶洶的粗暴言論，讓中島忍不住大吃一驚。於是中島將準備好的《諾門罕事件處理要綱》交給了磯谷，並絮絮叨叨地說明：「這是陸軍省與參謀本部一致的見解」。接著，他姑且抬頭挺胸，開口說道：

「作為事件處理的手段，眼下局勢並不是以重大對蘇決意為前提、進行兵力增強的時候。賭上斷交進行日蘇外交交涉，觀諸眼下各情勢，並非得策。這是省部一致的考量。」

這就是中島對那封「謹在此提出意見」電報的正式答覆。

磯谷看了看交給他的《處理要綱》；上面的內容明示了「事件必須限定於局部戰場」這一方針。同時，雖然對東岸敵人的掃蕩作戰仍然持續進行，但不管「能不能得到期望的戰果」，或是「外交交涉能不能成立」，「一旦進入冬季，都必須視情況把兵力從爭議地點撤出」。

參謀本部之所以強調「冬季」，其實也是一派示弱的態度，但還是表達了大方針——「不管怎麼說，撤退之後連一兵一卒都不許留下」。不只如此，他們還說，

「爾後即使蘇軍入侵爭議地區，直到情勢允許為止，都不得再進行地面懲戒作戰。」

簡單說，就是在空中和地面，都默許蘇聯的越境。磯谷對此表示強烈反對。

「對於將兵力從事件地點撤出這件事，我們關東軍無論如何都不能同意。中央打算徹底從紛爭地點撤退這件事，難道是意味著要把陸軍一直以來的見解，亦即『國境以哈拉哈河一線為界』加以變更嗎？」

橋本回答道：

「就算變更也無妨。」

磯谷勃然變色，當場頂撞回去：

「國境變更是重大事項。如果只是區區一個部長的見解，關東軍不能依此行動。」

中島連忙開口說道：「國境變更並不是在這場會議之間就能馬上輕易決定的。」山脇也從旁說道：「國境如何劃分，是有關國家政策的事項，並不是參謀本部一己之見就能決定的。」橋本不得不閉口不言。

磯谷見狀，更加意氣昂揚地說：

「若是按照中央的方針，無異於乾脆捨棄已經流下數千將士鮮血的滿洲國領域，這樣如何對得起犧牲的英靈呢？在關東軍司令官的統帥之下，我們是絕對無法接受的。」

昭和六年（一九三一）發生滿洲事變時，同樣的論調也是頻頻被提起。耗費「十萬英靈、二十億國帑」、靠「明治大帝的遺業」獲得的滿洲權益，絕不能失去。滿蒙是「日本的生命線」，也是出於同樣的邏輯。再說，作為軍人，也絕不能輕易把將士拋頭顱、灑熱血的土地讓給敵人；在這樣的邏輯之前，眾人也不能不低頭。超越了是非曲直，這樣的話語直接壓迫著他們的神經；他們無法對此提出異議。

稻田起身說道：

「照張鼓峰事件解決是最理想的方式，這是照著中央期望行事應有的考量。這次的情況，是因為關東軍違反中央意圖才造成的困局。」

磯谷瞪著稻田，怒氣沖沖地大吼道：

「你說什麼，什麼叫『照張鼓峰事件解決是最理想的方式』啊！所謂的解決，就是讓蘇聯在事件當時更進一步越境擴張領土嗎？關東軍認為，這樣的收場乃是極不適當且屈辱的解決方式！」

就這樣，討論變得愈來愈劍拔弩張，而好不容易營造出來的好機會，也跟著付諸流水。結果不要說靠著對談達成共識了，反而讓彼此的互信與情感更加惡化。

不只如此，在會談將要結束的時候，磯谷仔細地確認說：

「這份《處理要綱》是命令嗎？」

結果中島只用了個打高空的方式回應：

「這是關東軍應該遵守的要綱。」

於是磯谷說：

「如果只是方案的話，那我們會參考，並加以充分的研究。」

說完，他便在要綱封皮上，用鉛筆寫了一個「案」字。這是對這份高唱「以大陸令第三二〇號暨大陸指第四九一號為準，依本要綱收拾諾門罕事件」的要綱，作出最赤裸裸的反彈。看到這副景象，中島只是懇切地回應：

「把它當成方案，我們會很困擾的；不把它當成命令的話，也會讓總長的裁決顯得很無用……唉，總之你們就好好研究吧！」

這實在是令人啞口無言；畢竟這份要綱，原本就是當作實踐主軸，要強迫關東軍接受的啊！參謀本部到底在怕關東軍什麼、又在顧慮什麼？磯谷若是頑強拒絕，就應該立刻使用大陸指（參謀總長的指示）回擊、逼他接受啊！就是因為不展現這種氣概、優柔寡斷，所以才會導致之後諾門罕戰場的大慘劇。三宅坂上秀才的不負責任，其罪甚大矣！

稻田在諾門罕事件結束後不久，這樣回想道：

「領導統馭的關鍵在人、在相互信賴。當我們與欠缺尊重中央意志的外地當事人意見相齟齬時，是不可能好好共事的。對這次事件，其實應該不顧關東軍司令官的立場與參謀長的面子，在八月上旬前強加中央的意志，如果他們不願承諾的話，就斷然更換首長才對啊！」

這是完全正確的看法，也是寶貴的教訓。但是在關鍵的時候不去發揮、事後才擺出剛毅的模樣，一點用處都沒有。參謀本部既然發現戰場正面蘇軍兵力持續在增強，就應該充分理解到事態的嚴重性才對。結果在這時候，他們卻只對關東軍示以「方案」，還放任他們「之後再研究」，換言之就是不明確下達指令。對參謀本部這種放棄真正的統帥之道、只是誇示虛位的態度，真的只能浩歎無語！

磯谷帶著這份作為「方案」的《要綱》，於二十二日回到了新京；作戰課的猛將們，用喝采來迎接他。有一個參謀捻起封皮被磯谷寫上「案」字的《要綱》，傲慢地說：

「對我們關東軍來說，這玩意完全沒有任何強制力。如果中央有意對我軍下達什麼指示，就該透過天皇御命（大陸令）或是參謀總長的指示（大陸指）來為之；像這種東西，根本跟廢物沒什麼兩樣嘛！」

植田則是下指示說：「就研究看看吧！」

關東軍的高級參謀寺田在事件終結後不久回想，因為和剛才稻田的回想雷同，所以可以對照一讀。

「總體而言，站在關東軍的立場來看中央的統帥，會發現中央在展示意圖和命令指示上都欠缺明確、且貽誤戰機的情況甚多；特別是他們沒有宏大氣魄，毅然對關東軍進行指導，也沒有展現出扛起責任、親身積極處理事件的態度，反而多所放任事件發展……」

這是一段完全蔑視三宅坂上秀才官僚集團主義的發言。他們只會召開嚴肅的會議、作出決定，下了決定就一派安心，完全看不出他們有毅然起而行之、扛起自己責任的樣子，不是嗎？

話雖如此，《處理要綱》最後變成怎麼一回事，還是值得注意。畢竟，雖然說「跟廢物沒兩樣」，但軍司令官還是說：「就研究看看吧」。

然而，關東軍的猛將們卻完全不作此想。他們已經預定好，在第二天（二十三日）要集結在第一線展開、包含十六門一五〇公厘榴彈砲在內的八十三門野戰砲，展開步砲聯合的總攻擊。至於《要綱》，則是以「不去破棄，照原樣保存」作為結論。東京和新京，根本就是半斤八兩。

之後，參謀本部與關東軍的齟齬日益激化。兩邊的人物都是秀才。話雖如此，但我們必須嚴正地說，他們都是一群既沒有足以好好指導大戰的稟賦，也沒有從國家角度出發、作出正確政略判斷的器量，只是從幼年學校、士官學校、陸大，一路靠著考試榮升的傢伙。從小他們就與社會脫節，只是一群靠著成績和履歷爬上高位的人物，欠缺為人應有的優點。作為秀才，他們就只是一群經常用主觀來看世界的人而已；當他們被正確的東西踩到痛腳的時候，就會猛然躍起、大發雷霆。他們完全不允許自己的自尊受到傷害。關東軍作戰課的成員，此時對東京完全是感情用事。在這種自尊下，三宅坂上的傢伙說些什麼，他們完全聽不進去；而這份《處理要綱》，只是踐踏他們名譽至極的事物罷了。

從主觀來說，關東軍認為他們直到現在為止，已經照著東京的期望，全力在防止事件擴大了。然而東京卻對他們的行動加以曲解，還屢屢施加制約。

如果三宅坂上那些傢伙真的擔心這起事件的話，就應該按照先前的約定，把戰略兵團（第五師團）增派給他們，不是嗎？但說實在話，關東軍參謀雖然這樣衷心期盼，但這話並不能由他們自己說出口。畢竟，是他們自己愛面子，說「這只是北方邊境的小事，安心交給我們處理就行」，因此現在也只能硬逞意氣，不借助任何力量的協助。就這樣，關東軍參謀圍繞著《處理要綱》，瞪視著參謀本部的眼中熊熊燃燒著嗔怒的火焰。

對於東京與新京堪稱狗咬狗的內鬨，我實在無法總用事後諸葛的語氣來記述。和上層的糾紛無關，在哈拉哈河東岸的戰場上，正照著預定計畫，展開了總攻擊。

●哈拉哈河東岸．戰場

讓我們試著看看以砲兵為主力展開總攻擊之前，小松原日記的最初一行。

七月二十日　雨　涼

由於雷雨、天候不良、準備不充分，攻擊再與改為七月二十三日。

七月二十二日　多雲　涼

由於天候不良，攻擊再興延期一日。

可以看出，小松原每天都過著焦灼不安的日子。然後，總攻擊終於開始——

七月二十三日　晴　大暑

天氣晴朗，攻擊再興！

他所抱持的強烈期待，在這行字中躍然紙上。然而，就在三天後——

七月二十六日　雨　涼

我錯了。

砲兵的效果和預期相反。我原本以為，只要經過兩三小時乃至一天的砲戰，就可以摧毀敵軍大部分的砲兵，但事實完全相反；敵方主力雖然稍微後退，但威力並沒有因此衰退。相反地，由於彈藥充沛的關係，到第三天開始反而感到敵方占據優勢（略）。

由於彈藥準備的原因，等不到殘敵掃滅完成，我們便被下令構築工事。在這種情況下，我們根本不知道何時能夠剿滅敵人、完成當初的任務。隨著陣地戰的成形，敵我雙方遂變成了持續角力的戰鬥型態，這實在令人憾恨不已。對於為踏足河岸、進行殘敵剿滅而力行夜襲，從而產生的眾多犧牲者，我實在難以告慰他們的英靈。因為覺得砲兵的助力超乎預期，所以不繼續攻擊，實在令人悔恨。

是我錯了！

雖然引用的篇幅很長，不過這是小松原日記中唯一讓人感到詫異的記述，在字裡行間，可以清楚感受到那股難消的恨意。在深感作為總指揮官的重責大任的同時，如果可以的話，毫無疑問他也會將這股深入骨子裡的恨意，直接投向那些關東軍參謀吧！

簡單說，這次砲兵的總攻擊，也像過去已經犯過的無數次錯誤一樣，是秀才參謀低估蘇蒙軍所導致的失敗。這時候參謀的腦中，依然縈繞著「諾門罕戰場距離鐵路終點站有七百五十公里，因此大兵力的運用與補強相當困難」這種毫無根據的計算。

確實，從日本內地送抵關東軍的重砲部隊，是前所未見的強大兵力。這當中包括了野戰重砲兵第三旅團長畑勇三郎少將指揮的野戰重砲兵第一聯隊（指揮官三嶋義一郎大佐，一五〇公厘榴彈砲十六門）、獨立野戰重砲兵第七聯隊（指揮官鷹司信熙大佐，一〇〇公厘加農砲十六門），以及關東軍的穆陵重砲兵聯隊（指揮官染谷義雄中佐，一五〇公厘加農砲六門）；再加上已經位處戰場的野砲兵第十三聯隊（指揮官伊勢高秀大佐）與獨立野砲兵第一聯隊（指揮官宮尾幹大佐），一起組成砲兵團，總兵力由關東軍砲兵司令官內山英太郎少將擔任指揮。

砲兵司令官與重砲旅團長親自出馬，彈藥也準備了對擊滅敵砲兵有充分自信的數量。簡單說，各種火砲總數為八十二門（重砲三十八門、輕砲四十四門），彈藥兩萬八千三百發。就像擬定的戰鬥計畫「攻擊一天，全體砲兵一舉撲滅蘇軍砲兵，破壞橋梁，爾後以主力協助步兵攻擊」般，自砲兵團長以下全都自信滿滿，而關東軍參謀對此也深信不疑。

可是，就在日軍為了準備總攻擊而停下步兵攻擊、等待砲兵展開的這一週間，蘇蒙軍的戰備也不停地增強。不管是航空力量還是陣地設施，都急遽地強化，特別是砲兵力量更是如此。按照《紅軍野外教令》第十五條，「現代戰爭說到底，大部分都是火力鬥爭，除此外再無他者。無視火器威力的破壞性，不去思索加以克服的手段，只會一味蒙受無益的損失而已。」蘇蒙軍忠實遵守了這項教令。

特別是史達林，更是對砲兵力量有著絕大信賴，甚至把重砲親呼為「戰神」的人物。一九三七年以來，在紅軍中編制了嶄新、完全獨立的砲兵部隊，這是史達林的大功績。因此，對於砲兵部隊的增強，史達林毋寧是歡天喜地在推動的。

日軍完全不知蘇軍竟對砲兵火力如此信奉。七月二十三日凌晨五點，小松原與內山按照預定計畫，下達了攻擊命令。他們的戰法是，砲兵隨著破曉開始射擊，接著步兵往前移動，即所謂拂曉攻擊的戰法。這是滿洲事變以來，日本陸軍反覆研究對蘇戰術後擬出的戰法。

結果正如官方戰史所言：

> 這次攻擊因為看不到成功的希望，不得不中止。總體而言，蘇軍的空地兩面火力遠遠優越許多，陣地的組織設備在這時候也已經變得強韌至極。

透過航空偵察確認，在哈拉哈河西岸小松台地上的蘇軍砲兵兵力，是以一五〇公厘級榴彈砲十二門、一五〇公厘級加農砲十二門、一二〇公厘榴彈砲十六門為主力，總計七十六門的大小火砲，東岸還有二十到三十門的火砲。當然還有相當數量未發現的火砲，但是日軍全都確信以這種兵力，他們絕不會輸；

然而，這卻導致了堪稱徹底慘敗的結果（註二九）。

關於敗因的研究，事後是這樣認為的：

和蘇軍相比，日軍的火砲射程普遍較劣。日本射程最長的一〇〇公厘加農砲為一萬八千公尺。相對於此，蘇聯的一五〇公厘加農砲則可以達到三萬公尺。在各種火砲的機動力上，日軍也遠遜蘇軍。在中國戰線，重砲幾乎都是用馬牽引。在諾門罕，則是以牽引車牽引的火砲為主力。儘管如此，它們還是落後於時代，比方說牽引車被破壞時，日軍就只能束手無策，無法迅速轉換陣地。

彈藥量也嚴重不足。關東軍大力奮發，為每門砲準備了五基數（基準彈藥數五倍）的砲彈。可是日俄戰爭當時觀念的「基數」，對現在的蘇軍已經不適用了（註三〇）。蘇軍光是第一天就發射了一萬五千多發砲彈，據說連砲管都燒紅了。

小松原在七月二十四日的日記中，用悲痛的文字這樣記述：

消費彈數——約四基數

二十三日及二十四日，對方的彈數勝於我方。敵方彈藥準備之充足，遠超想像……對砲兵戰的勝敗，在於今後的彈藥準備狀況如何。……敵方砲兵儘管往左岸國界線後方退卻，卻依然威力兇猛，砲兵力量更沒有衰退。步兵要等待砲兵成果、往前推進，可說極其困難。

在這裡的第三個敗因，依然是西岸的小松台地。位在最高的七三三高地上的日軍砲兵觀測所，完全看不見台地上蘇聯砲兵的布陣，也無法觀測彈著點。儘管日軍對於射擊技術與訓練相當自豪，但面對看不見、且在射程以外布陣的敵人，要擊滅他們，除非神乎其技，否則根本毫無可能。

砲兵團司令部無論如何都必須探知敵情，於是在不得已的情況下，只好仿照第一次世界大戰的方式，於二十五日升起氣球進行觀測。獨立野砲兵第一聯隊的成澤利八郎一等兵，在日記中留下了目擊記錄。

「今天一早，敵方三架飛機飛來攻擊我方砲兵情報部的觀測氣球，實施機槍射擊。敵方的第一次攻擊空手而回，但接著又從低空五十米左右的地方，通過右側山間的低地，再次爬升向位在高處的我軍氣球果敢展開襲擊。這次有兩架飛機攻擊氣球，結果氣球燃燒起來，發生火災墜落。老實說，雖然是敵人，但看到他們這麼幹後，我還是大吃一驚。」

不對，敵人能幹得這麼漂亮，該有的反應其實不只是大吃一驚。日本的航空隊究竟幹什麼去了？作為航空部隊主力的第二飛行集團，光是迎擊敵機就已經耗盡心力。儘管疲勞已經到達極限，卻還要和新來的蘇聯空軍挺身展開激烈的空中戰鬥。因此，對於地面部隊的敵陣偵察，他們因為嫌消耗兵力，似乎完全不感興趣。

作家稻垣武先生，調查了第二飛行集團記錄「諾門罕航空偵察狀況」的報告。在六月二十八日至七月二十五日的內容中寫著：

集團以部分兵力探察「哈拉哈」河左岸之敵後方及右岸敵情，主力則進行航空情報的搜索。

集團主力投入的「航空情報搜索」，是對敵方機場的偵察。又，日期上顯示的「至七月二十五日」，也令人相當驚訝。明明是終於要決定諾門罕勝敗的砲兵戰，偵察機卻幾乎不曾飛抵小松台地上空，對台地上的砲兵力量實際所在位置，也不曾去了解嗎？雖然在戰場上空的空戰中極度活躍，但航空部隊結果卻只是自行其是。從這層意義上來說，空地沒有密切配合，或許也是敗因之一。

就這樣，戰場全體將士的莫大期待落了空，砲兵的總攻擊僅僅三天就遭受挫折。小松原在二十五日曉得砲擊毫無成果，於是下定決心，要小林兵團長指揮的主力再度展開步兵突擊，並要求關東軍加送一場會戰分量的砲彈前來。但是，關東軍不只沒有送來砲彈，反而下了一道出人意表的命令：

不待擊滅當面敵人的任務完成，應迅速占領右岸地區的要緊線段，構築工事。命戰車第一團經海拉爾返回。

這道命令怎麼看都是中止攻擊的命令，不是嗎？自事件五月爆發以來，關東軍司令部在戰爭指導上一貫秉持的攻勢作戰，現在要全面放棄，且從此以後轉為守勢。因為這項計劃變更之故，之前起過爭執的安岡戰車兵團也回歸了原駐地，一切全都一筆勾銷。

七月三日的渡河攻擊也好，此後對東岸敵陣的白刃攻擊也好，以及這次從砲擊戰開始的拂曉攻擊也好，只能說是在幾乎杜撰的計畫下勇敢為之，且所有攻擊都遭到了半途而廢的命運。爾後，全面性的攻擊中止，轉為守勢待命。持續進行攻擊的第二十三師團，死傷者到二十五日為止，已經超過了四千四百人。小松原那句「是我錯了」的憾恨嘆聲，或許也是對戰爭指導欠缺一貫性的關東軍秀才參謀最嚴厲的批判之聲吧？

這裡有一件奇怪的事。小松原在日記上雖然只寫著「構築工事實施的軍命令　二十四日十四時（由島貫參謀前來交付）」，但他對這種突然過河拆橋感到的憾恨之情，從這裡也可以看得出來啊！從作戰命令起草的日期來看，在總攻擊開始第二天的正午左右，關東軍參謀便早早理解到作戰的失敗了。服部撰寫的《機密作戰日誌》中列舉的理由是：攻擊並不如意圖般順利進展、手上彈藥不足，以及必須從現在開始，為即將到來的冬天進行準備——簡單說就是朝令夕改。

可是事實上，還有另一個讓他們下定決心、轉換計劃的理由。就像前面已經提及的，服部和辻對這時在滿洲東部以及北部正面的蘇軍動向非常在意。特別是辻，對於七月中旬獲得、「敵軍企圖以八月中旬為期展開攻勢」的情報，比其他人更加交瘁。參謀本部的傢伙說：「蘇聯沒有全面戰爭的意圖」，但他們根本沒有確切的證據。反而是駐莫斯科武官提出的意見，認為「戰爭擴大的可能性絕非全無」或許才是正確的。為此，關東軍必須轉換成對滿洲全域的防衛作戰才行。

目光銳利的辻，對於看不見的陰暗面深感膽怯。

●東京・三宅坂上

三宅坂上的秀才參謀，對這種狀況又是怎麼看待的呢？

七月下旬陸軍中央關心的事項，橫跨了許多方面。姑且不論一般民眾，諾門罕戰況不怎麼有利的消息，已經在宮中和政界廣泛傳播開來。七月二十六日在軍事參議官會議上，也提出了關於此問題的質問。板垣陸相、中島次長不得不苦著臉，對此進行說明。

「……原本應該讓獲得裁可的《處理要綱》，以命令形式加以執行才對，但因為顧及關東軍司令官的面子，所以才勉強讓他們帶回去，研究之後再行報告……」

他們又說：「……總而言之直到冬天，或許只會有反覆不斷的小戰而已，但是將珍貴的人員器材消耗在區區一塊彈丸之地上，實在是抱歉至極……」

接著還說：「……陸軍中央希望獲得轉移到外交交涉的契機，因此若是一度擊退對方，我們就有腹案可循，但現在相當困難……這是必須付出重大努力的關鍵問題。」

另一方面，關於天津問題的發展也是當然議題。

「……英國現在正處於不得不專心致志於歐洲問題的狀況。故此，他們在亞洲，應該會跟我國達成某種妥協才對。也正因此，我們認為接下來應該會朝著有利的方向進展。」

簡單說，陸相和次長的發言，就代表了屢屢召開會議決定的陸軍中央整體意向，同時也是堪稱國策推進樞紐的參謀本部作戰課方針。

作戰課的成員是這樣想的。

若要貫徹真正的領導統御，那就必須透過人事更迭來解決領導統御的混亂。雖然對關東軍司令官的問責，在六月的越境轟炸時就已經隨著天皇的發言而成為既定方針，但是因為考慮關東軍的面子，所以一直拖延了下來。這可以說是種親切關懷之心，但是關東軍那些熱血衝頭的傢伙們，完全不打算理解這點。

這次的《處理要綱》也是一樣，本來應該用命令來貫徹的，卻採取交給他們研究的方式，也有讓他們腦袋稍微冷卻一下的意思。剛好這時，陸軍中央正在研究新設「支那總軍」的方案，預定要趁這機會，實施高層的大異動，因此可以透過巧妙的手法，針對以軍司令官為首的人事更迭進行檢討。這也是出於對關東軍面子的考量而做出的貼心安排。

關於天津問題的交涉雖然路途多艱，但有田外相與英國駐日大使克雷基（Sir Robert Craigie）的正式交涉總算在七月十七日正式開始，並在二十二日達成協議，採取尊重日本立場的一般原則。雖然仍有包括租界內抗日共產分子的取締，以及禁止法幣流通等諸多問題需要解決，但以英方做出相當讓步的現狀來看，前途相當光明。到八月中旬，應該就可望塵埃落定。

以上是參謀本部作戰課對今後的展望。總之，要透過人事異動來讓戰局獲得收斂。就這樣，在板垣與中島在軍事參議官會議上作答的二十六日當下，在持續關注諾門罕情勢的同時，能讓三宅坂上秀才的眉間特別籠罩陰影的事件，眼下並不存在。然而，大意是要不得的禁忌。

第二天（二十七日），強迫英國做出大幅讓步的報應就降臨，那就是美國開始採取行動了。美國政府表明，要廢除《日美通商航海條約》；三宅坂上大受震撼。條約已經不能再延長了。

國務卿赫爾明白指出：

「既然日本恣意損害美國在中國的權益，那美國又有什麼必要維持通商條約呢？日本的發言人不停叫嚷著『東亞新秩序』、『西太平洋的支配權』、『英國降伏於日本』、還有日本獲得『徹底的外交勝利』云云。現在，正是美國對亞洲問題再度表態的時機。我們的行動將激勵中、英等國，並讓日、德、義感到失望。」

美國透過破棄條約的行動，讓日本人清楚知道「美國是不會被嚇倒的」。這個震撼大到非比尋常。半年後，美國會更進一步採取怎樣的政策呢？結果，日本實施戰爭的能力與國民的生活全都陷入不安。美國這一撞，可說撞出了攸關政略與戰略的根本大問題。

事態如此變化，讓秀才們不得不仔細衡量：對於已成懸案的諾門罕事件，究竟應該轉移到某種外交交涉的場合來解決，還是該從現在開始，正面且認真地加以應對呢？為此，參謀本部必須派人過去仔細視察，看看現狀如何，第一線將士的士氣又是如何。這份報告的重點是，要不要不等《處理要綱》中的「進入冬季」，就對關東軍下命令，要他們「立刻撤兵」？畢竟首先撤兵，是解決紛爭的最快捷徑。

令人不快的是，自磯谷二十二日離開東京以來，關東軍幾乎沒有就戰局的推移做出任何報告。因為情緒上的芥蒂導致攸關領導的問題懸而未決，這樣的現狀非得改變不可。然而，儘管他們的冥頑不靈已經到了忍耐極限，必須快刀斬亂麻的地步，但在各種事情上，對關東軍的斷然處置卻日復一日地拖延。這個責任不是別人，而是三宅坂上的諸位秀才自己該負。自己因為無用的掛慮而導致優柔寡斷的罪過，再次啃噬著他們的心靈。

不管怎樣，為了和關東軍聯絡並前往諾門罕方面視察戰場，作戰課的兩名參謀——航空主任谷川一男中佐和對蘇主任島村矩康少佐，火速被選拔出來、前後腳搭上了飛機。谷川在二十九日抵達、三十日進行戰場視察、三十一日離開滿洲；島村則在三十日抵達、八月一至二日戰場視察，三日離開滿洲。他們各自的日程，都被記錄了下來。

●哈拉哈河東岸．戰場

七月三十日（七三三巴爾西高地）

出動以來已經一個半月。暑熱的七月已接近尾聲，戰場卻益發擴大。終於要進入持久戰了嗎？

聽聞八月的腳步聲，蒙古高原早早邁入了秋天。黎明時分，氣溫據說會下降到零下幾度。已經要開始預備過冬了；過冬的準備非得留心才行。各種材料和道具都在海拉爾採辦好，然後裝上貨車一起運來。

這是前述引用的成澤利八郎一等兵，與他同屬一個聯隊的田中誠一上等兵日記的一節。

戰場隨著冬季的腳步逼近，模樣產生了急遽的變化。草原的綠意轉瞬間變成褐色，日光也變成溫和地傾瀉而下。日復一日，荒涼的景象不斷蔓延。將士在不知置身何處的草原上，感受到的只有隨著冷風吹來的屍臭味。

七月三十日　日　晴，天氣酷熱

五點起床，接受安藤少尉訓話。按照師團長閣下對步兵的訓示：「我們打算在三個月的戰鬥中殲滅敵軍，所以要在哈拉哈河右岸構築工事，且戰且築，以守護總攻擊占領的戰線」，我們似乎會在這裡停留很長一段時間。（略）

這是野戰重砲兵第一聯隊，長野哲三一等兵日記中的一小部分；這支部隊布陣在七五五高地。

正如這裡寫的「師團長訓示」，小松原基於關東軍命令，於二十五日下達為持續守勢，進行工事準備的命令。陣地是沿著總攻擊占領的戰線，且守且築，簡單說就是連結七三三高地（巴爾西高地）與七四二高地（諾羅高地）這一線。另一方面，在七三三高地更北邊的七二一高地（飛伊高地）附近，以及諾羅高地東南方仍在激戰中，敵我戰線尚不確定，但在這裡也要設下防線。

不管怎麼說，這條連結陣地據點的線，都在小松台地敵軍重砲的火力壓制下。他們難道不明白在那砲兵陣地的猛烈射擊下，要守住戰線相當困難嗎？乾脆把兵力撤到和小松台地等高的諾門罕附近……只能留下這樣的憾恨。雖然知道歷史沒有「假使」，但要是這樣做的話，或許戰鬥就會結束也說不定吧！

時序接近八月，就在還不知等著自己的是何種命運的情況下，士兵在敵軍的砲擊下，貪圖著一時的平穩。

在諾羅高地附近布陣的七十一聯隊，有光三郎上等兵留下了這樣的日記。

七月三十日

天氣晴朗，從第一線陣地退下令人安樂。上午與田中上等兵共寢，沒有什麼特別的任務。只是令人在意的，還是敵軍砲兵不間斷射來的砲彈，實在讓人心驚膽戰。午後，友軍飛機為了壓制敵砲兵，不間斷地飛來投下炸彈；今日的空襲是我頭一遭見到的猛烈轟炸，令人感覺精神百倍。閱讀二十四日的大朝（大阪朝日）與滿日（滿洲日日），對棒球與夏季休假的事浮想連翩，也想起往日在銀座散步時喝的大杯啤酒。月光明亮地灑落下來，好一個寧靜的午夜十二點。

●新京．作戰課

同樣是七月三十日，在新京關東軍作戰課的辦公室內，辻發出雷霆般的怒吼。

「你們是打算做什麼啊！屢屢從大本營發來電報，到底是幹什麼啊！你們腦袋裡面，到底在想什麼東西，又把關東軍當成什麼了啊！完全不了解我們的意圖，只會一直做傻事而已！今後不要再做多餘的事情了！特別是直到最近為止，一直唯唯諾諾遵奉關東軍的你們，現在居然發出這種無理的電報，到底是在幹什麼！」

被他用瓦釜雷鳴般吼聲咆哮的，是這天剛到達新京的參謀本部參謀島村少佐。辻和島村在陸士與陸大都是同期，同時也是一起研究對蘇作戰、肝膽相照的好友，但此刻辻卻越過了這份情誼，把對參謀本部累積的鬱悶、憤懣與怒氣，全都透過這大聲的怒吼給宣洩出來。

這讓人不禁想起之後在揭開太平洋戰爭序幕的新加坡攻略戰中，將辻當成參謀驅使的山下奉文大將在日記中的記述。山下在昭和十七年（一九四二）一月三日這樣寫道：

辻中佐在第一戰後回來，向我陳述他的見解，說了許許多多的話。這個人果然是個自以為是、有些小聰明的人，也就是所謂的「斗筲之輩」，是不足以扛起國家大任的小人，在使用上必須留心。

擁有常理所無法理解的那種意志力的辻，在必須冷靜的時候，卻暴怒似地狂吠。他滔滔不絕地表現自己的憤懣。在陸大，擅長雄辯，與懷疑、羞恥全然無緣的人，往往能夠受到那種鼓吹「意志堅定」的教育所賞識；他們認為，不知羞恥、全然認為自己是正確的人，才是優秀的。這天的辻毫無疑問，就認為自己是唯一正義的武人吧！

服部也和他們兩人同席。在《機密作戰日誌》中，他以心情暢快的筆觸這樣寫道：

「（辻的）叱吒怒吼追問甚急，島村少佐無能回應。」

接著他們轉移到作戰室，繼續和島村商議。島村特別拜託他們應與中央保持密切聯繫，但服部這樣回應：

「大本營和關東軍的關係弄到像今天這麼擰，絕非閣下一句話就能立刻改變態度的。簡單說，要是兩者的陣容不換一換，關係是不可能改善的啦！」

完全展現出一副唯我獨尊、下剋上，氣燄高張的本色。他們到底把軍隊的領導統御放到哪裡去了啊！仔細想想，軍隊下層的士卒——比方說成澤一等兵、長野一等兵或是有光上等兵，全都是在這種被視作「優秀」的狂吼之人底下被驅使、被投入戰鬥，然後或死或傷。這些人能夠出人頭地，全都是立足在這樣的犧牲之上。秀才參謀對紙上的作戰計畫，完全沒有浮現過懷疑的念頭。說到底，兵卒是「一錢五厘」就可以輕易補充的存在。也正因如此，辻才會這樣安心大吼吧！

註釋

（註二〇）在稻垣武先生的論述中，參謀本部第二部第五課（俄羅斯課）山岡道武大佐，在事件後的十四年（一九三九）十月十日會議上的發言，相當值得注目。

「綜觀這次戰鬥的整體，在蘇軍的戰法中，並沒有發現任何超乎既有操典等軍事文獻所倡導，或是比我軍海外派遣人員潛入蘇軍傳來的報告更新的內容。比方說這次他們所使用的鋼琴線鐵絲網，就是過去早有記錄，絕非突發奇想的事物。」

這句話一語道盡了作戰體系下的參謀有多無視情報、又有多不用功。鋼琴線鐵絲網，根本不是新武器啊！

（註二一）當時的戰車，一噸大概要價一萬日圓。以當時十噸戰車居多的情況來說，就是一台大概要十萬日圓。戰車的履帶被一發砲彈命中，就會當場動彈不得，而砲彈一發只要十五日圓。十五日圓的砲彈和十萬日圓的戰車哪個重要，這項討論在當時頻頻被提起。貧窮的日本陸軍之所以沒能斷然建設裝甲部隊，這也是理由之一。

（註二二）住在和歌山縣海南市的杉谷隆生先生，曾經給我寫了一封私函。杉谷先生是長谷部支隊（第八國境守備隊）第一大隊長杉谷良夫中佐的兒子，當時他以中學生的身分從日本移居到海拉爾。他將當時的回想交給我，其中也包含了相當珍貴的證言。當中有一段是這樣寫的：

「某一天，我前往海拉爾中央大街廣場，觀看戰利品的展示場，那時的景象在我腦海裡留下了相當強烈的印象。當時的中學生在學校也要接受軍事訓練。身為軍人子弟，我對兵器勉勉強強也算得上有認識，也曾親手觸摸過那些東西，但是眼前的東西實在太狂野、也太龐大了。蘇聯戰車（我想應該是叫做ＢＴ吧）的砲身又粗又長，厚重的鐵板有鉚釘焊接的痕跡，從沒看過的柴油引擎，讓人有種被壓到喘不過氣的感覺。日本那種精雕細琢、短砲身的可愛戰車根本不是對手，這點就連小孩子也看得出來。然後是像噴泉一樣、把子彈不斷撒出去的自動步槍（據說叫做曼陀鈴[9]），一想到這種槍和槍機裡只能塞五發子彈的三八式、九九式步槍的優劣，我就忍不住想說：『父親真能獲得勝利嗎？真能活著回來嗎？』」

（註二三）七月三日午後，在安然撤退後的戰場上，辻參謀和須見聯隊長間，發生了一起讓兩人終生不能和解的糾紛。辻在戰後的手記中將這件事發表出來；在這段文章中，他極力責備須見。

「當危急消息傳來的時候，聯隊長卻露出若無其事的表情喝著啤酒。這就是陸大出身的秀才嗎？我終於忘了階級、也忘了立場。／『為什麼不高舉軍旗，全力救出安達大隊？作為軍官團之長，難道你要見死不救嗎？』」

再更前面一點的段落中，他還這樣寫道：

「軍旗已經後退到將軍廟了。明明是跟聯隊生死與共，作為三千將士之魂被授予的軍旗，卻一看情況不對，就後退到數里後方的將軍廟，這到底是在幹什麼！」

就像這樣，辻主張：「因為聯隊長的關係，戰鬥才沒辦法照著計畫順利進行」，這可說是他一貫轉嫁責任的典型說法。畢竟，這兩件事全都是嚴重的謬誤。首先，須見喝的不是啤酒；裝在啤酒瓶裡的，是值班士兵裝來的哈拉哈河水。至於「軍旗已經後退到將軍廟」，也是毫無根據的指控。事實上，第二十六聯隊的軍旗，總是跟著部隊一起行動。在他們的「戰鬥詳報」中就寫著：

「為了收容安達大隊而展開夜襲，以第十中隊為軍旗中隊，留守在現有陣地。」

因此可以說，須見的處理方式是正確的。作為天皇軍隊的象徵、即使全滅也**絕不允許**落入敵人手中的軍旗，在執行勝敗未卜的夜襲時，當然不能帶著隨行，這是合乎戰理的做法。

可是，這次的誤認卻成了停戰後須見被即刻解任、編入預備役的一大理由，這也是事實。辻直到昭和二十年（一九四五）敗戰後，才得知事情的真相；儘管如此，他卻沒有做出任何道歉或修正的舉動。須見和辻的鬥爭，直到辻在寮國行蹤不明為止都一直持續著。在這之後，須見也一邊陳訴著自己的清白，一邊背負著這段沉痛的歷史而活著。須見直到過世為止，都不停痛罵辻是「可惡的傢伙，根本不是人」。

（註二四）須見第二十六聯隊所屬的第七師團師團長園部和一郎中將，曾經派遣一名幕僚特地帶了一封七月十日寫成的親筆書信，給撤退到飛伊高地附近布陣的須見。在這封信裡，園部以極其冷靜的筆觸，批判了關東軍參謀渡過哈拉哈河進行作戰的企圖；由此可見，日軍其實還是有具備常識的將軍。

「……我認為渡過哈拉哈河，是非常無謀的舉動。

第一，上司對這場作戰的態度，讓我深感他們毫無計畫，只是看一步走一步；

第二，敵方離基地近而我方遠，敵方準備完全，而我方卻是一派胡鬧；

第三，敵方裝備精良，我方卻是幾近於全然赤裸；

第四，在作戰地緣關係上，諾門罕的敵人已然成為大敵。

簡單說，在既不知敵也不知彼、輕侮絕不可輕侮的敵人情況下，如果明知這種必敗的條件，卻還要渡河侵入敵地，在我想來，會導致相當嚴重的後果……」

同樣是師團長，小松原卻……指揮官的能耐如何，竟有如此天壤之別的差異。

（註二五）「值此痛懲積極展開援蔣政策、妨礙我等聖戰目的之反英運動，如燎原野火般於全國燃起之際，十二日午後六時於帝都日比谷公會堂，公然召開了由對支同志會主辦的『英國痛懲市民大會』。（中略）約四千名熱心聽眾把會場擠得水洩不通，大家忘了酷暑，只有反英的意氣沸沸揚揚，充分呈現出國民感動、緊張與激昂交織的情

9 譯註：中文俗稱為「波波沙」。

緒。」

緊接著名人陸續登台疾呼，「日本的敵人不是支那，而是英國；吾等國民絕不能被狡猾的大英國所乘，必須激勵當局，共同密切關注日英會談。」最後「聽眾在狂熱之中三唱萬歲，於九點左右散會……」

這是七月十三日《東京朝日新聞》的報導，由此可以充分想見當時國民的狂熱。

（註二六）比方說在《木戶幸一相關文件》（木戸幸一関係文書，東京大學出版會）中，就有一段令人深感玩味的記載。在這起「暗殺親英派高官陰謀事件」中，「平素便企圖改革國家」的清水清二，與兩名同志謀議，要暗殺內大臣湯淺倉平、海軍次官山本五十六、前藏相池田成彬等人。他們準備了手槍與炸藥，準備暗殺要人；正在窺探時機的時候，被警視廳所察知，先是兩名共犯在七月六日，接著清水也在十五日落網。在沒有脅迫的情況下，他們自白說：「事實上每天我們都埋伏在要人外出的路徑上，找尋下手的機會。」

（註二七）《步兵操典》的綱領這樣寫道：

「必勝的信念主要是以軍隊的光輝歷史為根源，應以周全的訓練培養之，再以卓越的指揮統帥充實之。」

在制定師團以下戰鬥方針的《作戰要務令》中，除了明記「軍隊的主要任務就是戰鬥」以外，也強調立基於必勝信念上、短期決戰的重要。

「而戰鬥的一般目的，就是要壓倒殲滅敵人，在戰鬥中迅速地告捷。」

這句「必勝的信念」被清楚記載在日本陸軍典範令中，是從昭和三、四年（一九二七、一九二八）開始。昭和三年修正、如前所述的《步兵操典》，以及四年發布的《戰鬥綱要》，都寫上了這句話。這樣的「信念」，完全是從無形的精神要素出發，簡單說就是為了彌補物力的不足，所以特別強調的事物。

（註二八）七月十五日，日英會談終於展開之際，日本各大報社聯名，發表了一篇強硬的共同宣言。

「英國自支那事變爆發以來，一味曲解帝國的公正意圖，並策動援蔣，直至今日仍未曾改正，從而導致眾多不祥事件之發生，我等深感遺憾。我等抱持堅定信念，認為在聖戰目的達成之路上施加的一切妨礙，都應該予以斷然痛懲。時值此次東京會談召開之際，期望英國能夠改正對東京之認識，正視新事態，虛心坦懷，依循現實狀況協助新秩序建設，從而獲致世界和平。以上為我等之宣言。

報知新聞社　東京日日新聞社　東京朝日新聞社　同盟通信社　中外商業新報社　大阪每日新聞社　大阪朝日新聞社　讀賣新聞社　國民新聞社　都新聞社」

報章媒體對凝聚強硬對英態度的作用，由此可清楚得見。

（註二九）這時候野戰重砲兵第一聯隊第一大隊第一中隊，是由東久邇宮盛厚王[10]擔任中隊長。七月十八日，中尉和部隊一起到達戰場，可是在九天後的二十七日，便早早搭乘飛機回到了海拉爾。之所以如此，是因為二十四日時，隨行的宮內省屬官在空襲中戰死，中尉的隨侍武官貫名人見中佐，於是強烈向聯隊長表示，認為應該讓殿下脫離戰場，而聯隊長以上也都予以同意。「參謀長，無論如何都不能因為宮殿下亂了軍隊的統御啊！」雖然寺田參謀如此強烈反對，但他的意見並沒有被採用。於是不等八月預定的異動，皇族中隊長飛過來，看到作戰不成功，就又迅速飛回去了。

（註三〇）順道一提，各砲一門的基數是這樣的：野砲（山砲）一百發、一二〇公厘榴彈砲六十發、一五〇公厘榴彈砲五十發、一〇〇公厘加農砲三十發、一五〇公厘加農砲三十發。看了這數量，據說日本步兵慨嘆道：「這邊射一發，對面就射十發回來，實在很想拜託他們別再射了。」看樣子並非全然空穴來風。

10 譯註：昭和天皇的女婿、明治天皇的孫子。

第六章

八月

●哈拉哈河東岸・戰場

按照七月二十四日的關東軍命令，最前線的將士全力投入守勢持久的築城工事當中。決定下來的防禦陣地，是位在哈拉哈河東方五到六公里橫向連結的一線，完全處在小松台地的敵軍重砲群火力壓制當中。他們不只處在源源不絕的砲擊下，還要面對頑強且不斷增加、從各方面上來的敵軍攻擊。光是應戰就已經應接不暇，更不要說順利構築陣地了。

特別是蘇蒙軍於八月一、二日與七、八日，兩度展開激烈攻擊。日軍對於這是否就是「預料中的八月攻勢」半信半疑，但還是以劣勢兵力好好維持住戰線，並展開應戰。

除了蘇蒙軍外，讓將士大感苦惱的還有另一個敵人，那就是被稱為「諾門罕蚊」的蚊子攻擊。這種蚊子和日本的蚊子大不相同，既大又強悍，一旦叮上皮膚，就算用手指想把牠攆開，也很難輕易將牠攆走，相當兇猛。牠連牛羊的厚皮都能刺穿吸血，夏季的軍服自然更容易被牠刺穿。這些生長在寂靜大草原上的蚊子像是沒嘗過人的鮮血般，每到傍晚就會成群結隊、連綿不絕襲擊而來。

在朱可夫的《回憶錄》中，曾經寫到一名淪為俘虜、忠誠的日本兵的故事。朱可夫看到這個俘虜的臉部鼻青臉腫、無比猙獰，於是質問部下說：「你們有誰揍了他嗎？」結果日本兵說：他為了監視外蒙軍的行動，從深夜到早上一直潛藏在草叢中；因為中隊長命令他不許動，所以他一動也不動。不幸的是，日軍並沒有提供防蚊網給他，結果——

「即使遭到大量蚊子的襲擊，他還是乖乖地待到早上，為了不讓敵方察覺自己的行動，而一動也不動。」

朱可夫帶著感嘆的語氣，寫下這段記載。

士兵們留下的日記裡，也屢屢可以看見大群蚊子的登場：

「因為有蚊子所以睡不好，我們在敵方包圍下，直到破曉都在挖掘交通壕；乾麵包感覺起來相當美味。」（有光上等兵．步兵七十一聯隊）

「夜晚也要進行夜間部署，無法入眠。肚子冷冷的，該死的蚊子還毫不留情地襲擊而來。我覺得全身發抖，大概是寒冷的緣故吧！」（大高豐治上等兵．步兵二十六聯隊）

當士兵要排便的時候，必須帶著鏟子離開壕溝，讓戰友用艾草燻煙，直到煙把屁股一帶都薰成黑藍色，才能挖掘洞穴、好好完事。不這樣做的話，屁股會馬上被一大群蚊子纏上啃咬、變成一片漆黑；用手一撢，就是一大堆蚊子劈哩啪啦掉下來。

築城工事中最活躍的，就是以下這種鏟子了。日本陸軍的鏟子上有兩個小洞，正好是兩眼的間隔，可以用來監視前方。士兵用這種鏟子，築起了像樣的散兵壕；這些壕溝包括了步兵陣地、橫穴式掩壕與交通壕。有光上等兵日記中也曾提到的交通壕，是連結壕與壕之間，在運送彈藥、糧食與水，以及負傷救治時可以派上用場。在傳達命令時，交通壕也很有用，但最重要的是，它可以消除士兵的孤立感，成為他們心理上的連結。

步兵第八聯隊的護旗官（少尉）、於八月末趕赴諾門罕戰場的長嶺秀雄先生，他的著作中有這樣一段令人興味深長的記述：

「諾門罕戰場上，最令人困擾的是馬的戰壕。日本的馬並沒有受過趴下的訓練，就連睡覺也都是站著；我們莫名地羨慕起有受過訓練、戰鬥時會趴下的蒙古馬。重兵器隊的士兵，為了挖出愛馬就算站著也能安全無虞的壕溝，幾乎是不眠不休在挖掘著。」

兵士們就是委身於這樣的壕溝當中。

不斷進攻而來的蚊子、頻繁掃射而來的機槍、源源不絕射擊的大砲；白天炎熱不已，夜晚降到零度以下，水依然相當匱乏。在這種環境下建造防禦陣地的士兵，其苦鬥可想而知。

在這種排除萬難按照命令，為了持久守勢與冬季準備而建造的應急陣地中，建設起來的就是立射散兵壕。

守備第一線的安排如下：在胡魯斯台河南方的諾羅高地，步兵七十一聯隊的一部因為長野大佐負傷後退，由東宗治中佐代替聯隊長指揮；再加上師團預備的一大隊（指揮官梶川富次少佐）、以及作為主力的第八國境守備隊（指揮官長谷部理叡大佐），固守陣地（註三一）。渡過胡魯斯台河，位處戰線中央的巴爾其嘎爾高地由山縣部隊（步六十四聯隊）、北側的七五二高地到七三九高地，則由須見部隊（步二十六聯隊）主力分散布陣。北部的飛伊高地以井置搜索隊為中心，從須見部隊抽出步兵和速射砲各一中隊補強，以期守備萬全。除此之外，酒井部隊（步七十二聯隊）則布陣在師團司令部的位置，作為支援預備隊待命。

若是照這樣寫，按理說應該勉強可以確立防線，但實際上為了構築相隔遙遠的各陣地，理應必須要有相當數量的卡車，然而卡車的數量卻遠遠不足。只憑不到一百輛的汽車，要按期待補給資材、彈藥和器材，還要補給廣大展開的陣地，根本不可能。因此，陣地甚至連鐵絲網也沒鋪設，而立射散兵壕的各處要設置掩體，也只能在某種程度上予以放棄。

不只如此，冬天馬上就要到來。一旦進入持久戰，就非得做好在酷寒零下五十度的沙漠中越冬的準備不可。然而，關東軍卻依然為了一度占領的面子，認真考慮讓小松原師團在呼倫貝爾草原上死守過冬。

擔任師團參謀長的岡本德三大佐與須見聯隊長，曾經有過這樣一段對話。因為是陸士同期、彼此不拘小節，所以對話的內容相當坦率。

「喂，須見兄，敵人的總攻擊可以想見一定會到來，那麼你認為攻擊重點會在右翼，還是左翼呢？」

「嗯，岡本兄，我從一開始就在觀察敵軍的手段，但敵人的戰法相當堅實，不只在兵力使用上綽綽有餘，彈藥也毫不客氣地在使用；這跟我們那種吝惜兵力、吝惜彈藥、小家子氣做事、遮遮掩掩的戰術是截然不同的。他們不會像我們一直以來所想的放掉其中一邊、只將僅有的兵力集中在一個重點上。這次他們的攻擊，會使用充分的兵力，展開兩翼包圍。」

「嗯，是這樣啊……」

岡本雖然顯得遲疑不決，但就算他認同須見的意見正確，這位新參謀長面對這麼大兵力的總攻擊，該怎麼處置恐怕也是一籌莫展吧！

他們所處的位置是三十公里的廣大作戰正面，而且是從左右兩翼迂迴進行包圍作戰都相當方便的大草原；在這裡，他們必須以既沒有戰車也沒有汽車，大約一個師團多一點的兵力，在這麼大的弧形中展開並堅守。而他們所擁有的，只有用些許木材補強、挖掘地穴組成的陣地。不只如此，他們也沒有縱深的第二、第三道防線;從一般戰理來說,這完全是不合理的布局。

關東軍作戰課的人員,其實不只把目光投向諾門罕方面的小松原師團。根據不斷傳入的各種情報判斷,蘇軍毫無疑問將會在八月中旬展開大攻勢,而他們也有可能下定決心,斷然轉為全面性戰爭。在這種情況下,滿洲全境的東、北、西三方面,都有可能遭受猛攻;故此為了防衛與應對,必須擬定全盤的作戰計畫。不管服部還是辻,都不禁為此臉色大變。

軍司令官植田表示:「在敵軍可能以優勢兵力朝諾門罕方面發動攻擊的狀況下,現在的兵力是否無法滿足需求呢?是否有必要趁現在,增派第七師團過去呢?至少讓第七師團前進到海拉爾附近,不知是否必要呢?」對於他的意見,參謀長和副長都表示同意,但是服部和辻依然大表反對。

「第七師團是全關東軍的戰略預備隊,按照計畫應該要防備東部正面,因此不應輕易動用這個師團。」

他們的思緒已經切換到與蘇聯發生全面戰爭的狀態了。和飽受東京牽制,無法隨心所欲的諾門罕方面戰鬥不同,若是能打一場驅使所有兵力、堂堂皇皇的大作戰……或許正是這樣的夢想,在驅策著他們也說不定吧!

結果,因為軍司令官的這一席話,他們還是從第七師團裡抽出步兵兩大隊、砲兵一大隊的骨幹部隊,讓這支部隊推進到海拉爾,同時也對第二十三師團補充了損耗兵力。不只如此,他們也從全滿洲國各部隊中,搜集了一些戰防砲送往戰場。關東軍針對諾門罕方面預期的攻勢,僅僅做了這樣的準備。

就這樣,戰場邁入了八月——

終於來到八月了。北滿已是初秋。今日被允許和內地通信。儘管為了防諜有各式各樣的制約，總之能夠寄信，真是比什麼都高興，也是無可取代的。部隊名稱為「滿洲國興安北省諾門罕野戰郵局轉交……」；能這樣寫信，已經很不錯了。

這是野戰重砲兵第一聯隊榊原重男軍曹陣中日記的一節。

從這裡可以察覺到，戰場此時正處於些許的小康狀態之中。在這戰鬥與戰鬥間造訪的些許和平間，不管敵方我方，都在準備下一次決戰，因此也可說是一段調整戰力的時期。和平，是不可能永遠像這樣持續下去的。

●莫斯科・克里姆林宮

在歐洲，即使時序邁入八月，情況似乎也沒有任何改變。八月一日起，在莫斯科舉辦了大農業博覽會，堪稱人山人海。

人們完全不知在遙遠東方的諾門罕附近，蘇軍正以日軍為敵展開戰鬥，且出現了眾多死傷者，只是在這幾天中，盡情享受節慶的熱鬧與歡愉。在開幕儀式上，沒有看見史達林的身影，取而代之的是在會場入口處，與列寧像並排安置的巨大史達林像。

《真理報》的社論如此高聲謳歌：

這次的博覽會，正是我們為社會主義輝煌勝利獻上的賀禮。這是集體農場創立十週年的紀念，也是對其成果的報告。

然而這時，幕後的狀況卻開始急轉直下。在將近一個月間保持寂靜、什麼事也不做的莫斯科，他們這種沉默的架勢，終於讓希特勒開始不耐煩了。就在倫敦、巴黎、華盛頓，全都想像不到這頭猛虎會俯首的時候，希特勒的態度有了徹底的改變。他再次乞求史達林的友情，並向里賓特洛甫外長下達指示，要他向莫洛托夫通告，「準備改善德蘇關係」。希特勒儘管在內心感到屈辱，但因為事屬必要，所以也不得不死心斷念。

另一方面，里賓特洛甫則因為「這樣一來元首就可以去除來自東方的威脅」，所以認為這是一件必要的好事。外長覺得若是能在他的努力之下，促成希特勒與史達林的握手合作，那將會是世紀性的外交成果，因此一下子變得積極起來。

德國駐莫斯科大使在八月三日，火速將里賓特洛甫傳來的訊息傳達給莫洛托夫。里賓特洛甫的告知是，「在從波羅的海到黑海的所有領域間，蘇聯與德意志不存在任何解決不了的問題。」意思就是蘇聯政府如果有心的話，所有問題都可以解決。為此，迄今為止德國與其他國家締結的反共產國際協定都會撤回，而希特勒也明確約定，會「尊重蘇聯在波蘭與波羅的海各國內的權益」。

史達林聽到這個消息，高興得幾乎要拍手跳起來。歷經政治上的來回拉鋸，以及多方面的精神角力，希特勒終於在剛才俯首認輸，這讓他大感滿足。史達林在正面向英法敞開大門，卻在後面悄悄與德國進行聯繫；這樣的兩面作戰，在外交上漂亮地如願以償，讓他不禁感到相當得意。

八月四日，《真理報》再次大幅報導從倫敦傳來的消息指出，英法兩國終於同意派遣軍事使節團前往莫斯科。在英國下議院，在野黨的艾登議員（Anthony Eden）主張，「由於德國的侵略勢不可擋，因此盡早組成英法蘇的和平戰線乃是當務之急。」這樣的論調也被《真理報》刊載出來；這一切，都是為了讓希特勒讀到而做的舉動。

希特勒的求愛，不只熱情、溫柔、而且執拗。

但是，莫洛托夫卻以「德國還沒有拿出任何確實洗心革面的證據，不是嗎？」為由，對德國大使裝腔作勢地搖頭拒絕。不只如此，他還揶揄說：「如此一來，德國不就會犯下侵略波蘭的過錯了嗎？」里賓特洛甫收到這份報告，大感焦躁，於是又從德國外交部下達指令，正式提出與史達林見面的請求，但莫托洛夫對這個請求，又是四兩撥千斤地婉拒了。

史達林一邊逗弄著猛虎，一邊開始爭取時間。在這種情況下，不久後將抵達莫斯科的英法使節團，就是與希特勒締約萬一失敗時的保險。另一方面，只要與英法的交涉持續磨磨蹭蹭，就能在德蘇同盟締結之際，強迫希特勒付出最大的代價。不能不說，史達林的計算實在相當高竿。

希特勒當然不能原諒史達林的狡詐，但因為「這是必要的」，所以也不得不向史達林大拋媚眼。

於是，就像多伊徹所言，史達林現在是站在「被那個令歐洲為之震顫的男人（希特勒）求愛的立場上」。

●東京・三宅坂上

這時候感到焦躁不安的，不只是希特勒而已；參謀本部也在盛夏灼熱的陽光下，陷入異常的緊張情緒之中。諾門罕方面的戰況，不等派遣的谷川、島村兩位參謀回報，就已經讓他們夠憂鬱了。讓這種焦慮更加劇烈的，是「美國廢棄《日美通商航海條約》」這根巨棒，正在這群秀才參謀的頭上不停揮舞。

雖然之前英國大使克雷基，就曾對有田外相說出毛骨悚然的話：「儘管英國屈服於日本，但美國會做出什麼舉動，你們可要小心了。」但當時眾人只是想說「怎麼可能」，對此置若罔聞。也正因此，當此事真正發生時，引起的衝擊就更大。

不只如此，日本國內的輿論也日益強硬。美國有多傲慢、多不顧友誼、又多沒有道義可言，這樣的論調成天充斥在報章雜誌上。三宅坂上的參謀雖然盡可能別開眼不看這些報導，但美國現在已然成為敵國，聳立在日本帝國的眼前。

在天津問題方面，雖然日英會談順利啟動了，但在將中國政府保管在天津、價值四千八百萬美元的白銀交給日本這件事上，英國的態度卻急遽變得強硬，導致這方面的交涉變得寸步難行。這不能不說是美國苛酷的對日態度反映到了英國身上。克雷基大使甚至以「必須等待本國政府訓令」為由，開口要求會議一路休會到八月初。

這些壓在頭頂的難解問題，不管哪一項都找不出輕鬆的解決之道。在這種狀況下，對症下藥的良方只有一個，那就是締結一直懸而未結的日德義三國同盟。要多少牽制莫斯科、倫敦與華盛頓，對他們施壓，除此之外再無他者。三宅坂上的眾人，再次確信了這點。既然如此，那就不能只把一切交託給陸相，而是必須以全陸軍的整體意志，往締結三國同盟邁進。他們低估了宮中的抵抗，把一切希望寄託在輿論的後盾上。

八月一日，陸軍中央的主要負責人召開了重大會議，決定「陸軍要團結一致，立於輿論之外，進一步負起全責，在斷然的決意下，謀求（日德義三國同盟以下的）各項政策之施行」。

基於這個決定，八月三日，就在史達林於莫斯科大喜過望的同時，陸軍的三位「大頭」——板垣陸相、閑院宮參謀總長、西尾壽造教育總監，齊集於三宅坂上。三人沒做什麼多餘的討論，就一致決定了陸軍今後的進路；那就是在五相會議中，催促其他人斷然認可陸軍的新提案——按照德方的要求行事。視情況，還要打出陸相辭職這張王牌——不，在亮出這張底牌前，就要給予足夠大的威脅，讓五相會議接納陸軍的提案。這是敵中突破的強行之策。

接受這項決議的板垣，背負起全陸軍的期望，下定決心，要逼迫內閣在「Yes或No」之間做個抉擇。

海軍的高木惣吉在八月三日，以諷刺的語調寫下這樣一段話：

「……陸軍的樋口、岩畔、有末等人口稱強硬論，有意以陸相更迭、視情況甚至斷然倒閣為手段，強行推動與德義的軍事同盟。……今天陸軍也召開了三長官會議，正在協商些什麼東西，但以陸相、總長、教育總監全都只是機械人的情況來看，要說做出持重的結論了，恐怕會讓強硬論開花結果吧！」

這真是看透一切之言。

●新京・作戰室

同樣在三日，前往諾門罕附近戰場視察的參謀本部島村參謀，回到了新京。之前跟他大吵一架的辻，為了準備對蘇全面戰爭而前往滿洲東部國境進行地形觀測了，因此作戰室中不見他的人影，前來迎接的只有服部而已。這時，服部確實發揮了官僚軍人的老練手腕。他反省了前些日子那種滿滿咆哮怒吼的態度，溫和地迎接了島村。他在《機密作戰日誌》中，留下這樣一段花俏的文字：

「為了不再製造多餘的齟齬並緩和氣氛，我集合了作戰相關的參謀，和少佐進行懇談聚餐。於是（島村）遂在寬心的氛圍下，於第二天返回東京。」

恐怕他是在新京最頂尖的料亭提供了非比尋常的應酬吧！辻不在這裡，或許是件幸運的事。

這天晚上，關東軍參謀一定紛紛向島村陳訴了自己的憾恨之情。七月二十九日凌晨，就在飛行第二十四戰隊準備出動之際，遭到了二十架蘇聯I-16戰鬥機的急襲，許多戰鬥機在地上遭到擊毀，以擊墜王身分享有盛名的中隊長可兒才次少佐也戰死。八月二日，將軍廟機場遭到約五十架I-16戰鬥機襲擊，為了迎擊，緊急起飛的飛行第十五戰隊長安部克己大佐戰死，許多飛機都蒙受損毀。

「安部大佐是寺田大佐的前任，原本是關東軍的高級參謀。他是個頭腦清晰、溫厚篤實，令人不由得珍惜的軍人，結果這樣的人卻戰死了……」

「航空戰力的劣勢，如今已經變成了相當嚴重的問題，原因出在哪裡呢？希望參謀本部能夠好好想想。」

毫無疑問，關東軍的參謀一定紛紛這樣陳訴。特別是航空主任三好參謀，想必會不斷緊逼島村，力陳「不允許對國境外敵基地進行航空攻擊，結果導致空中戰況倒向不利，對於這種狀況，必須要從根本加以改正」吧！服部所謂的「懇談聚餐」，其內容大概就是這樣一回事。

島村當時的心境，應該很像四面楚歌的項羽吧（唉，或許還是該全面認可關東軍提出的要求吧……）！因此，雖然還沒有做出定論，但他還是從新京發電報，給參謀本部的稻田課長。

「據我判斷，在航空戰力的保持上，已經到了為求自衛，不得不對外蒙領內的航空基地展開進攻的地步。如此一來，反而可以減少事態擴大的危機。」

這封電報完全不是這麼簡單解決的事情，而是攸關指揮權根本的問題。島村究竟是主動打這封電報，還是被迫打電報的呢？

●東京・三宅坂上

第二天（八月四日），參謀本部第一部決定在第二十三師團之上設立第六軍。作戰課長稻田在官方戰史中，冠冕堂皇地說明了這樣做的理由。

「因為第二十三師團長指揮的單位太過分歧，所以設立第六軍直接主導戰場的作戰，同時站在比關東軍更高階的位置，冷靜處理事件；特別是從盡速終結此事來考量，更是應當如此。」

但是，稻田本人在戰後的回憶手記中這樣老實寫道：

「讓關東軍參謀直接在第一線辦事，不知道會鬧出什麼亂子來，所以才要在海拉爾設立新的中間指揮機關，也就是第六軍司令部。」

簡單說，他們要把諾門罕戰爭的指揮從關東軍司令部轉移到第六軍司令部，和第一線軍隊進行緊密聯繫，從而貫徹參謀本部的作戰指導。這絕不是靈機一動，而是經過長時間研究與檢討後的決定。

新設的第六軍，軍司令官為荻洲立兵中將（17期）、參謀長為藤本鐵熊少將（26期），以下則羅列了眾多優秀參謀，從形式上看起來，確實是有軍層級的威嚴氣象。只是以荻洲為首，眾人幾乎都對關東軍、蘇軍，乃至滿洲的地形與氣候並不具備必要的預備知識。故此，我們不得不對參謀本部為什麼如此人事安排抱持疑問——他們是不是只想集結一群會聽中央話的幕僚呢？這令人不禁浮想連翩。

辻在手記裡，用極其冷漠的態度這樣寫道：

「以一個還不習慣戰場的新設軍司令部，來指揮這個困難的戰場，這實在是太可憐了。如果是誇示勝利的戰場，那還另當別論，但將這個破爛還漏雨連連的茅屋，原封不動轉讓給對方，從植田將軍以下，我們全體都感覺到無比的責任。」

話雖如此，但關東軍卻完全沒有做出有效的支援處置，比方說派遣幾名幕僚到第六軍之類的。自第六軍編成以後，關東軍「尊重他們的地位，小心不做出類似干涉的態度，只專注限定於聯絡的任務」，辻用聽起來相當愉悅的語調這樣寫著。正當敵人準備八月攻勢的情報頻頻傳來之際，關東軍卻擺出一副「接下來的事我們一概不知，完全放手不理」的態度。

接下來的事情是這樣演變的：第六軍在海拉爾編成後，便一直陷在事務性處理當中。直到八月十二日，終於在將軍廟設立了軍司令部、執行指揮，但仍然遠在戰場之外。軍司令官就別提了，連一個軍司令部幕僚都還不曾踏足戰場就迎來了蘇蒙軍的總攻擊。在東京與新京的冷眼相對、彼此齟齬之下，只有一個結論：在重大局面的戰場指揮上，第六軍其實是大權旁落的。

不只如此，三宅坂上的秀才們，還突如其來地做出了一個盡顯自己無能與不負責任的決定。自五月以來，參謀本部作戰課絕不允許對外蒙古領地進行越境侵略的空戰，即使面對關東軍的「謹呈」意見，他們還是頑強地不願退讓；但他們卻在八月七日，莫名爽快地認可了對外蒙古領內塔木速克的空襲。

「關東軍司令官為了『諾門罕』方面作戰，在不得已的情況下，可以動用其航空部隊，對『塔木速克』附近及其以東戰場附近的敵航空根據地進行攻擊。」

這是參謀總長向關東軍司令官傳達的大本營陸軍部命令（大陸令）。

從服部與辻的角度來看，這正說明了對谷川參謀與島村參謀不厭其煩、強力訴求的必要性。話雖如此，他們還是為了確信「這次該沒問題吧」，所以不像先前把話講得那麼直白。七月中旬，他們發出了一份用詞低調的意見具呈，並在參謀長前往東京的時候盡量說明狀況，進言應該擊滅敵航空基地。儘管這樣，三宅坂上秀才的態度卻極其冷淡；更正確說，是展現出一副讓人無所適從的冷淡吧？說到底，只憑兩名參謀兩、三天的視察，整個態度就驟然劇變、做出認可的回應，實在是不太可能的事，所以——

「參謀們連日都一起等待著有關進攻大命的傳達；假使直到今日為止具呈的意見都不被採納，那麼全體人員該如何進退、爾後又該如何使用航空力量？對於這些事情，我們全都做好了推車撞壁的考量。」

就像服部說的，關東軍作戰課的人員全都做好了悲壯的覺悟；結果就在這時候，下達了這份大陸令；對此，他們應該是大喜過望吧！

辻相當罕見地，用稍抑怒氣的語調寫道：

「我們以關東軍司令官的名義，具呈了好幾次意見，還派參謀長前往東京，盡可能當面說明道理，對方都沒有輕易採用；結果只靠兩個年輕參謀本部部員，僅僅一兩天戰場視察的結果，就讓陛下下達的命令產生了態度上的根本變更，這難道不是下剋上的極致嗎？結果，對關東軍司令官的信賴還不如一個少佐參謀，不是嗎？」

雖然辻對「下剋上」的解釋有點奇怪，但他所言確是有理。三宅坂上秀才的迅速變臉，實在讓人覺得完全不知道在幹什麼東西。

根據扇廣先生的著作，稻田作戰課長的反駁是這樣的：

「我們的認可是出於航空自衛上的不得已，其直接動機並不是出於谷川、島村兩位參謀的報告，而是七月二十日關東軍的意見，『不能坐視敵機的猖狂』。」

他另外又這樣解釋：

「八月七日，中央之所以在不得已的情況下核准了對塔木速克的空中進攻，是因為關東軍的航空部隊已經相當疲累，且在不斷補充新血的敵方空中戰力面前，逐步遭到壓制。東京的航空總監部對於補充已經開始哀號，還抱怨說：『這樣下去就無法達成預定的航空擴張了』。」

不管怎麼說，這些全都是不成理由的解釋。相反地，我們實在忍不住要揣測，這次的命令變更，和第六軍的新編成其實密切相關。簡單說，三宅坂上為了奪走權責，新編成了第六軍，斷絕其與關東軍的關係。而作為代價，為了讓對方有面子，所以才許可他們頻頻期望對塔木速克的再度攻擊吧？同時，他們也希望為意氣消沉的航空部隊注入一點活力。從這裡，可以感覺到這些秀才參謀的壞心眼。然而，他們原本打算給關東軍面子，結果卻反而踐踏了對方的面子。就這點而言，他們的感覺實在是相當遲鈍，但以這些自命獨步天下的傢伙來說，卻又給人一種理所當然的味道。

接著，中島次長在這天入宮參謁，為了獲得天皇裁可，做了這樣的解釋：

「最近蘇聯的航空部隊行動益發巧妙，不是奇襲我軍航空基地、就是在我軍在空機落地之後發動攻擊，實在是令人難以應付。正因如此，我軍的人員器材損耗也變得愈來愈嚴重。作為應付這種攻擊的對策，關東軍認為，關鍵在於發動我軍航空部隊對塔木速克以東的敵航空基地展開攻擊，故請陛下下達御命……」

天皇對這份上奏，做出了這樣的裁可：

「當我們對塔木速克發動攻擊時，敵方也會對滿洲內部展開攻擊，從而導致事件擴大。但如果能不讓事情如此演變，也就是關東軍能隱忍、堅守不擴大原則的話，那朕對此沒有異議。既然事非得已，那朕也只能特別許可了。」

陸軍中央為了打破對自己不利的狀況，寧願被輕蔑為不負責任、或是被嘲笑為朝令夕改，簡單說就是連面子都不要了。對此，除了說他們用不得已哀求的一手，換取了天皇威德的庇蔭外，再無別的形容詞。情勢就是這樣日暮途窮（註三二）。

●東京・首相官邸

隨著陸軍三長官會議做出結論，板垣陸相在八月八日上午出席五相會議，拋出了任誰也意料不到的爆炸性發言。

板垣在會議席間力陳，為了對抗美國的態度強硬化，以及在諾門罕事件的處理，將事態引向對牽制蘇聯有利，同時更為了讓日英會談更趨有利，三國同盟最晚在八月下旬，無論如何都非締結不可。

「英法軍事使節團已經向莫斯科出發，另一方面也有德蘇正在靠攏的情報。世界情勢現在正走向戰爭與和平的分歧點。」

說到這裡，他用嚴峻的眼神掃視了四位大臣一眼。接著他又繼續說：

「現在已經不是嘮嘮叨叨議論個沒完的時候了。我們應當對德國提出的條件照單全收、締結同盟才對。換言之，我深信為了促成協議，我們應該徹底負起條約上的當然義務，不應給人一種還有所保留、附帶條件的觀感，這是相當緊要的。大島大使迄今為止和德國交涉的結果，就是要徹底承認這點，其他一概不予接受。這是陸軍全體的意見；如果協議無法成功締結的話，對內外實會產生相當重大的影響！」

他在最後，用了這樣語帶威脅的文句作結。

在陸相這段超激烈的說明之後，眾人歷經了一段短暫的沉默；緊接著米內海相、有田外相和石渡藏相陸續發言，對這種所謂「陸軍全體的意見」表示激烈的反彈。就連迄今為止一直努力扮演第三者，偶爾還偏向陸軍，扮演調停角色的平沼首相，也對陸軍這種想把迄今為止如此漫長艱苦的討論，全都一筆勾銷的強迫主張大感光火，直接詰問陸相說：

「也就是說，三長官會議的決議，是要無條件參戰嗎？」

板垣一開始對明確回應有點遲疑，但在各大臣的逼問下，只好肯定地說：「沒錯，就是無條件參戰。」平沼一聽他這樣說，聲音突然大了起來：

「按照三長官會議的決議、做出本提案的陸軍大臣態度，究竟是怎麼一回事？陸軍大臣不是作為五相會議的一員，已經同意了政府在六月決定的方針嗎？會議已經說了，要依此方針進行交涉。儘管如此，三長官會議卻同意了和上述方針相異的決議，而你還在這裡為了這種決議強辯，這只能說，實在是令人難以理解！」

陸相厚著臉皮回答說：

「我身為國務大臣的同時，也是陸軍大臣。作為國務大臣，我當然贊成政府的方針，但另一方面，我也必須贊成代表陸軍的三長官會議決議。當政府方針對這個問題無論如何都必須做出處置的時候，我作為三長官會議的一員，只能遵照陸軍的決議、並負起責任。」

簡單說，他就是拿「辭職」來威脅眾人。

米內說：「諾門罕事件與美國廢棄條約，都不是不曾預想過的問題，因此關於國際情勢的問題，毋寧聽聽主要負責的外相怎麼說。」有田回答：「三國同盟只會讓英美的團結益發堅固，對日本反而不利。我們沒有必要扭曲政府既定的方針，屈服於德國的要求。」對於陸相令人火大的發言，他四兩撥千斤地頂了回去，其他的大臣也都不願和陸相目光相對。

板垣就這樣一直陷入孤立且難以自辯的窘境，但他仍然一步也不讓。

「既然如此，那麼……」石渡轉向米內問道。

「締結這樣的軍事同盟，我們就不得不考慮日德義同盟三國，和英美法蘇四國開戰的情況了。在這種時候，戰爭有八成以上都必須仰賴海軍在太平洋上進行作戰。正因如此，為了方便我們拿定主意，我覺得應該聽聽看海軍大臣的意見。當日德義海軍與英美法蘇海軍開戰的時候，我們有勝算嗎？」

米內斷然回答道：

「我實在看不出勝算何在。畢竟日本的海軍，本來就不是為了與英美戰鬥而建造的；至於德義的海軍，那就更不是那麼一回事了。」

陸軍的「爆炸性」發言，一瞬間就化為無效。

會議接著又持續了超過五小時，但還是沒達成任何結論。原本抱持「無論如何都想締結條約」意向的平沼，也在這一天明顯背離了陸軍；他站在多數派的一方，主張應當繼續保持政府在六月決定的方針。

被逼到牆角的板垣只說：「我們仍在研究」，直到最後一直抵抗本日的結論。

當會議要告終的時候，藏相正面直視陸相，對他說：

「剛才陸相一直講著責任、責任，但我想就一件事問問陸相：你的打算是『既然如此，那就交給下一任陸相來試著解決這個問題』，是嗎？如果陸相引咎辭職、導致繼任問題，從而使得政局動搖的話，值此世界情勢動盪之際，這個責任極其重大，希望你清楚明瞭這點。」

「對於您的忠告，我由衷感到謝意。」

板垣只是陪著笑臉，這樣答道。

回到海軍省的米內，向高木惣吉陳述了今日會議的梗概。高木聽了之後，在日記上這樣痛憤地寫道：

「在世界情勢日趨險惡之際，部分少壯陸軍軍人操縱其長官，意圖左右國政；如果照著這種現狀發展下去，前途將是一片黑暗啊！」

但是，高木痛責的「部分少壯陸軍軍人」，即使強行突破未果，仍然不認為自己已經「失敗」。在他們看來，海軍、宮中乃至於財界的抵抗，全都不足為懼。之所以如此，是因為日本輿論的反英排英、乃至於現在的反美色彩，正在陡然變得濃厚。報章媒體的論調，明顯是站在陸軍一方；若是用這種民意的威力，想必能夠撬動國策，這就是他們更進一步的謀略。

軍務局長町尻量基少將走訪德義兩國駐日大使，傳達日本的內情，並且敦請希特勒元首與墨索里尼首相，是否能夠傳達稍許妥協的訊息？這也是陸軍中央使出的戰術之一。町尻向兩位大使強調，陸軍無論如何，都希望三國同盟能夠早日締結。

德國大使奧托在八月十一日，向本國政府發出一封電報，電報內容如下：

八月八日的五相會議中，板垣的奮鬥並沒有成功。但是，為了一定要讓同盟成功締結，他有可能在不得已的情況下，使出最後的手段——辭職，如此必然會引發強烈的反彈。據說他打算在八月十五日辭職，因此希望德義兩國能夠稍稍做出讓步，以為他提供援助。

陸軍中央正被逸脫常軌的強迫觀念所驅策著。

●德國・鷹巢山莊

然而，日本陸軍的強行策動，反而堅定了希特勒的決心。奧托大使的報告讓元首清楚得知，不管願不願意承認，但日本國內仍有根深蒂固的反德勢力；同時他也確認到，現在要讓日德義三國同盟如願締結，基本上是不可能之事。既然如此，那就只能在外交上對蘇聯一條路走到底，除此之外其他的事情都不需顧慮。不只如此，當八月十二日奧托的電報從東京抵達的時候，史達林也在同一天，隱約透露出「準備就德蘇間的所有問題進行討論」的意思。比起偶然，這或許更該說是歷史的諷刺吧！

希特勒清楚認知到，他先前透過駐蘇大使傳達的「尊重蘇聯在波蘭及波海諸國內之權益」這項訊息，已經讓史達林大喜過望。

就像里賓特洛甫所言，希特勒對於與俄羅斯締結協定這件事，其實一直都不是很樂觀看待。也如在這前後和希特勒見面的要人所寫，希特勒看起來「盡顯老態，感覺頭髮都變白了，像是在恐懼什麼似地，非常神經質」。但他現在確信，透過配合蘇聯在波羅的海諸國自由行動的要求，應該能使得與史達林的握手轉化為可能。

不只如此，根據德國外長的報告，莫洛托夫已經就德蘇之間應討論的問題，在和德國大使認真探詢細節了。「德國是否希望締結互不侵犯條約？」、「如果真是如此，那條件又是什麼？」、「德國打算對日本施壓，說服他們對蘇聯採取別種態度嗎？」這些只能說是對於德國讓步大為歡迎的史達林所做出的回答吧！

之後的事情演變如下：當《德蘇互不侵犯條約》締結時，秘密留下了一份「備忘錄」。在這當中，有一段史達林或莫洛托夫所說的話被記載了下來。雖然篇幅有點長，不過在此做個引用。

「雖然我們希望與日本關係好轉，但對日本的挑釁，我們的忍耐還是有其限度。如果日本想要戰爭的話，那就作戰吧，蘇聯是沒在怕的，我們對此早有準備了！可是，如果日本期望和平，那就再好不過了。為了調整日蘇關係，希望德國考慮對日本的援助，但是如果給日本『這是蘇方發出的意向』這種印象，那就不好了。」

若以春秋筆法而言，就像這段話中能察覺到的，日軍在諾門罕戰場的猛烈奮戰，可以說促成了史達林與希特勒的急速靠攏。前面也有提到，史達林對於亞洲戰事擴大、同時德國又開始戰端，導致必須在兩面作戰這件事，感到極度恐懼。

而對希特勒來說，諾門罕事件也是一場可以利用來順水推舟的戰事。如果把「自己會在日蘇兩國間努力斡旋」這樣的言詞當成王牌來使用，一定能讓史達林斷然把目光投向德國這邊。

希特勒對於能夠摸透蘇聯真正的企圖，感到相當滿足。史達林想要的是讓德國與英法鷸蚌相爭，從而獨占漁人之利，這揭露了他毫不隱藏的狡猾本性。關鍵是，必須順著史達林的這個不可告人的期望才行；但，透過和蘇聯順利攜手合作，或許能夠打消英法斷然宣戰的無謀想法也說不定……

八月十二日，在造訪鷹巢山莊的義大利外長齊亞諾眼前出現的希特勒，正專心看著攤開在桌上、由德軍參謀本部繪成的地圖，埋頭於軍事問題當中。齊亞諾本來想提議，「如果可以的話，希望能讓義大利盡斡旋之責，來促成波蘭問題的和平解決」，但最後並沒有說出口，而是把話吞回了肚子裡；之所以如此，是因為他看到了元首無比銳利的視線。

希特勒意氣昂揚地對齊亞諾說：

「德國只要幾天就可以收拾波蘭。因為接下來和英法協商的時候，波蘭一定會決定站在英法一邊，所以預先除去一個敵人是必要的。不管怎麼說，如果波蘭在政治上對德國做出挑釁行為的話，我們就會以此為契機，在四十八小時之內對波蘭發起攻擊。」

齊亞諾驚訝地睜大了眼睛，但希特勒毫不在意地繼續說道：

「就算英國採取行動，他們也至多送三個師到法國就已經很吃力了。法國的師或許會多更多，但他們有多少斤兩，我也知之甚詳。我們德國為這場生死之戰，已經集結了一百個師在西部戰線。」

齊亞諾問道：「發動的時機會在何時呢？」希特勒爽快地回答道：

「最晚在八月底就會下定決心。再過來因為秋雨，東方的道路會陷入泥濘，無法使用機械化部隊。」

就在兩人進行這段對話的時候，莫斯科方面表示「蘇聯政府已經同意迎接德國全權特使」的電報，遞到了希特勒手上。希特勒像是十分得意似地，在齊亞諾面前不停揮舞這份電報。齊亞諾內心驚愕不已，差點整個人就要從椅子上摔下來。這到底是希特勒的演出呢，還是事實呢？義大利外長陷入久久的苦思當中，最後還是無法確定（事實上，蘇聯的回答是，準備和德國就包括波蘭在內的政治問題「逐步進行商議」）。

希特勒將電報拿在手上，若無其事地繼續說道：

「西歐列強在分割世界統治的慾望支配下，絕不會把德義視為自己的夥伴；故此，在各方面，他們也不覺得侮辱這類的心理因素有什麼不對。面對這樣的侮辱，只能用生死決鬥來加以解決。」

希特勒似乎已經忘了長時間避居鷹巢山莊這件事，重新拾回了快活的情緒。這個自行其是的獨裁者，對於向史達林戰戰兢兢伸出手這件事，像是立下不世奇功般地感到無上喜悅。

不只如此，這時候正是英法兩國的軍事使節團抵達莫斯科、展開交涉的時候。在這種時候搶先英法一步，和全世界都認為與德國屬於不共戴天敵人的蘇聯締結條約，更能無比滿足希特勒的虛榮心——這是對於英法長年侮辱的復仇。

●莫斯科・克里姆林宮

英法軍事使節團在八月十二日，抵達了莫斯科。他們終於和蘇聯全權代表坐上檯面，開始就具體的軍事同盟展開商議。可是不知為何，這一行人在八月五日出發，卻坐上了「時速只有十三節」的輪船艾克賽塔號（*The City of Exeter*）抵達列寧格勒，再從那裡前往莫斯科。此事後來惹得蘇聯相當不快，明明搭飛機只要一天就能抵達的啊！

當使節團終於抵達莫斯科時，已經為時已晚。史達林的心已經遠離了英法；不管史達林還是莫洛托夫都心下雪亮，這次交涉不久就會不得不決裂。即使如此，他還是派出重量級人物——伏羅希洛夫元帥為全權特使，擺出一副熱心交涉的樣子。

他們只不過是想在和希特勒討價還價的期間，繼續進行交涉罷了。史達林已經鐵了心認定，自己透過和希特勒直接交涉，能獲得更多所求的東西。

史達林下定這個決心究竟是在何時，其實不甚清楚。唯一明確的是，這兩個過著背叛與暴力生涯的獨裁者，在將近一個月的時間中，迫切地等待著對手出招，最後終於兩個人都忍不住了。確實，這兩個獨裁者對於對手，都不得不抱持深切的疑惑。要拂去這種疑慮，並不是件容易的事，然而，利害關係讓他們克服了一切。

和英法結合，能為史達林提供什麼好處呢？不用說會招致希特勒的敵意，結果捲入一場無法預測的大規模戰爭，而這是他所不想要的。相形之下，希特勒則能提供史達林所渴望的東西，那就是在大戰中保持中立，且從波蘭到波羅的海諸國，獲得一定的物質利益。這樣一想，史達林心中的疑慮火焰，一下子全都煙消雲散了。

在史達林的內心，其實對希特勒有種奇妙的親近感；那甚至是種可稱為尊敬、溫暖的希特勒觀。在這裡稍微提一下之後的故事：當一九四一年冬天，德軍殺到莫斯科郊外的時候，史達林在克里姆林宮的一個房間裡，對英國外長艾登這樣說：

「我一直覺得，希特勒實在是個了不起的天才。他能夠整合四分五裂的殘敗國民，在轉瞬間躋身於強大的列強之林。而且，他對德意志人的組織化相當成功，不論是誰都會照著希特勒的意志行動；這實在是太了不起了。」

艾登聞言啞然，但史達林則是充滿了熱情。「可是……」史達林接著話鋒一轉，

「希特勒有一個致命的缺陷，那就是，他是個不知該止於何處的人。」

艾登瞬間不禁為之失笑。史達林瞪了艾登一眼，靜靜地凝視他，接著放緩了表情，開口說道：「艾登先生，我知道你為什麼失笑。你一定是起了疑心，認為我也是個不知止於何處的人物吧？既然如此，我向你保證；我會將該止於何處這件事，時時掛在心裡的。」

這樣的史達林在這八月中旬，以無可遏止之勢，下定決心要奔向與希特勒握手之路。這樣推想應該不會有錯；不，更正確說，搞不好在八月初始之際，他就已經下定了這樣的決心。畢竟他在八月八日，已經認可了在諾門罕方面要發動一場擊潰日本關東軍的大攻勢。

根據平井友義先生發掘的「蘇聯史料」，在預定開始總攻擊的八月二十日前十二天，被當成是準備攻勢的期間。朱可夫第一集團軍在會議上策定的作戰計畫（包圍殲滅哈拉哈河東岸日軍的作戰），當然是在這以前就獲得了莫斯科的許可；換言之，那是在八日之前的事。

在歐洲即將爆發大戰之際，於蘇聯沒有獲得中立保證的情況下，便在亞洲斷然展開大規模攻勢，史達林並非如此無謀之人。畢竟，日本如果吹起宣戰號角，將會十分危險。就像他自稱的，他是一個知道「止於何處」的人。但是，當他處於可能中立的前夕、也就是毫無疑問能跟希特勒握手之際，他就有可能下定決心，要徹底擊滅日軍。

從這點來看，史達林心動接受希特勒的求愛，其時期應該比想像的還要更早得多。

●哈拉哈河・兩岸

與德蘇和英法蘇在莫斯科虛虛實實的外交交涉無關，在莫斯科中央軍事會議的命令下，朱可夫的第一集團軍正著實地進行戰鬥準備。關東軍於八月十日左右發表「哈拉哈河以東無確認敵蹤」，並讓隨軍記者回到後方。事實上蘇蒙軍在這時候，已經在哈拉哈河上架起了好幾座橋梁；為了達到能夠自由跨河、發動決定性攻擊的形勢，他們作了十分周全的準備。

蘇蒙軍的前線警戒態勢也相當嚴密，日軍的偵察斥候幾乎徹底被遮斷。儘管關東軍情報部知道自己要繃緊神經，但包括無線電等形形色色的假情報充斥不斷，讓他們難以判斷真偽。比方說，日本情報機關這時候頻頻接到「蘇軍司令部因為補給困難，不斷哀號」的情報；關東軍因為自己這時候也為補給而苦不堪言，所以收到這份情報不由得大喜。蘇蒙軍的障眼法，在這裡發揮了大功效。

根據平井友義的論文，欺瞞計畫的要點大致如下所述。

為了補強集團軍從蘇聯國內抵達的部隊，其移動與集中都必須隱密。

哈拉哈河東岸防禦陣地的兵力、資材重整，必須隱密。

部隊以及物資渡過哈拉哈河，必須隱密。

發動地區的偵察。

參加作戰的各兵科部隊，其任務全都以極機密形式發布。

各兵科部隊展開事前秘密偵察。

為了讓敵方誤信蘇聯的企圖，散布虛假情報。

前線各部隊，都收到了名為「防禦指南」的小冊子。朱可夫用這種方式，徹底欺瞞了麾下各指揮官。他在幾個渡河點，也設置了強力的播音器；透過放送打樁的噪音，讓人以為是在熱火朝天地建造防禦工事。然後，他還假裝積極構築越冬的防寒設施。陸續到達戰線的戰車、裝甲汽車、火砲等重兵器資材，全都以不顯眼的方式分散配置。為了掩蔽部署所發出的聲響，即使在夜間也持續實施砲擊。雖然幾乎不會命中日軍陣地，但蘇蒙軍並不在意。日軍將士都恥笑這種打法，批評蘇軍是「為了讓夜哨不睡著所以開砲」、或是「為了叫人家晚上起床小便，所以隨便打個幾發砲彈」；漸漸地，日軍的情緒也變得鬆懈了。

部隊的移動和工兵作業，被限定在深夜兩點到四點之間。不只如此，他還用飛機的引擎聲和輕機槍的射擊聲來掩飾行動的足跡。

戰車也進行了改良。大部分戰車為了讓日軍的火焰瓶攻擊無效，都換成了柴油引擎，在引擎外部還罩上了鐵網[1]。為了防止步兵的近身攻擊，也運來了火焰噴射戰車。不只如此，他還特意派出幾輛拔掉消音器的嘈雜戰車，在戰線上不停地跑動。這是為了讓日軍習慣戰車的噪音，在攻擊開始之際還認為這是普通的現象——他下的功夫細膩到這種地步。

朱可夫為了讓大攻勢成功，可說卯足了全力。儘管兵員、戰車、燃料和彈藥的運送相當困難，但因為相當緊要，所以無論如何都必須克服。朱可夫使用了將近四千三百輛卡車，這些卡車晝夜兼程，在緊

1　編註：因頻頻遭受日軍火焰瓶的攻擊，蘇軍臨時換裝了裝置柴油引擎的BT－7M戰車上場。

急鋪設的道路上奔馳。朱可夫對外蒙軍的指揮官親口這樣說：

「要擊破尚未兵疲馬困的軍隊並不是那麼簡單；可是，當敵人蒙受重大損害後，士氣就會一落千丈。現在正是攻擊的時機。你們蒙古軍隊非常勇敢，打得相當好。現在開始是決勝負的時候，勇氣與信念正是勝利的重要關鍵。」

可是，不論蘇蒙軍進行了多麼巧妙的偽裝，也不論第六軍麾下日本各部隊的斥候有多難潛進這片天羅地網，若是關東軍司令部大力督促航空偵察的話，敵軍的兵力集結應該也會在光天化日下被揭發出來。在沒有雷達的當時，天空是一片廣闊無垠的空間。但是根據「諾門罕航空偵察狀況」所述，在八月十二日到十九日之間，「因為天候太差，所以搜索一無所獲」。

說到底，日軍還是打從心底相信他們把新聞記者請回後方時，說的這句「無確認敵蹤」吧？或者說直到這時候，他們仍然拘泥於依照自己國力估算的後勤常識吧？稻垣武先生的調查指出：「據關東軍情報參謀加藤義秀中佐的回憶，當時雖然關東軍已經掌握了蘇軍正在進行大規模汽車運輸的訊息，但負責作戰的人仍然沒有把蘇軍可能發動大規模攻勢的情報放在心上。」這裡所謂「負責作戰的人」，指的是服部和辻，不過他們兩人應該會抗辯說：「我們已經把一切放手交給第六軍了啊！」

就這樣到了八月中旬，集結在日軍整個正面的蘇蒙軍，總兵力達到了五萬七千人左右。其中特別充實起來的，是七月戰鬥中處於劣勢的步兵。他們配備了三個步兵師。在裝備方面則有各式各樣的說法，其中一種說法是，共有三個裝甲旅（裝甲車三八五輛）、兩個戰車旅（四九八輛）、一個機槍旅（機槍二二五五挺），火砲、迫擊砲五四二門，再加上蒙古騎兵兩個旅。除此之外，還有五一五架飛機。

朱可夫將這支龐大兵力，編制成南、北、中央三個兵團。特別是南北兩軍作為打擊集團獲得重點關注，是以戰車和裝甲車為主力編制而成。他們會從日軍部隊的兩翼往後方出擊，呼應中央軍，擔負起將日軍包圍在蘇聯宣稱的國境線與哈拉哈河中間的草原地帶，再加以殲滅的任務。中央軍則是以步兵為主力，從正面困住日軍的腳步。

朱可夫下令給各司令部，攻擊準備最晚在八月十八日早上必須完成。為了不讓總攻擊的秘密走漏，他決定讓各部隊幹部直到一天前才得知作戰方針，士官兵更是到三小時前才會接獲命令。偵察軍官都必須穿著士兵的服裝。他以如此嚴密的緊戒態勢，等待著這一天的到來。

●新京・作戰課

在此試著列舉小松原日記的內容。

八月九日　晴時多雲　稍涼。

此日戰線平穩

八月十日　多雲　涼。

前往飛伊高地巡視井置部隊

八月十一日　多雲時晴，小暑。

全滿記者聯盟代表為了慰問前來前線。

戰線大致平穩

八月十二日　多雲，小暑。

第六軍司令官荻洲中將在海拉爾就任。第六軍編制完成。師團歸入其下。

戰線平穩

儘管不是沒有探知蘇蒙軍的總攻擊準備，但連日的「戰線平穩」字眼，還是讓人驀然湧起一種悲哀之情。這正清楚描述了情報蒐集有多麼重要。

最前線的將士也還過著無事安穩的日子，這點從他們留下的日記中可以得知。在這種暴風雨前的寧靜中，以人類的智慧無法察知未來的這一點顯得格外諷刺。

八月十二日（諾羅高地）

每天割草伐木，被戰砲隊和觀測小隊呼來喚去，忙著進行過冬的準備。在戰線的野戰浴槽裡，洗掉了將近兩個多月的塵埃，心情颯爽，有種想好好戰上一場的清爽感覺。（獨立野砲兵第一聯隊．田中誠一上等兵，前引日記）

八月十二日　星期六　陰

今天是從屯營出發以來，第一次領薪餉。按照一個月八圓八十錢的比例，領到了十一圓六十三錢。現在手上合計有十六圓十九錢。（成澤利八郎一等兵，前引日記）

若是依據這些呈現戰場平靜的記載，在這和內地服勤迥然相異的戰場上，每個人所能領到的戰地加給，其月俸額應如下述：大將五四五圓、中將四八〇圓、少將四一〇圓、大佐三四五圓、中佐二七〇圓、少佐二〇〇圓、大尉一四五圓、中尉一一五圓、少尉一〇五圓、准尉一一〇圓、曹長八五圓、軍曹三四圓、伍長二七圓、兵長一八圓、上等兵一四圓、一等兵和二等兵則是十二圓。又，准尉以上的職業軍人，還會另外給予家人本俸。

以成澤一等兵的情況來說，大概是內地服勤一等兵的本俸九圓，再扣掉林林總總雜支開銷之後拿到的薪俸吧！從這裡讓人不覺感到，直到如今仍然稱之為「事件」而非「戰爭」的帝國陸軍，有多麼鼠肚雞腸。

儘管如此，這份從大將到二等兵的戰地加給表，還是讓人想起當時軍隊裡暗暗流傳的禁忌歌曲：「軍官做買賣、士官忙放蕩，為國辛勞的只有小士兵。」只是，這裡指的「軍官」並不是那些努力奮戰的中隊長、小隊長等下級軍官，而是那些掛著氣派參謀肩章的傢伙。

就在日記所示的八月十二日，也就是第六軍編成的這天，關東軍作戰課制定了以越冬為前提的《諾門罕事件處理要綱》。

在這份要綱出爐前，關東軍內部爆發了激烈的爭論。之所以如此，是因為雖然參謀本部終於棄子投降，認可對塔木速克的轟炸，但是航空部隊的人員和飛機都已經到達了疲勞困憊的極致，就現狀而言根本無法實行這項計畫。不只如此，整體部隊也是一樣，士氣相當低落。有些參謀對這種狀況感到難以忍受，於是希望無論如何，都要給蘇蒙軍一擊。

帶頭主張的服部，氣勢激昂地說：

「再這樣下去，根本無法面對不知來自何處、一切不明的敵人發動的八月攻勢，不是嗎！如果可能的話，至少現在發動一次攻勢、擊破敵人之後，再在國境線布陣越冬，這樣比較好吧！」

然而，辻很罕見地對此抱持否定的態度。就戰力上而言，發動攻勢根本不可能；而在零下五十度的沙漠中，即使從現在開始使盡全力，要讓一萬數千將士過冬，根本是相當困難的事情。

「就算萬一下定決心，要展開全面戰爭，我也認為整個作戰計畫的擬定，必須要以秋天為前提。」

辻的關心已經從國境紛爭，轉向徹底全面開戰的情況了。

最後，服部主張的攻勢案被放棄，擬定出來的《處理要綱》再次確認了守勢立場。只是，和磯谷參謀長從東京帶回來、由參謀本部制定的《處理要綱》頗有差異，他們並沒有照著三宅坂上所言，「在冬季以前」把所有兵力從紛爭地區撤出，而是打算一邊抵抗、一邊確保既有戰果過冬，等到第二年開春後，再次展開攻勢作戰。

「敵人要是企圖長期抗戰，我們就把對方徹底壓倒擊破！」

關東軍言下仍然意氣昂揚。對航空部隊，他們也明確下達了擊滅對手的企圖。對塔木速克的空中攻擊作戰已經準備萬全，即將於八月二十一日實施。然而事實上，二十一日已是蘇蒙軍展開總攻擊的第二天。

●東京・霞關

在「遙遠的滿洲」戰場上，不論關東軍、第六軍還是第一線各部隊，都完全沒有預料到戰機正步步逼近。而在對狀況更加無知的東京，陸、海軍中央之間，正面臨著某種堪稱「一觸即發的戰鬥危機」——他們所要面對的不是敵人，而是陸海相擊的憂懼與危險。

八月八日，以三長官決議為代表的陸軍全體意志，在五相會議席間遭到了徹底粉碎。陸軍中央對這項會議以及政府一再優柔寡斷的態度，真的燃起了怒火。為今之計，只能擊倒平沼內閣了；讓陸相辭職吧、不，只能實施更激烈的舉動了！陸軍似乎在考慮發布戒嚴令、實施軍政的失控之舉了——這樣的消息在街頭巷尾不斷流傳。

這時候，天皇正在葉山的別館中靜養；天皇不在城內，也是戒嚴傳言變得煞有介事的主因之一。畑侍從武官長在八月十日的日記中這樣寫道：

陛下因為這陣子的政情不安定，一直在深思是否有必要還駕（東京）。之所以如此，是因為陛下昨天垂詢：「陸軍大臣是否會（對辭職一事）重新考慮，」結果（閑院宮）殿下如此奉答：「按照現在的情勢發展來看，很難。」

陛下龍心煩憂，實在令人難以忍受。如果政情的不安沒有這樣急轉直下的話，或許陛下就不用這麼急遽還駕了吧！然而，就連內大臣也估計，月中將有大變……

就像日記所描述的一樣，「八月中陸軍將有失控之舉」，這項可信度相當高的消息，也傳進了霞關的海軍省內。軍務局長井上成美身為掌管海軍部內事務的負責人，針對這項行動做出了火速的決斷——

八月十一日，井上命令省內進入非常警戒狀態。

「身為海軍，絕不能被陸軍一擊而潰、俯首就擒。故此，為防萬一，有必要對海軍省進行警備。」

十四日早上，在麴町附近進行小規模演習的近衛師團一個中隊，突然出現在海軍省前，擺出一副作勢包圍的樣子，實施部署和示威行動後才離去。在陸軍部隊襲擊海軍省的傳言不斷、世間輿情譁然的這個時期，會發生這種事，完全沒什麼好訝異的。

井上和山本五十六次官商量，要在橫須賀鎮守府派遣陸戰隊一個大隊進行經常待命，並下令位在大阪的聯合艦隊主力艦艇回航東京灣。這都是為了在事出萬一之際，能夠更堅定與陸軍作戰的覺悟。海軍省內不只儲備了兵器、彈藥、糧食，也準備了防備停電的自用發電裝置。為了展現不惜打持久戰的決心，井上甚至考慮要在部內掘井——

「唉，當水電都被切斷的時候，困守省內的三千人，總不能讓他們連個抽水馬桶都沒得用吧！」

在這種悲壯至極的情勢中，一絲不苟的井上，甚至連三千部下的大小便問題都在認真考慮，這讓山本不禁莞爾以對。

守城的準備相當完善，聯合艦隊也在朝東京灣前進。在進行這些規劃時，二二六事件之際的警備計畫文件派上了很大用場，而這次做的防備，甚至比上次更加嚴密。

然而，這一切的戰鬥準備，最後全都歸於徒勞。之所以如此，是因為歐洲局勢的急遽轉變——

●莫斯科．克里姆林宮

多伊徹曾說：

「我可以相當正確地猜出，史達林是從什麼時候開始，決定不再擺出一副『眼睛鼻子皺成一團』的苦臉——那就是八月十九日下午三點十五分。」就在那時，史達林把和希特勒締結條約的決心，向政治局做了通告。

我們就以年譜的方式，來試著追溯至此為止的演變吧！正如前面曾提及的，八月十二日，史達林對希特勒做出了這樣的回應：「蘇維埃政府準備與德意志，就包含波蘭在內的政治問題『逐步進行討論』。」赤裸裸的外交交涉，就從這時候開始。

八月十四日，並不想要磨磨蹭蹭、「逐步討論」的希特勒，透過駐蘇大使舒倫堡向史達林通告，希望德蘇兩國能夠「就東歐領土問題上的合作，進行明確討論」。他提議派遣外交部長里賓特洛甫前往莫斯科，並且強烈要求，希望能「盡早獲准」。不只如此，他還告訴對方，部長這次前來是「奉元首之名」，可以自由行動。

八月十五日，駐蘇大使更進一步透過莫洛托夫，向蘇聯政府表示：「德蘇兩國雖在意識形態上有所差異，但此事不應成為對嶄新友好協調的阻撓」。在舒倫堡大使的眼中，這時的莫洛托夫對意圖改善對蘇關係的德國，「抱持著熱誠的歡迎態度」。

八月十六日，希特勒通告史達林，準備締結《德蘇互不侵犯條約》；如果蘇聯政府希望的話，可以以二十五年為期，其間不許毀約。此外他又附帶了一條，表示：「德意志準備為日蘇關係之改善強化，略盡斡旋之勞」。

八月十七日，莫斯科的英法蘇軍事會談毫無進展，決定延長到二十一日。

八月十八日，里賓特洛甫直接發出了一封電報給史達林，表示「懇請召喚鄙人前來」。

德方這一連串激烈的求愛，終於讓史達林下定決心。逗弄對手也要有個限度；儘管在看穿希特勒的焦急究竟能給蘇聯和自己帶來多大利益之前，在時程和議題上仍有議價的空間，但如果做得太過頭，很有可能會導致逆轉——這是史達林的政治判斷。

八月十九日午後，和大使舒倫堡做完幾乎已成日課的會談後，莫洛托夫對史達林這樣報告：

「德國大使用近乎抗議的態度，要求我們盡早決定里賓特洛甫來訪的時程。對此，我則是回應說：『關於這件事，我們不能隨便給個敷衍的日期，必須做好徹底準備才行，所以對於部長的來訪時程，我們大致上仍未定案。』德國大使聽了之後，很失望地回去了。」

莫洛托夫也是一個期待對手的焦慮能結出甜美果實的人；這天，他也是忠實照著史達林的命令行事。然而，史達林卻展現了出乎意料的反應，讓他不由得大吃一驚。

「馬上把舒倫堡找回來，把我方一直以來準備好的條約草案，現在立刻交給他！然後告訴他，我準備在一星期後和里賓特洛甫會面，就這樣把我的話傳達下去！」

這時是下午三點十五分，也是堪稱決定命運的一刻。莫洛托夫和德國大使在三點三十分取得聯絡，告訴他：「請在下午四點三十分，再度造訪克里姆林宮」。

這一天，波蘭外交部長貝克面對英法政府的警告——「波蘭政府如果繼續保持對蘇強硬態度，將有導致整個同盟體系崩壞之虞」，昂然回應說：

「我國不管在什麼情況下，都不會允許外國軍隊利用我國領土的一部分。這種事情，完全沒有可商量的餘地。這對我們而言是原則問題。我們既不會和蘇聯締結任何軍事協定，也沒有締結的意願。」

這番意氣昂揚的演說，對心意已決的史達林而言，只不過是狗吠火車的程度罷了。

●德國．鷹巢山莊

八月十四日，希特勒已經對自己永遠的仇敵——史達林的心意再無懷疑。希特勒已經做好了就算和蘇聯共同分割包括波蘭在內的東歐也無所謂的覺悟。這根綁著堪稱露骨魚餌的釣竿，正不住地激烈跳動。在英法為了和蘇聯同盟展開的莫斯科會談中，英國外相和法國外長都沒有親自與會，但我們這邊卻提出要求，希望能夠立刻讓外長前往莫斯科，這樣應該能夠給疑心強烈的史達林一個好印象吧！——希特勒正盤算著。他強烈確信，史達林很明顯地不會拒絕這個要求。

現在最重要的，就是討一直以來都是惡言相向的史達林歡心。蘇聯如果背棄英法的期望，不願締結東歐集體安全條約，那波蘭就會陷於孤立。儘管在這個階段，可以讓史達林稱心如意，但之後不論何時，都可以討回這個場子。希特勒對於毀棄毫無用處的條約，是不會有任何猶豫的。

八月十四日，希特勒召喚國防軍眾司令官前來鷹巢，就戰爭計畫及其展望，進行了長篇大論的演講：

「偉大的戲劇，如今正來到了它的最高潮。」

希特勒以此做為開場白。緊接著，他再次闡明攻擊波蘭的決心。

「按照現在的情況，我確信英法絕不會起而作戰。英法軍的參謀部在對武力衝突加以衡量時，一定會抱持著相當冷靜的見解去反對參戰。因此，敵人有很大可能，就只有波蘭一國而已。但是，必須要在一、兩週之內使之屈服才行。若是如此，世界就會承認波蘭的瓦解，並且不再嘗試對它進行拯救了吧！」

接下來，他提及了自己和史達林秘密交涉奏效的事情。當講到「史達林」三個字的時候，他重重停頓了一下，接著話鋒一轉，又用平常的語氣繼續講：「蘇聯，絕對沒有火中取栗的打算。」他清楚地如此斷言：

「蘇聯對西方各國，沒有任何的義務感。蘇聯對於抹殺波蘭，有相當的了解。」

在希特勒長篇大論的演說中，陸軍參謀長哈爾德元帥（Franz Halder）、陸軍總司令布勞齊區元帥（Walther von Brauchitsch）、空軍總司令戈林元帥（Hermann Göring），全都一言不語地聆聽著。對於希特勒讓德國直奔第二次世界大戰的計畫，全體成員都表認可。就算在演說結束後，也沒有一個人舉手表示質問。英法不會投入戰事、且蘇聯會置身局外；明明這個保證只是希特勒的大言鑿鑿，結果擁有傳統的德意志國防軍指揮官中，卻沒有一個人抱持疑問嗎？

若是冷靜分析世界局勢就會明白，對波蘭的攻擊不要說僅止於「隔離戰爭」了，根本就會發展成世界規模的全面戰爭。如此一來，不可避免地會演變成長期戰與國力消耗戰。那麼，德國在沒有強力同盟國的情況下，真有單獨進行大戰的國力嗎？

只有國防軍經濟裝備局的托馬斯上將（Georg Thomas），有公然挑戰元首的勇氣。幾天後他寫了一篇詳盡的備忘錄，向國防軍最高統帥部總長凱特爾（Wilhelm Keitel）提出。托馬斯主張，元首所謂「迅速的戰爭、從而達成迅速的和平」，完全只是妄想。

凱特爾怒氣沖沖地把這份備忘錄丟回去，滔滔不絕地說：

「你的臆測只不過是單純的紙上談兵罷了！法國一墮落，英國也頹廢不堪，美國則是在利害關係上，根本沒必要為波蘭而戰。你被失敗主義跟和平主義者感染了，稍微休息一下怎樣！」

這讓人不禁懷疑，德意志國防軍的將領是否在長期對希特勒的阿諛奉承，以及無條件順從下，已經變得徹底喪失判斷力了？身處強力的獨裁者麾下，良心與常識都不必要，必須具備的就只有隨時為了明哲保身，停止判斷的手段罷了。

就這樣，原本預定在九月第一週召開、日本也會派遣寺內大將出席的紐倫堡納粹黨大會，在八月十五日靜悄悄取消了。為了西線兵力，德國徵召了二十五萬男性。希特勒一邊著實進行戰爭準備，一邊等待史達林的佳音。海軍的袖珍戰艦施佩伯爵號（*Admiral Graf Spee*）與德意志號（*Deutschland*），還有二十一艘U艇也準備好朝大西洋出擊。但在八月十九號變更命令，在等到莫斯科的回應之前，先在現處基地待命。

這時候，舒倫堡傳來的「極秘．最急件」電報抵達了德國。

莫斯科方面告知，德國外長應在八月二十六日或二十七日抵達莫斯科；同時，莫斯科方面也將《德蘇互不侵犯條約》的蘇方草案，親手交給了我。

獵物終於落網了！希特勒興奮得滿臉通紅。可是，他已經無法等到八月二十六日，畢竟對波蘭的入侵作戰，就預計在那一天開始。現在不是一個階段一個階段循序漸進的時候，必須完成和一隻腳已經踏入網中的史達林的交易，才能心無旁騖地進攻波蘭。

希特勒已經徹底捨棄了外交客套；現在要做的，只是多少忍住自己的驕傲而已。於是他下定決心，要直接送一封信給史達林，那傢伙想必也會大為歡迎吧！

就這樣，希特勒提起筆，寫下底下這行字。

此致　莫斯科　I．W．史達林閣下

而這封信中最關鍵的部分是——

德意志與波蘭間的緊張，已經到了讓人難以忍受的地步，究竟何時會發生危機，實在令人難以預測。德意志已經下定決心，從現在起，將以各種手段守護我國之權益。

依我之見，希望能夠在不失時機的情況下，見證兩國邁向新關係的相互意志表達。故此，我想再次向閣下提議，希望能讓我國外長於八月二十二日星期二，最晚在八月二十三日星期三進行謁見。我國外長將會獲得全權，針對互不侵犯條約與附屬協議進行起草與署名。依國際情勢來看，我國外長最多只能停留在莫斯科不超過一兩天。

若能得到閣下儘速回應，鄙人將不勝喜悅至極。

阿道夫．希特勒

這封歷史性的書簡，於八月二十日（星期日）午後六點四十五分發出（註三二）。

●哈拉哈河東岸．戰場

史達林還沒有收到希特勒的私信，但這或許已經無關緊要了。在歐洲爆發大戰之前，蘇聯雖然受到各種驅力所影響，但置身局外已成定局。儘管預期要跟希特勒握手，但對一向多疑的史達林來說，還是得說服自己「已經沒問題了」才行。既然如此，那就必須趁這段時間，集中全力在亞洲問題上。

於是，史達林毫不猶疑地，對計畫中的總攻擊發出了「GO」的命令。

史達林之所以提議把和德國外長的最終會談定在二十六或二十七日，也是為了在這之前把全部精神集中在與關東軍為敵的戰鬥當中。他認為，在這幾天之前，與日軍的戰鬥就能收拾妥當，這就是他的如意算盤。

八月二十日凌晨五點四十五分，蘇蒙軍展開了圍殲日軍的總攻擊。首先是數百架飛機的轟炸，接著是以小松台地為中心的砲擊持續長達兩小時四十五分之久。朱可夫在回憶錄中這樣說：

這天是星期天，天候溫暖而平靜。我相信日軍兵團司令部一定沒有想到蘇蒙軍會發動攻擊，也沒有做好準備。日軍的將官與高級軍官大部分都在進行週日休假，遠離了部隊，或者是前往海拉爾、又或者前往甘珠爾廟。我們之所以決定在這個星期天發起作戰，就是因為看準了這種有利的狀況。

在朱可夫的筆觸中，充滿了對事前敵情視察相當充分的自豪感，以及滿溢的自信。事實上，第六軍自軍司令官以下，幾乎所有的參謀這天都跑到了海拉爾鎮上。

據蘇方史料所述，八月二十日破曉，除了第六戰車旅以外的所有部隊，都已經藉由新設的幾座軍橋渡過哈拉哈河到達東岸。整個正面展開長達七十四公里；相對於日軍南北三十多公里的陣地正面，這是一個呈現巨大兩翼包圍的展開。

蘇蒙軍的總攻擊，是從宛若戰術標準模範般的空襲開始。負責防禦諾羅高地的長谷部支隊第一大隊（指揮官杉谷良夫中佐）在戰鬥詳報中，詳細報告了當時的狀況。

六點到七點，我們受到約一百三十架飛機的大空襲。他們用轟炸和對地掃射的方式，大逞猛威。大隊位處第一線，理所當然集中了包括預備隊在內的全體火力迎擊，將他們盡數擊退。在這過程中，一架飛機墜落在第一中隊陣前，另一架則墜落在敵陣內。敵機空襲結束後，緊接著在七點二十分，猛烈的砲擊開始了。敵砲的位置和先前並無太大差異，但數量似乎頗有增加……

清晨的戰場上籠罩著一層薄霧，對蘇蒙軍步兵的進擊堪稱天助。他們在日軍第一線未曾察覺的情況下逼近，尾隨著空襲和砲擊，於上午九點展開攻擊。戰果一如預期般豐碩，蘇蒙軍成功打了日軍一個措手不及。

可是，隨著戰局推移，日軍步兵展開了頑強的抵抗。雖然守衛胡魯斯台河最南端的滿洲軍騎兵部隊被擊破，讓蘇蒙南方軍得以侵入，但在最北端的飛伊高地附近，井置搜索隊展開了猛烈的反擊，雖然遭到包圍，但也讓戰車的進擊立刻停頓了下來。另一方面，在巴爾其嘎爾高地附近，全力進擊的中央軍也被山縣部隊的將士擋了回去，每次對主陣地的反覆攻擊都被擊退。諾羅高地的情況也一樣，非常努力展開猛烈的反擊。

在戰力方面——蘇蒙軍已如前所述，至於迎擊的第六軍兵力，則不是那麼明確。由於八月的定期人事異動（即使在戰場上也照辦不誤！）以及補充兵抵達的快慢之故，在資料上有若干差異。在遭受攻擊時的兵力有第二十三師團、第七師團的一部、第八國境守備隊的一部、以及砲兵團等。據判兵員不滿三萬人，沒有戰車、裝甲車，砲兵火砲（七五公厘以上）約為一百門左右。

簡單說，蘇蒙軍相對日軍，步兵是一點五倍、砲兵是兩倍，飛機則是蘇蒙軍五一五架比日軍一一三架，約五倍，戰車、裝甲車更是全無的日軍所不能相比。蘇蒙軍為了擊滅日軍，準備了平均近三倍的兵力來進行總攻擊。

相對於此，日軍在寡兵的情況下，防禦正面實在太廣了。一個師團的防禦正面一般而言是七到八公里，勉勉強強可以到十公里，但在這裡卻是三十多公里。在這麼長的正面上，步兵中隊、步兵大隊的間隔太寬，不管多麼勇敢奮戰，也無法防止敵軍的侵入。各中隊、各大隊被各自孤立，不得不受到來自四周的包圍攻擊。關東軍作戰課在下達守勢持久的作戰命令時，為了保持來春重啟攻擊的據點，下令確保所有奪取的高地，最終成了最大的敗因。畢竟防禦正面照理來說，必須要更加收緊才對啊！

自遭到蘇蒙軍以壓倒性兵力和火力進行總攻擊的第一天起，儘管第一線將士勇敢奮戰，但戰況不管對哪邊的日軍而言都顯得相當吃力，而且隨著時日流逝，變得益發絕望。

小松原在八月二十一日的日記中，留下了一段悲痛的文字。北邊的飛伊高地完全被包圍、遭到猛烈砲擊。南邊的諾羅高地附近，各大隊陷入孤立的惡戰苦鬥當中。負責位處中央的山縣部隊右翼的生田大隊（須見部隊的一部）也蒙受了重大損害。在寫完這些狀況之後，小松原這樣說：

所有苦心經營的防禦全都歸於泡影。有的單位報告說，對方用戰車衝進陣地的間隙後，襲擊砲兵陣地、燒毀糧秣支庫，然後用戰車扼守橋梁，斷絕交通連絡，電信與傳令全都不通。也有單位報告說，兵力無法集中，只能分散為戰。還有單位報告說，被包圍攻擊、彈藥缺乏……各種悲慘的消息陸續出現，令人不只精神煩惱，連壽命感覺都要嚴重縮短了。

這段文字充分傳達了一個無計可施指揮官的絕望。之前還可以說為求攻擊機會而持續忍耐，接下來就只剩下理性喪失的情緒爆發了。

關東軍司令部在八月二十一日早晨，接到了蘇蒙軍展開全面攻擊的報告。第二十三師團參謀長向關東軍參謀長，發來了極秘的緊急電報：

今天早上開始，敵軍的戰勢驟然活躍起來，幾乎整個正面都已經化為戰場。

電報發出的時間是凌晨四點三十分，收到時間是八點五十五分。事前完全沒有收到相關預警情報的作戰課儘管大吃一驚，但在這時還是抱持樂觀態度。畢竟，築城已經達到相當的強度，第七師團抽出的兩個大隊也已經在將軍廟附近集結中，且第六軍的戰場統帥也總算趨於純熟，因此應當可以好好打一仗才對——服部和辻都是這樣期待的。

當天下午六點十分，急忙從海拉爾趕回戰場的第六軍司令官，向關東軍司令官發出了一封極秘的緊急電報：

根據二十日的戰況判斷，在第二十三師團正面出現的敵人第一線兵力，至少有兩個步兵師和機械化部隊，眼下判斷他們的進攻重點，應該是胡魯斯台河南方地區。

這時關東軍司令部第二課（情報）對蘇蒙軍戰力的判斷是，兩到三個步兵師、再加上兩到三個戰車旅，而作戰課的判斷，則是實際集結兵力或許有這樣的兩倍以上。儘管光這樣就已經是相當恐怖的戰力，但這時候他們還是受到「敵方補給線從鐵路終點站起，必須進行七百五十公里的汽車運輸，而這是不可能之事」的自我中心判斷所支配。

服部在《機密作戰日誌》中，就用極為強勢的語氣這樣寫道：

這時作戰參謀們的感覺是，我們最好的機會就是敵人轉為攻勢之際；大家都相信，趁著這個機會，一定可以捕捉到敵軍。

關東軍司令部的加藤報導班長也在同一天傍晚發表談話，大張旗鼓表示「勝券在握」：

「敵人再次於我軍的兩翼渡過哈拉哈河，展開新的大規模反擊。這次諾門罕事件，對於讓蘇聯自我反省武力的無益，並領悟到滿洲國國防堅若磐石有極大的意義。本軍為了摧破敵方之新企圖，將會再次展開攻擊，以期一舉擊滅之！」

然而，在戰場上預期會被擊滅的，其實是日軍自己……

●莫斯科、然後是柏林

日本時間八月二十一日下午六點，莫斯科正值中午時分。這時候，史達林想必正一邊津津有味地吞雲吐霧、一邊振筆疾書要給希特勒的書信吧！

此致德意志元首　阿道夫・希特勒閣下

對於閣下的書簡，我深感謝意。我也期望《德蘇互不侵犯條約》，能為兩國間的政治關係改善，帶來決定性的轉機。

對於里賓特洛甫先生於八月二十三日訪問莫斯科一事，我謹在此以蘇維埃政府委任之權限，告知閣下，蘇維埃政府已經同意此事。

約瑟夫・史達林

在東方，朱可夫傳來報告表示，諾門罕方面的軍事行動進展相當順利，正按照作戰計畫一一擊破日軍的抵抗，將勝利一步步確實收入手中。如此一來，史達林便不再有後顧之憂，接下來只要專心面對那個小鬍子獨裁者就行了。

史達林對希特勒的回應既簡潔又鄭重，但卻帶著幾分事不關己的冷漠。希特勒在書簡中，大量使用「我歡迎」、「我承諾」這種第一人稱的呼喊，但史達林卻把自己的意志，隱藏在「蘇維埃政府」的後面。在這段回應中，完全看不到對這場世紀交易的些許興奮之情，彷彿和個人的情感全然無關，就只是事務性而已。

對身處鷹巢山莊的希特勒而言，史達林是否傳來表示友情的文字，那都是其次。相反地，不帶任何曖昧意味的書寫方式，才是他極度歡迎的。八月二十一日晚上九點三十五分（德國時間），史達林的電報傳到了柏林外交部，接著又透過電話在晚上十點抵達鷹巢，翹首盼望的希特勒收到這份回應，不由得大為狂喜。

前一天晚上，希特勒神經極度緊繃，整個人憂心不已，一個晚上都沒睡。他在半夜撥電話給戈林，哽咽訴說自己的不安，還大大傾吐對遲鈍俄羅斯人的怒意。史達林那邊主動提出「互不侵犯條約」的真正意圖到底是什麼？希特勒愈想愈懷疑，擔心自己是不是被欺騙了；那種疑神疑鬼的感覺，始終揮之不去。

但是，此刻仍然必須做出決定。據同席者轉述，當接到電話的那一瞬間，希特勒發出了前所未見的叫喊聲，開始用拳頭用力敲打牆壁；最後，他這樣大聲咆哮著說：

「終於，全世界都納入我股掌之中了！」

柏林的大島大使接到里賓特洛甫的電話，得知《德蘇互不侵犯條約》將於二十三日在莫斯科正式簽署，是在當天晚上的十一點。

「事實上，隨著但澤問題複雜化，再加上蘇聯有向英法靠攏的可能性，因此除了這樣做之外再無他法。再說，我們一直要求盡早締結三國同盟，可是日本卻持續沉默長達半年之久，不是嗎？事情就是這樣一回事。簡單說，我們德國在不得已的情況下，非得探尋其他的道路不可。」

大島聽到這段話，感覺如墜夢中，聽完之後為之啞然，一句話都說不出口。里賓特洛甫應該不可能不知道，與德國最友好的日本，正與蘇軍在諾門罕附近交戰吧？

「……德國的行動違反了防共協定，我必須嚴重抗議。」大島竭盡心力，好不容易擠出這樣一句話。他已經完全被打垮了。一直以來為了日德攜手合作的夢想全力以赴的歲月，到底算什麼？（這樣一來，蘇聯就能在亞洲戰線集結全力了，甚至也有可能介入日中戰爭……）身為軍人的大島，瞬間感到憂心不已。

德國國營廣播電台在晚上十一點中斷了音樂節目的播送，迅速傳達了德國在外交上大轉彎的新聞。歐洲各國在驚愕之餘，也盡可能採取了敏捷的應對手段。

●東京・三宅坂上

柏林時間晚上十一點，是東京的二十二日早上七點。

在日本比任何人都更驚訝的，莫過於參謀本部作戰課了。他們正處在「斷然下定決心，進一步負起全部責任」，打算以包含倒閣在內的手段，讓三國同盟朝「無條件成立」這一終點狂奔的最高潮當中。本來他們的職責是戰略戰術，但這時候已經徹頭徹尾，投身在這項政略的實現當中。

正因如此，當八月十八日由關東軍司令官署名、致參謀總長的電報（起草者為服部）「……關於（諾門罕）事件的處理，我們認為中央與敝部間的認知一致極其重要，因此希望能儘速派遣參謀次長到前線，以便從長計議」抵達參謀本部時，作戰課對這份難得的提案，完全不理不睬。

之所以會有這份電報，是源於植田軍司令官對稻田作戰課長的親哥哥坂西一良少將，做了一番沉痛的述懷。

「關東軍對於被中央冷眼相待，總是忍不住感到淒涼。雖然我也常告訴自己說：『有中央才有前線，』但這種感覺依然相當深刻啊！」

坂西向稻田傳達了植田的心痛，從而為參謀本部與關東軍的「和解」打開了一條道路。按常理來說，這種案件都是幕僚聯絡，頂多在形式上由次長和參謀長間進行商議。這次由軍司令官署名發報給總長，可以感覺得到植田非比尋常的決心。

稻田在戰後也這樣記載：「大本營雖然在塔木速克空襲之後，對關東軍作戰課的態度抱持強烈反感，但除了這個問題以外，倒沒有其他感情用事之處。因此，我們馬上就參謀次長前往滿洲一事，著手進行研究。」中島次長也回憶說：「如果能排除萬難飛到新京，在視察實況的同時，也特別聽取自關東軍司令官以下當地人員的意見，那麼對事件的最終處理，應該會產生更加正面的影響吧！」

儘管多少有辯解的意味在，但這毫無疑問是同樣唯我獨尊的參謀本部作戰課與關東軍作戰課，握手言和的最佳時機。八月上旬，東京與新京間的聯繫，幾乎徹底斷了線，而關東軍對此究竟反省到什麼程度，實在也很讓人費解。

辻在手記中，對於此事這樣記載。

「軍司令官好幾次表示希望次長前來滿洲，但卻遭到了拒絕。（中略）次長沒有親自來滿洲的勇氣，應該是害怕擔責任，所以不得不拒絕吧！」

如果是這樣，那關東軍首腦的低姿態應該是真的，而這也確實是雙方修好的最後機會。

可是，三宅坂上的秀才們，正埋首於其他重要案件之中。是什麼事情驅策著他們呢？若是按照預定的劇本，八月十五日要提出陸相的辭呈。三宅坂上眾人想要制止此事，因此在半絕望中拚命研究著某個妙方，希望能讓日本對德義最終取得主動權。

這個宏偉的計畫是作戰課的中佐參謀秩父宮雍仁親王所提出，內容是為了與希特勒和墨索里尼進行會談，希望能派遣平沼首相前往歐洲。秀才參謀們為了在五相會議上提出這個計畫，不眠不休地進行研究和討論。簡單說，他們已經是背水一戰，準備提出這個妙方了。

正因如此，儘管關東軍司令官煞費苦心提出要求，三宅坂上對於前往新京這件事，還是揮揮衣袖拒絕了。

按照眼下的情勢，要滿足貴軍司令官的希望實有相當困難，因此我們決定不派遣次長前往前線，謹此告知。以上。

這封參謀次長發給關東軍參謀長的電報，於八月二十一日下午六點二十五分發出。

就在這封堪稱放棄對關東軍領導統御的電報發出十二小時後，那篇讓秀才參謀規劃的政略全都付諸流水的報導，從柏林傳到了東京。德國和蘇聯締結同盟了！三宅坂上毫無疑問，一定鴉雀無聲。

陸軍長老宇垣一成在日記中，嘲笑了後輩的驚愕。當時的真實情況，恐怕就像他所寫的這樣吧！

德蘇締結互不侵犯條約的報告，讓霞關和三宅坂邊全都一副晴天霹靂的樣子。驚天動地的狼狽、憤慨、怨恨……形形色色的樣貌全都畢現，但在我看來，這根本不值得大驚小怪，畢竟該來的總是會來。

那些得意洋洋的輕浮小輩，根本就是心不在焉、視而不見、聽而不聞哪！

海軍的高木惣吉日記也相當有意思。

政府也好、陸海軍也好，在各種不同的意義上，全都露出一副驚訝到合不攏嘴的樣子。平沼內閣的立場已經完全化為零。可是仔細思考……英國既然可以把日英同盟出賣給美國，那德國把《防共協定》賣給蘇聯，也沒什麼好驚訝的吧！蘇聯也說不準什麼時候，會把《德蘇互不侵犯條約》出賣給英美。我們必須理解到，今日的國際信義，不過是從屬於國家利害罷了。

雖然引用的篇幅很長，但就像高木所言，國際信義的不可靠從古到今都不曾改變。自昭和八年（一九三三）退出國際聯盟以來，當時一直在「光榮孤立」中自我感覺良好的日本，會對國際外交的殘酷表現出一副無知蒙昧的樣子也是理所當然的吧！

不管怎樣，從驚愕稍微回復平常心後，陸軍中央立刻召開檢討會議，討論今後的國家方針。彷彿將平常侃侃而談的議論全都拋到腦後一般，大家結結巴巴、意氣低沉地不斷提議。結果自然落到了這樣三個選擇上：

一、是否與德、義、蘇聯合？

二、是否與英、美、法聯合？

三、是否繼續走孤立獨往的道路？

不管選擇哪條路，都必須和一直憎恨的海軍進行協調，坦率交換意見，以因應今後世界政局的變化才行。更重要的是在歐洲，圍繞著波蘭情勢，戰爭一定會發生，而日本要走的道路將會更加艱辛。

就在三宅坂上死氣沉沉、迎來這天傍晚的時候，作戰課又接到一個令人更沉痛的報告：諾門罕方面的蘇蒙軍轉為總攻擊，從二十日起展開激戰，小松原師團被優勢敵軍包圍，正陷於苦戰中。蘇聯揮下的這記重鎚，再次打碎了秀才參謀的幻想。儘管有接到蘇蒙軍似乎企圖展開總攻擊的報告，但有誰預料得到，他們竟然這麼早就在哈拉哈河東岸斷然發起攻勢呢？不是應該直到冬季，都一路對峙下去的嗎？

●哈拉哈河東岸・戰場

八月二十二日晴、暑。

敵人優異的戰車出現。

由於BT戰車是採用汽油，用火焰瓶攻擊很容易就會燒起來，因此我軍對這種戰車攻擊並不感恐懼，反而覺得興味盎然，擁有極大的必勝信念。然而，新出現的戰車不是裝備汽油引擎，用火焰瓶的肉搏攻擊毫無效果，不由得大失所望。兵器的出人意表，竟有如此大的效果！

這是當天小松原日記的一段。其他還有很多指出蘇蒙軍已做好萬全攻擊準備的內容，最後以這樣的話作結：

企圖展開攻勢的敵方準備之周密，是我軍所無法比擬的。那完全不是只憑人力進行的作戰準備啊！

這天，關東軍作戰課斷然實施了即使背離三宅坂上，也要堅持主張的塔木速克越境轟炸。據他們發表的戰果，共擊墜、擊破了敵機九十七架，日軍飛機則有十餘架未歸。雖然應該算是達成了預期的戰果，但蘇聯空軍的優勢並沒有改變。蘇聯空軍完全沒有遭受痛擊的感覺，哈拉哈河戰場上空的制空權，仍然被他們牢牢掌握在手中。

在戰場——東岸的所有日軍陣地中，都展開了死鬥。已經沒有前線和第二線之別，也沒有火焰瓶和紅豆麵包（地雷）了。蘇聯戰車筆直衝進日軍部隊裡，將士兵一一輾過，速射砲也被對方的砲彈直接命中，飛上半空中四分五裂。特別是火焰噴射戰車大發神威，將陣地的掩蓋與地下壕一一點燃，日軍有組織的抵抗於是完全遭到粉碎。但就算如此，日軍士兵仍然在包圍下持續著頑強的抵抗。

在此引用作家伊藤桂一先生透過綿密取材為基礎寫成的作品《靜靜的諾門罕》（静かなノモンハン）中[2]，一段令人印象深刻的場面。

到了傍晚，戰車軍陸續往後退，取而代之的是衛生車出來，在我們眼前開始收容死傷者。我們只能默默地看著這副景象；衛生車上畫著紅十字標誌，成員不是戰鬥員，因此我們不能攻擊。另一方面，我們也必須將戰鬥間來不及收容的死傷者，加以收容起來。簡單說，每一天的戰爭，就是在這天的戰場掃除後，第二天又繼續戰鬥，如此反覆不斷地殺戮。

在這種狀況下，從被破壞的陣地後退，退到後方諾門罕附近的台地，重新鞏固防禦陣勢，不是理所當然的事嗎？但是，在戰場指揮官和參謀的腦海裡，卻似乎完全沒有浮現出這種連門外漢都想得到的事

2 編註：《靜靜的諾門罕》於一九八三年出版，隔年分別獲得第三十四回藝術選獎文部大臣賞，以及第十八回吉川英治文學獎。

情。

第六軍司令部在二十二日午後，不但沒有打算強化守備，反而還下達「轉守為攻」的軍命令給小松原。

第二十三師團應舉其主力針對胡魯斯台河南方地區之敵，將重點保持在東方，並準備捕捉殲滅敵軍。攻擊開始時間預定為二十四日拂曉。收到這份命令後，師團於下午五點三十分發出了攻擊準備命令。

第六軍和第二十三師團，看樣子是真的相信他們有「捕捉殲滅敵軍」的戰力，而且還可以押在某一個點上——即使在這個沒有制空權、敵軍兵力是三倍以上，而且我方消耗的戰力沒能恢復、也沒有補給、更無法增強火力的時刻……

在這當中，特別小松原更是如此。須見在戰後的手記中，描述了一個令人啞口無言的場面。雖然日期不甚明確，不過據判斷應該是在二十二日晚上。

這天晚上，負責防備烏蘇特水方面的須見接到召喚，急急忙忙趕到司令部所在的營地。小松原身邊只有參謀長侍立，當須見對坐下來後，他立刻開口，發出了師團長直接下達的命令：

「須見兄，我想要麻煩你再次調動一下貴部隊。師團會用一部分部隊維持現有陣地，同時以主力從胡魯斯台河左岸地區轉守為攻；你的部隊將從距離胡魯斯台河左岸師團主力更遠的左方出發，突破位於哈拉哈河東岸敵軍的右翼，爾後席捲哈拉哈河東岸地區，切斷當面敵軍的退路。對此，你的想法如何？」

須見聽到這話，不由得大為咋舌。

在敵軍戰車縱橫奔馳，還有小松台地敵重砲砲口林立的前方，要讓我軍部隊像分列式一樣，進行大規模的轉進，這到底是在想什麼？簡直就是癡人說夢吧！

「閣下！我的部隊雖說是聯隊，但已經各自分散派遣，現在只剩下兩個中隊不到。生田大隊正在前線，飛伊高地有兩個中隊、師團司令部有一個中隊、烏蘇特水有一個中隊，都已經分割出去了啊！」

面對須見火速的回答，小松原並沒有露出特別驚訝的樣子。

「生田大隊的事我知道，但其他的事我就不知道了。」

這種滿不在乎的回應，讓須見為之啞然，語氣也變得更重更急了。

「作為第一線部隊長，儘管接獲了師團命令，但這項命令究竟是出於師團長本人的意志，還是僅為參謀的處置，這點我實在不清楚。總之，對於閣下這份完全搞不清楚狀況的師團命令，我只能說，事實就是如此！」

小松原心想，我可是親眼看過作戰參謀拿來、依據現有部署作成的師團兵力表，並對此做過十分周密的檢討才下達這道攻擊命令的啊！然而，須見這傢伙卻把這項計畫說得好像完全不經大腦似的。照他這樣說，難不成我是以自己隨便想想的戰力為基礎，向全軍下達轉守為攻的準備命令嗎……？

須見寫道：

「師團長表情認真地答道：『是這樣嗎!?』一旁侍立的參謀長，則始終沉默不語。實在太荒謬了，他到底在做什麼啊！在這種面臨實戰的時候……這位師團長似乎打從一開始，就被一種迷思所困惑了。」

這樣思索的須見大佐，明確回答道：

「您剛才所下達的重要任務，就現在的情況而言，憑我的部隊是無法達成的，所以請恕我拒絕。我的部隊光是保持現在的陣地就已經相當吃力了……要是我的陣地瓦解，師團的攻勢支點將會毫無任何根基地徹底覆滅。沒有支點的轉守為攻，只會導致土崩瓦解。我的部隊所想的，就只有在現在的陣地裡拚到最後一兵一卒；我們甚至都已經做好處置軍旗的準備了。」

被詢問意見的須見竟作出這樣的回應，給小松原留下了一種抗命的印象；這點呈現在事件後須見遭受的處置中，不過這是後話了。

結果，須見提出的意見並沒有被採納，只是正式下達的攻勢計畫中，對最左翼敵人進行側背迂迴的部隊，並不是須見部隊，而是由以新編成的獨立守備步兵第六大隊為基幹的支隊（指揮官四谷巖大佐）來擔任。另一方面，須見死守陣地的心願也落了空，他的部隊被編入森田範正少將指揮的左翼攻擊隊。

這項不知敵又不知己的轉守為攻，就這樣定了下來。這種在不該發動攻擊的時候進攻、還捨棄掉防禦的攻勢，只是導致前線更早一步潰滅，並招來悲慘的下場。須見所說的「土崩瓦解」已經迫在眼前。

●莫斯科．克里姆林宮

就在須見大佐從小松原師團長那裡聽到這個愚蠢作戰計畫的同時，莫斯科時間下午一點，在克里姆林宮的會客室中，日本大使東鄉茂德從蘇聯副外長羅索夫斯基（Solomon Lozovsky）那裡聽到了一段出乎意料的談話，讓他不禁懷疑起自己的耳朵。

「如您所知，在諾門罕地區正持續發生不幸的事態。」副外長突然說出這樣一句，「對日蘇兩國而言，這是沒有直接關係的紛爭，因此我認為可以透過彼此在外交上的努力，來對此加以解決。」

東鄉好不容易忍住差點嗆到咳嗽的衝動，低聲問道：「您的意思是……」

「只要得到大使閣下的同意，我們蘇聯政府就會考慮針對停戰進行交涉。」

羅索夫斯基這樣說道。

對於能從難纏的對手口中，直接聽到這個自己不論何時都想好好說出口的提案，東鄉不由得深覺感謝，但在臉上並沒有顯露出表情。

「我同意開始交涉。但是，我國的輿論對於領土侵犯已經燃起了怒火。希望您能在充分理解這點的情況下，再來進行交涉。」

蘇聯副外長的眼睛因為憤怒而變得血紅。

「大使閣下，我想您應該知道，自二十日起，蘇聯、蒙古軍，已經在戰場上保有明顯優勢了吧！」

東鄉確實已經接到了關於此事的報告，但是他也不願就此認輸。

「在這場邊境紛爭中，日軍為了顧慮滿洲國軍，始終不曾像貴國這樣投入大規模兵力。如果有必要的話，我們也可以從中國和朝鮮抽調大部隊立刻北上。但是，如此一來勢必會演變為日蘇戰爭。和平交涉乃是我等期望之事；關於剛剛我所提出的這些事項，還盼您以十二萬分之熟慮，深切考量為宜！」

羅索夫斯基露出咬牙切齒的表情，但已經沒有那麼盛氣凌人，而是開始用平穩的態度進行對話。

作家阿部牧郎先生解釋說，這是因為「遲遲不肯提案進行和平交涉的日方態度，讓蘇方感覺有某種不尋常之處」。這確是一語中的，可以說是東鄉的執拗換來了勝利吧！蘇方原本是期待日方代表或許會慘叫告饒，但東鄉自始至終保持一副面無表情的樣子，如此反而讓蘇方感到憂懼，心想在他背後，是不是隱藏著日本陸軍的某種龐大作戰計畫。我們真的有和日本進行全面戰爭的覺悟嗎？對現在的蘇聯而言，這其實是最不希望的選擇。

就這樣，在雙方都掩藏起自己真正意圖與意氣的情況下，日本大使與蘇聯副外長達成了協議。關於停戰的條件，將在下次會議中各自提出；至於會議的時間，則預定是在九月九日。

雖然再次提出這點有些不好意思，但是「如果」第六軍司令部與第二十三師團司令部，早一點知道這個事實的話……假使真是這樣，他們應該會重新思考斷然轉守為攻這件事吧？不，為了讓外交交涉導向更有利的方向，他們搞不好反而會勉強自己做出更積極主動的行動也說不定。果然，歷史是沒有「如果」的。

第二天（二十三日），克里姆林宮周邊陷入一片節慶般的熱鬧氛圍當中。廣場上掛滿了納粹的鉤十字旗，與有著槌子與鐮刀的蘇聯國旗排列成行、迎風飄揚。鉤十字旗是從製作反納粹電影的電影公司急急忙忙調度而來的，軍樂隊反覆演奏著納粹黨歌與「國際歌」。

這天晚上，《德蘇互不侵犯條約》正式簽訂（註三四）。這份條約的要點包括了：（一）德蘇不對彼此進行武力行為；（二）當與第三國發生戰爭時，雙方不得支持第三國；（三）關於兩國之共同利益，經常互相通告、彼此協議；（四）不論直接或間接，都不得袒護成為敵國的第三國。同時，雙方還締結了重大的秘密協定，那就是決定了德蘇勢力圈在波羅的海諸國領土方面的界線，以及瓜分波蘭的德蘇界線。

史達林端坐家中就把巨大的獵物拱手納入掌中。

深夜，在克里姆林宮的一間房中舉行了小型派對。新建立起關係的「朋友」不住握手，再加上不惜血本傾注的香檳，大家一同舉杯，慶祝愚弄了「愚蠢」的英國。在響個不停的乾杯聲中，史達林是心情最暢快的一人。

「我深知德意志國民是多麼受到元首恩惠的照拂，也深知大家對元首的愛是多麼地深。在此謹祝卓越的元首閣下健康，乾杯！」

莫洛托夫為里賓特洛甫與舒倫堡的健康乾杯，接著又為了史達林舉杯。

「為首次帶來德蘇關係轉換的偉大總理，乾杯！」

就這樣，在不斷重複的乾杯聲與杯觥交錯聲中，長年籠罩在敵對關係下、令人恐懼的黑霧散去，不知不覺萌生的親近感，伴隨著璀璨的光輝開始探出頭來。史達林對希特勒表示祝福的乾杯，並不只是嘴上說說而已；那是他在希特勒身上，看到了生存在同一個時代、與自己同質同等的人性特質，打從心底表達的敬意。

史達林一邊啜飲著葡萄酒，一邊和里賓特洛甫長談直到深夜。最後，他用認真的表情與剴切的談話，為這晚的宴會做下總結。

「蘇維埃政府對這項條約的態度是極為認真的。我以名譽保證，蘇維埃聯邦絕對不會背棄締約的同盟國！」

同一天，英法軍事使節團在低階蘇聯將官的目送下離開了莫斯科。蘇聯全權代表伏羅希洛夫元帥表示，因為自己要去獵鴨，所以很遺憾沒能前來相送。

●哈拉哈河東岸・戰場

就在克里姆林宮的房間裡談笑晏晏、杯觥交錯的時候，諾門罕附近的戰場，迎來了八月二十四日的早晨。清晨的草原間，杜鵑鳥不停啼叫，饒舌的雲雀也吱吱喳喳叫個不停。這天，整個戰場籠罩在一片厚重的霧氣中，哈拉哈河的河水也如同平常一樣，只是靜靜流淌。

將時間稍微往前倒回一點，第六軍司令部在昨天向關東軍發出了報告戰況的電報。

敵方攻勢並無重點，雖然企圖兩翼包圍，但威力微弱。他們的砲擊也從本日（二十三日）午後開始，逐漸趨於緩和。本軍除了在左翼方面，為了爾後企圖而自主後退以外，其他各方面的陣地都能堅持下去，還請務必安心。

明日（二十四日），我們將如預定給予對方一擊。

敵人的後方擾亂實屬輕微，完全不構成問題。

儘管敵方的砲擊造成我軍損害略多，但將士的士氣仍相當旺盛。

雖然不知道他們究竟是從哪裡生出這種誓吞敵軍的氣概，但就像這樣，日軍高層的戰場感實在相當樂觀。

然而，關東軍司令部因為迄今為止的沉痛教訓，對事態則不這麼樂觀。植田因為第六軍不熟悉狀況，所以急忙派遣矢野和辻兩位參謀前往戰線，又下令第七師團的殘留主力部隊前進到海拉爾。同時，他還從第三軍和第四軍當中，各自抽出四個中隊置於第七師團的指揮下，以期萬全。

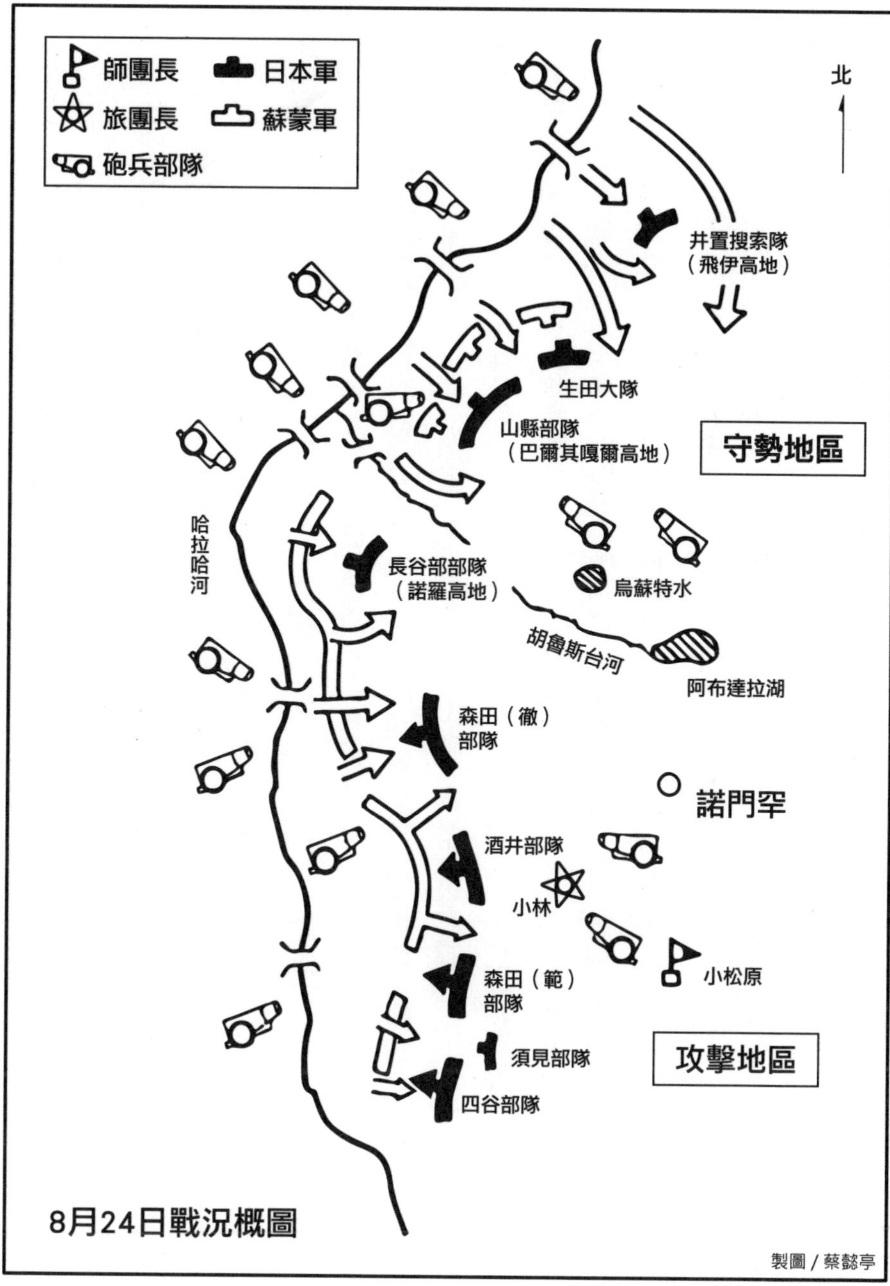
師團長
日本軍
旅團長
蘇蒙軍
砲兵部隊
北
井置搜索隊
（飛伊高地）
生田大隊
山縣部隊
（巴爾其嘎爾高地）
守勢地區
哈拉哈河
長谷部部隊
（諾羅高地）
烏蘇特水
胡魯斯台河
阿布達拉湖
森田（徹）
部隊
諾門罕
酒井部隊
小林
小松原
森田（範）
部隊
須見部隊
攻擊地區
四谷部隊
8月24日戰況概圖
製圖／蔡懿亭

在海拉爾和負責指導抵達部隊的矢野道別後，辻在二十三日的傍晚，隻身出現在將軍廟的第六軍司令部。在他的手記中，描述了這樣一副歡樂且氣勢凌人的景象。

「荻洲中將端坐在帳幕內，不住倒著威士忌說：『哎呀，辛苦了，你也來一杯吧，就當作是預祝勝利！』真是好一副喜氣洋洋的氛圍。那是一處位在沙丘背後，施加了偽裝的帳幕。幕僚攤開地圖，為明日的轉守為攻進行推演……自藤本少將（參謀長）以下全都自信滿滿，認為明天一定可以獲致大戰果，擊滅敵軍主力。」

八月二十四日，這場「擊滅」的早晨終於到來。

師團將戰線各處盡可能搜刮的兵力集結起來，準備對胡魯斯台河南方展開攻勢。為了這場攻勢，作為守勢地區，由北而南分別以井置搜索隊（飛伊高地）、山縣支隊（巴爾其嘎爾高地）、長谷部支隊（諾羅高地）的步兵約七個大隊為骨幹，對現有陣地進行確保。這場反擊作戰，是以瀕臨危機的胡魯斯台河南部地區為攻勢地帶，進行大規模的展開。攻擊部隊包括了右翼隊（由小林兵團長指揮，以森田（徹）部隊與酒井部隊為骨幹）、左翼隊（由森田範正少將指揮，以須見部隊和蘆塚部隊為骨幹），再加上在外側最左翼的四谷支隊。也就是要以步兵九個大隊為基礎，從莫呼雷希湖附近打出去，朝著敵軍主力的側背攻擊前進。按照計畫，這支部隊將會把敵人南方軍加以「捕捉殲滅」。

可是，現實並不像紙上演習那樣美好。儘管他們試著按照既有戰術常識的慣例行事，但在沒有充分準備的情況下，轉守為攻實屬難以達成之事。在蘇蒙軍的猛攻下，二十四日早上照預定開始攻擊的，只有約五個大隊的戰力。在右翼隊方面，森田徹大佐的部隊並沒有抵達。在左翼隊方面，須見部隊因為沒有可供運輸的汽車，所以無法從遠處移動過來。

然而，身處第六軍司令部的辻，在早上九點四十五分發出給關東軍參謀長的電報中，仍然豪氣干雲地這樣說。

「……以師團眼下的態勢，朝敵人右側背後急襲的勝算相當之高。」

這位身經百戰的勇猛參謀是這樣觀察的。之所以如此，大概是因為他每次出戰的時候都對自己過度自信、且必定勇猛向前的緣故吧！在他想來，日軍距離蘇蒙軍第一線只有三公里不到，離主陣地也只有五公里左右而已，如果發動猛攻，一定可以一舉殲滅對方。

然而，實際情況並非如此。攻勢作戰要成功，必須確保現有陣地才行；然而被賦予這項重任、位在飛伊高地的井置搜索隊，在蘇蒙北方軍的猛攻下激鬥四天後，到了二十四日拂曉，已經瀕臨全滅的危機。以下是這支搜索第一中隊戰鬥詳報的一部分。

「大量敵人隨著天亮逼近陣地，交通壕被埋沒、彈藥用盡、水井被占領，乾渴至極。由於幾天以來在欠缺食物的情況下不眠不休奮戰，將士的疲憊困頓已經到達極點；大部分傷兵都只能拉開手榴彈，集體自盡。」

第六軍司令部參謀的腦袋裡，只想著對胡魯斯台河南岸的攻擊作戰，至於守勢地區的飛伊高地，則完全被他們給遺忘了。

蘇聯方面的史料對於飛伊高地的頑強抵抗，毫不吝惜地給予讚美。引用史家坂本是忠先生的報導，這場戰鬥「毫不誇張，必須一座壕溝接一座壕溝，用手榴彈和刺刀將日本兵打倒。連一個俘虜也沒抓到。

戰鬥後有六百名以上的將士屍體從壕溝中被扛了出來」。

就像前面講過的，我從一開始，就沒有在這本書中詳細書寫各部隊戰記的打算。儘管再怎樣強調悲慘的程度都不為過，且針對一支部隊——不，不只部隊，而是大隊、中隊、小隊、乃至每一位士兵——的戰鬥仔細書寫是很重要的事，而我也很清楚這是對戰死者的鎮魂之舉，但這需要的頁數實在太龐大了。另一方面，過去出版的許多「戰記」，對此事也已經有相當的著墨。故此，我只好將這件事交給那些作品去處理，在本書中則將此事割愛，還請見諒！

上午十點，在樂觀與深切的期待下，隨著晨霧散去，對胡魯斯台河南部的攻擊同時展開；這場攻擊的結果又是如何呢？寫到這裡，我的筆鋒不由得為之一滯。這場戰鬥，最後只是眾多將士壯烈的苦鬥，以及徒勞無功的死去罷了。

日軍的攻擊前進不只在這天太陽西沉之際遭受頓挫，還反過來遭受為數甚眾的敵人猛攻，不得不退卻。位在距離攻擊部隊一公里處後方的小松原司令部，終於接到來自右翼隊、悲痛的電話聯絡：

「右方第一線衝入敵陣地，遭到敵方戰車的反擊與蹂躪，接近全滅！小林兵團長重傷、酒井聯隊長重傷、大隊長、中隊長幾乎全部死傷！」

我們知道日軍這場拚死瘋狂的突擊，是由小林兵團長腳踏長靴，身穿將官服，親自揮舞軍刀殺入展開的。然而，在體型龐大、速度飛快，就算投擲火焰瓶也不會燃燒的蘇聯戰車猛擊之前，日軍部隊的將士，只不過是被單方面殺戮的標靶罷了。

酒井部隊陷入潰滅狀態，眼見這樣下去軍旗會有危險，第五中隊長原田中尉只好將軍旗裹在肚子上，然後撤退。

接下來，小松原也收到了左翼隊長森田範正的聯絡；森田表示，這邊的前進受到敵軍火力所阻，無法斷然實施突擊，只好在壓倒性的敵主力之前停止，以觀戰機。作戰目的完全無法達成。

小松原在日記中指出，攻勢頓挫的首要理由是命令不徹底、準備不充分。

作命（作戰命令）於二十三日兩點傳達給各隊受領命令者，但遠隔的部隊——比方說森田範正、森田徹、長谷部、井置部隊等都無法傳達本命令，只能簡單用無線電下達要旨命令。在這種情況下，各隊不只難以知曉大局，也沒有閒暇可以針對命令實行進行心理和動作準備。

明明如此，他還認為這場預期必勝的突擊，能夠達成作戰目的嗎……？

戰場上的日軍，在轉守為攻的第一天，就已經呈現了慘澹且濃烈的敗相。蘇聯戰車在整條戰線上，就像鋼鐵滾輪一樣四處輾過戰場（註三五）。

待在第六軍司令部中的辻參謀，在得知戰況惡化的消息後，不負勇猛參謀之名，急忙奔赴戰場。日落後，他在最前線目睹到的，是已經跟潰滅沒兩樣，正在退卻中的右翼部隊將士身影。他在戰場上的一座小小壕溝中，遇到了負傷的酒井部隊長；酒井這樣對他說：

「正午時分，我和旅團長小林閣下一起展開突擊，但在敵戰車的猛攻下，根本寸步難行，閣下也受了重傷。」

辻親身確認了作戰的失敗。同時也判定，按照師團命令於明天早上再攻擊根本是不可能的事。於是，辻獨斷地向酒井下達命令。

一、師團在明天拂曉時分，從左翼森田部隊方面繼續展開攻擊。

二、小林部隊（右第一線）作為師團預備隊。將死傷者一個不漏地後送之後，收拾兵力，在明天拂曉前集結到師團司令部的位置。

辻在手記上這樣寫道：

「雖然我不是師團參謀，但從現實的必要來看，我有必要斷然下達這種命令，除此之外再無其他選擇。我已經做好了承擔一切責任的覺悟。」雖然有點自賣自誇，但在這個時候，他的選擇可說是正確的。

但是，在遙遠北方的飛伊高地，並沒有收到這種「現實必要」的命令。就像小松原日記所言，作戰命令這種東西，只是透過無線電簡單傳達而已。身處飛伊高地的井置搜索隊在這天晚上，儘管仍持續勇敢奮戰，但已經被逼到了瀕臨全滅的極限狀態。

為什麼他們要這樣奮戰呢？因為那是陣地最北邊的要點。將來要從這方面再次渡河、越境攻擊的時候，這座高地也是最重要的陣地。正因如此，他們受命要確保這座高地。但在二十日時，已經決定在南翼方面轉守為攻了。雖然這場進攻的成果因為與師團聯絡斷絕而不明，但確保飛伊高地的意義，在這時可說已經失去了。

井置搜索隊長下定決心撤出飛伊高地，以圖後計，可說是理所當然的判斷。在壓倒性優勢的敵軍包圍下，他們孤立奮戰了四天；自搜索隊兩名中隊長以下的將士大半死傷，第二中隊能戰的士兵，甚至只剩下四、五名。戰到這種程度，表現其實已經相當好了。

「以晚上二十二點為期，向當面蘇軍發動攻擊，殺出一條血路，以曼蘇迪湖（飛伊高地東南約八公里）為大致方向前進。」

井置中佐一一問了麾下殘存各隊長的意見後，下達了這項命令。他用了「前進」而非「退卻」這個字眼；日軍是不能退卻的。

可是，《作戰要務令》是這樣規定的：

「當戰鬥經過趨於不利、需實行退卻時，必須依照上級指揮官的命令為之，這是不變的原則。」

搜索隊從飛伊高地撤退，算是在沒有上級指揮官命令下，自作主張的退卻吧！在搜索隊七五九名將士中，突圍而出的有二六九人。在日本軍隊中，受到百分之五十損害，按日俄戰爭的戰訓，就該算是受到殲滅性打擊了。然而，井置搜索隊雖然受到殲滅性打擊，卻沒有陷於潰滅，而是為了接下來的作戰行動，秩序井然地從飛伊高地撤出。

●柏林・元首官邸

八月下旬，讓人喘不過氣的酷暑日復一日地持續著。被太陽直射的柏油街道上，德意志國防軍的士兵們日復一日排成隊列，朝著火車站前進。

八月二十四日晚上，希特勒回到柏林，進入了元首官邸。明明是漂亮地完成了和史達林攜手這個讓世界為之震驚的壯舉，但他的表情卻顯得不太開心。第二天（二十五日），他的心情也還是不太好。之所以如此，理由只有一個：《德蘇互不侵犯條約》這張秘藏的王牌，並沒有對英法產生效果，這讓他不禁感到相當失望。

他原本確信一定會看到英國張伯倫內閣與法國達拉第內閣倒台的消息，但實際上卻什麼都沒有發生。希特勒一開始有點茫然若失，但旋即化成打從內心感到的憤怒。事情已經很明顯，如果德國攻擊波蘭，那英法毫無疑問，一定會發出宣戰布告。然而，他並不是一個知難而退的人，而是一個馬上會使出下一手的人。

希特勒立刻把英國駐德大使亨德森召喚到元首官邸。二十五日下午一點開始的一個多小時間，希特勒對大使狠狠說教了一番。簡單說，現在的紛爭是德國與波蘭之間的事情，英國實在沒有必要過來湊熱鬧；如果英國繼續干涉的話，那只會讓危險提升，也只會更接近引爆點——希特勒如此語帶威嚇地說著。

亨德森說：「這已經不是我能夠有所作為的層次了。」聽他這樣說，希特勒重重嘆了一口氣，然後又繼續絮絮叨叨地說：

「我說到底，其實是個不關心無情且愚蠢政治世界的人。我天生就是個藝術家，而不是個政治家。我只是想要讓德意志恢復原狀而已。如果能夠收拾波蘭問題，那我也不想做個戰爭販子，而是願以藝術家的身分，靜靜終其一生。我完全沒有打算把德意志變成一個大軍營。雖然我不得不和波蘭進行交涉，但若是這個問題告一段落，我就打算引退。希望英國能夠明白我的心情。」

亨德森沒有作出正式的回應。

接著，就在這天的下午五點三十分，倫敦外交部正式簽訂《英國—波蘭同盟條約》。這項消息在二十分鐘後，也傳入了希特勒的耳裡。

希特勒一邊遺憾地咬牙切齒，一邊打電話給參謀總長哈爾德元帥說：「原定二十六日早上展開的進攻波蘭作戰，延期！」

●哈拉哈河東岸・戰場

第一集團軍司令官朱可夫大將的命令，和希特勒正好相反。雖然稍稍收斂了一下兵鋒，但在八月二十七日，他對蘇蒙軍三方面兵團的各部隊下令：

「不得已，我們必須將包圍中的日軍更進一步分成幾個區塊，然後加以包圍殲滅之。」

蘇蒙軍所有的機械化步兵師、裝甲戰車旅，在砲兵部隊的支援下，為了終結戰鬥，再次展開總攻擊。

零星散布在廣大戰場的各個陣地內，遭敵包圍的態勢下，獨立頑強奮戰的日軍各部隊，在這時候已經幾近潰滅。彈藥、飲水、糧食、燃料，全都被砲擊與轟炸燒盡，和上級總部與司令部的通信聯絡斷絕，與鄰接部隊的聯絡也被斬斷，只能持續孤立奮戰下去（註三六）。

比方說，穆陵重砲兵部隊在前一天（二十六日）晚上，迎來了最後的時刻。因為護衛砲兵的須見部隊被毫無道理地調動，結果讓敵方戰車可以隨心所欲地對砲兵部隊發動攻擊。部隊長染谷義雄中佐在事先準備好的絕筆上填下最後的日期，拜託傳令士官向砲兵團長報告後，便在觀測所內自盡了。幾乎所有的將士，也在火砲彈藥射盡後衝入敵陣，和敵人同歸於盡。

野戰重砲兵第一聯隊在聯隊長三島義一郎大佐負傷後送後，便在第一大隊長梅田恭三少佐指揮下持續戰鬥，但在八月二十七日也迎來了最後的時刻。少佐在寫下遺書後，同樣拜託向砲兵團長報告，接著便在觀測所內自盡了。部下各自拿著手上的刺刀與少數的步槍，像步兵一樣戰鬥，最後全滅。

在此引用梅田少佐遺書的開頭段落：

我們相信已經使盡所有手段、奮戰直到最後，充分發揚了皇軍砲兵的威武，實在是讓人難以忍受的痛快啊！接下來大概還有兩小時左右的空檔，等所有彈藥射擊完畢後，我們就會衝入敵軍戰線，竭盡最後的忠節……

在諾羅高地上，由長谷部理叡大佐指揮的第八國境守備隊長谷部支隊，雖然將梶川大隊納入麾下、持續英勇奮戰，但也已經戰力耗盡。他們的死傷已經超過七成；這座為了轉守為攻，絕對必須確保的高地，在失敗的攻擊隊後退後，完全陷於孤立。

八月二十六日晚上七點十分，長谷部向支隊發出「撤出諾羅高地」的命令。

「正如當面敵情的各位所知，支隊已經用盡彈藥，若繼續下去，將不可避免地遭到全滅。因此我下令，支隊於今晚半夜突破敵陣、進行後退，占領七四九高地東南方一公里處的無名沙丘，以及七五八東北方一點五公里處的無名沙丘（俗稱柯普山）附近，一邊阻止敵軍，一邊掩護師團右翼……」

長谷部大佐在轉守為攻前透過幕僚指導，早早就想到在當面戰況陷入不得已的時候，就要後退到七四九高地（諾羅高地東北約四公里）附近，和鄰接部隊攜手合作。就這樣，他在二十六日晚上到二十七日早上突破敵陣，將守地按照預定計畫，轉移到七四九高地附近。

在後退之際，第一大隊長杉谷良夫中佐留下了一份貴重的備忘錄。

「迫擊砲隊全都赤手空拳、喪失了戰鬥力；所有的砲全都埋沒了。因為背負背囊無法輕快運動，所以背囊全都放置在原地。援護退卻的部隊，連一兵一卒都沒有留下；要留下一部分直至今日生死與共的將士、讓他們犧牲，我們實在不忍心啊！」

從他的話可以想見，這實在不是場輕鬆的撤退行動。

可是，蘇蒙軍再次強壓向這條後退的防衛線；他們終於擋不住攻擊，在二十七日晚上，再次為了脫離困境，不得不往後退。

八月二十七日的夜幕降臨在戰場上。日軍部隊不是潰滅、就是不斷後退脫離戰線，再不然就是在相當後方之處萬分艱辛地保持態勢，完全遭到了驅逐。戰場過去曾屬日軍陣地的地方，現在全都插滿了紅旗。朱可夫的殲滅命令完全按照字面意義，獲得了實現與實行。日軍的轉守為攻，反而遭致了提早潰滅的結果（註三七）。

這時候，在巴爾其嘎爾高地一帶，仍有一支部隊在死守，那是山縣武光大佐指揮的山縣支隊（步兵六十四聯隊主力）與伊勢高秀大佐指揮的野砲部隊；這兩隊兵力正承受蘇蒙軍的猛攻，持續展開激鬥。不，雖說是「一支」部隊，但其實還有另一支正朝著巴爾其嘎爾高地疾馳救援的部隊——那是小松原師團長親統的部隊。

這天下午一點，隨著戰況激變與巴爾西高地傳來的報告，小松原下定決心，要親赴救援。他對直屬的一千五百名部下訓示：

「我也已經做好戰死的覺悟；希望各位將士與我同心，抱持崇高的犧牲精神、完成任務！」

據小松原日記所述，岡本參謀長似乎瞞著小松原，私自向第六軍參謀長藤本鐵熊少將表示：「這樣實行下去的話，師團會死滅殆盡的。第二十三師團全滅會引發國際大問題，無論如何都必須阻止啊！」藤本只好不情不願的趕到師團司令部，敦促小松原改變心意。這時候是晚上九點，師團長直屬部隊正打算出發的時候。

在此我將小松原日記中記載的兩位將軍問答，稍微重新分解梳理一下。

「這是軍司令官的命令，請你立刻前來軍司令部。」

「軍司令官知道夜襲這件事嗎？」

「當然知道！」

「既然知道，那他認為應該實施夜襲呢，還是應該中止呢？」

「他覺得可以實施夜襲。」

「既然如此，那為什麼要召回師團長呢？你知道箇中含意嗎？」

「我不知道。」

「我已經下令要決死前進了，不能在不明就裡的情況下，終止這道命令！」

「夜襲可以命令其他人指揮、加以實施就好了啊！」

「不，為什麼我非得去軍司令部不可呢？在沒有明示任務的情況下，於夜襲出發前束縛我的行動，這實在太不可理解了！就照預定計畫實行！」

雙方就在都不明示真實意圖的情況下你來我往，結果大幅拖延了時間；等到救援部隊出發，已經是午夜十二點了。

在巴爾西高地的山縣與伊勢，這時候已經在商量是不是該脫離完全孤立化的陣地、後退到諾門罕方面，但始終難以下決定。山縣在下午稍早的時候，就已經得知師團長會率直屬部隊前來救援。雖然在這之後因為敵軍攻擊，無法通信、聯絡斷絕，但他相信救援部隊一定會前來。只是，救援究竟什麼時候會來，完全看不出端倪。不只如此，第一線部隊已經陷入苦戰惡鬥，非得做好全滅覺悟的狀態。蘇蒙軍的戰車逼近到離陣地三十公尺處，砲擊槍擊如雨般向陣地傾瀉而下，日軍砲兵的火砲已經全遭破壞。

眼見事已至此，山縣判斷救援部隊應該也會在蘇蒙軍的攻擊之下無法前進。就在日期更替的二十八日凌晨兩點，山縣和伊勢對麾下部隊下達了撤退命令；這是沒有上級指揮官授權的退卻命令。

執掌總指揮的第六軍司令部，面對麾下各部隊的這種慘狀，卻沒有下達任何適切的命令。明明感覺對那些瀕臨全滅的將士，有必要命令他們撤退或是停止攻擊前進，但參謀們卻都噤口不言。

閱讀官方戰史記載中、某位「當時相關人士」（如果是參謀，為什麼不明確寫出來？）的感懷，讓人不禁有種咬牙切齒、搥胸頓足之感。

「八月二十七日已經決定後續第七師團的部署，而這一兩天對軍司令部而言，是讓第二十三師團前方部隊撤退的最後時機……然而，軍司令部到最後卻始終沒有發出撤退的命令。站在戰鬥司令所中，看著遠方的巴爾其嘎爾高地上、數量愈來愈少的陣地間不斷升起的爆炸濃煙，自軍司令官以下，全都承受著椎心刺骨般的痛楚……大家在心中，都不住向小松原師團長以下的將士深感歉疚。」

作戰指導者的杜撰計畫、不顧首尾的指導，以及優柔寡斷的態度，每分每秒都讓更多的將士喪失性命。

●東京，然後柏林

受到《德蘇互不侵犯條約》締結（註三八）這項堪稱補刀的重大衝擊，像縮頭烏龜一樣躲著、一動也不動的平沼內閣，終於在八月二十八日宣告總辭。之所以如此，是因為感到被信賴的德國背叛之故。然而，德蘇條約一成立內閣便馬上總辭，會給外界一種「日本內部動搖」的印象，這可一點都不好。故此，他們並沒有馬上輕言進退，而是姑且先裝出平靜的樣子。

但是在此同時，平沼的辭意卻日益堅定。他向湯淺倉平內大臣吐露了自己的本意：

「國家政治落到今天這種地步，其實已經無法順利運行了。隨著《德蘇互不侵犯條約》的成立，日本外交已經徹底陷入了捨身飼虎的狀態。這說到底，都是因為陸軍無理才導致的外交失敗。面對這種情況，我只能盡日本固有的臣節之道，辭去自己的職務；一方面看陸軍能不能反省，另一方面也向陛下表達深刻的歉意（註三九）。」

確實，政府的政策已經徹底陷入了破產危機，而要一直不負責任地頑抗下去，也是不可能的事。「歐洲的天地，產生了複雜詭譎的新情勢」；在德蘇條約締結發表的五天後，平沼留下這句名言，終於宣布退職。繼任人選決定由陸軍大將阿部信行擔任，但天皇開出了相當嚴厲的附加條件：

一、必須和英美進行協調；

二、陸軍大臣由天皇自己指名。不管三長官的決定為何，應由梅津（美治郎）與畑（俊六）當中擇一選任；

三、內務、司法因為攸關治安，在選任時必須特別注意。

這時天皇的態度相當嚴厲，阿部感覺自己彷彿「被當面喝斥了一頓」，整個人像是驟然吞下一大口醋般，臉上的血管一下子都爆紅了。但，天皇確實是在喝斥他沒錯。不只是對他，同時也是在喝斥陸軍。天皇感覺，陸軍在三國同盟問題上的橫暴，已經到了難以忍受的地步。因此，當平沼彙整閣員的辭呈加以提出之後，他便特意找來畑侍從武官長，對他說了一番話。這番話收錄在《畑俊六日誌》當中。

「先前首相提出了辭職請求，陸軍大臣雖然也在形式上上表請辭，但純粹是其他閣員都辭，他也跟著一起辭罷了，這讓朕相當不滿。從他們推翻前言，在五相會議上製造糾紛這點來看，陸軍大臣難道不該痛感自己責任深重嗎？更進一步說，朕對陸軍全體是不是有『責任感』三個字，都深感懷疑！」

遭到天皇的盛怒斥責，又被平沼以「要求陸軍反省」為由提出總辭，陸軍中央陷入了四面楚歌的困境之中。即使是對外表現出一副桀驁不馴態度的參謀本部，也多少產生了一點反省的氛圍。

在這種時候，現在最不想再繼續擴大下去的問題，就是諾門罕方面的戰鬥了。不管怎樣設法掩飾，第二十三師團的戰勢，都已經潰滅到了無可挽救的地步。可是，關東軍作戰課那種強勢的態度仍然沒有垮掉，從二十八日寺田寄到三宅坂上、指名稻田課長親啟的信件中，就能明白這一點：

「我們可以反過來利用蘇軍發動無謀攻勢的機會，集中四個師團，給予他們一擊。之後進入十月酷寒降臨，不可能發動大規模作戰；我們可以利用這段冬天期間充分準備，在來春全軍動員，展開對蘇決戰。希望參謀本部也能做好這樣的覺悟。」

這封信的要旨，大致就如上所述。

事實上，關東軍不只是第七師團，就連防備滿洲東部的第二、第四師團，以及第一師團的一部分都動員起來，至於反戰車的輕型砲，更是幾乎將全滿洲的數量都搜刮一空、集結起來。他們的企圖，就是斷然在結冰期降臨前重啟攻勢，擊破敵人，打一場弔祭第二十三師團的大會戰。若是進入結冰期，就無法展開全面戰爭了；這段短暫的期間，被他們視為一個機會。

關東軍正準備孤注一擲，這讓參謀本部震驚不已。參謀本部既感到憤怒，又對他們的失控感覺恐懼與憂慮。在自由裁量的情況下，允許關東軍動用的頂多一個師團而已；但他們現在是要動員全滿洲將近半數的師團。連遭敗北，明明已經是逸脫常軌的事了，結果他們還要越冬宿營，準備來春對蘇聯發動全面戰爭。這除了說是自暴自棄到極點外，再無其他形容詞可言了吧！關東軍這些傢伙，全然無視於世界情勢的激變，他們到底在想什麼啊！

「要駕馭悍馬，只有兩種方式：斷然地鞭打牠，讓牠跑到筋疲力盡為止，要不然就是潑牠一盆冷水，搶先一步把牠壓制下去，就只有這樣而已。」

「一直以來給關東軍面子、凡事求穩當圓融解決，結果卻成了我們的失敗。」

「在這種時候，即使覺得有點不忍，也必須狠下心、斷然把他們壓制下去；這樣才不會遭到眾多英靈在九泉之下的責備啊！」

作戰課的參謀們認真地討論著。在不惜跟關東軍正面對決前，他們似乎已經怒不可遏了。就這樣，秀才們終於下定決心，為了讓事件盡快落幕，要下達大陸命。

幾乎就在同一時間，發生了另一件值得大書特書的事。八月二十八日接近中午時分（柏林時間），希特勒在元首官邸的辦公室內，做好了「不管付出怎樣的犧牲，都必須斷然執行對波蘭戰爭」的覺悟。

和莫斯科聯手這一擊沒能造成威嚇，除了讓希特勒對英國的期待煙消雲散外，也讓他那種又愛又恨的心情產生了動搖。但是，隨著日子一天天過去，憎惡的情緒也日益膨脹；既然無可避免，那也沒辦法，只能應戰了吧——希特勒在心裡，把自己看成了悲劇的主角。

希特勒因為失眠而疲憊、聲音沙啞到不行。他用這種沙啞的聲音，對集結的納粹黨與國防軍高級領導人說：

「各位因為哀愁的感情，讓心情緊緊封閉；但我期望的，是你們發揮出野獸般的行動。戰爭非常苦澀，或許也看不到美好的前景，但是……」

在粗啞的聲音中，希特勒臉上浮現出毅然決然的表情。

「只要我還活著一天，就絕對不可能投降。我必須確保德意志民族的生存，只有最強者才是正義！」

接著，雖然之後才要決定正確的時程表，但攻擊波蘭的新日期，已經淡然地決定為九月一日。

●哈拉哈河東岸・戰場

在八月二十九日上午八點的作戰命令中，第六軍的荻洲司令官，最終做出這樣的決定：

「在諾門罕附近集結兵力，為爾後的攻擊做準備。」

也就是對麾下全軍，下達了撤退命令。

對第七師團，他下令既無法攻擊也無法撤退、於敵包圍下惡戰苦鬥的左翼隊森田部隊、須見部隊、蘆塚部隊後退，以主力守住莫呼雷希湖南側地區。

對第二十三師團，他則用無線電下令：「儘速突破敵戰線，朝諾門罕前進。吾等之責任，就是執行這個最後的企圖，不論此刻自重的現狀如何，都務必嚴格實行本命令。」

這項命令並無法簡單地傳達。說到底，這天傍晚還留在戰場上持續力戰的，就只剩下無論如何都打算後退撤出的山縣、伊勢殘存部隊，以及為了救援他們而打算前進的師團長直屬部隊。也就是說，小松原本人已經深入敵陣，命令無法立刻傳達到他手上。

不只如此，山縣大佐與伊勢大佐，都已經在敵人包圍下切腹自盡了。這兩支部隊在不知師團長直屬部隊來援的情況下輾轉後退，但在破曉時分被蘇蒙軍發現，在猛追混戰下，各隊全都分散了。大部分的隊伍選擇了沿著胡魯斯台河的道路，但因為容易被發現，反而難以撤退。兩位部隊長身邊，只剩下少數的部下而已。山縣甚至沒有時間將步兵第六十四聯隊的軍旗完全燒盡。他只能將燒剩的軍旗穗子與旗竿就地掩埋，然後將身子伏在上面自盡（註四〇）。

小松原率領部隊的慘況，也可以透過他的日記得知。

> 我方的速射砲和自動砲[3]被破壞殆盡，只能依靠工兵與步兵的肉搏攻擊對抗之。有很多人遭到狙擊兵的側擊身亡，司令部所在窪地的損害相當之大……士兵之中，有人身受敵彈、全身染血，仍高高舉起

槍，大呼萬歲才倒地身亡。彈藥、糧食與衛生物資都欠乏，砲彈也令人苦惱。我焦急地等待日落，心情愈來愈痛苦。這天，軍中的無線電完全不通，於是我決定派遣田中、渡邊、村井三位中尉，向軍司令部進行決死的傳令……

由此可知，荻洲的命令並沒有傳到。絕望的抗戰仍在持續之中。

●新京・關東軍司令官室

由參謀本部作戰課擬定的諾門罕事件作戰終結命令，經過天皇親自裁可後，於八月三十日，以大陸命（天皇命令）的形式加以發布。

一、大本營的意圖是，在處理支那事變期間，滿洲方面的帝國軍之一部，應以防備蘇聯、維持北方邊境平靜為職責。

故此，在諾門罕方面應盡可能不擴大作戰，且設法盡速將之終結。

二、關東軍司令官於諾門罕方面，應盡量設法以小兵力進行持久戰。

這份天皇命令的根本主旨，就是要終止作戰、撤退兵力；只是為了撤退，進行必要的小作戰仍是被

3 編註：指的是九七式反戰車步槍，二〇公厘、裝彈七發，經過實戰驗證可有效實施反裝甲作戰。

允許的，這是不得已的附加條件。

不只如此，這次為了期待命令能貫徹到底，中島參謀次長還親自飛到新京。當中島在三十日傍晚踏進關東軍司令部之後不久，參謀本部便撥了直通電話過來，客客氣氣向中島解釋了要拜託他的內容：「我們知道第二十三師團的部隊，幾乎都已經從戰場上撤退結束。因此，現在是斷然中止一切積極行動的時候了。麻煩您就這樣提供他們作戰指導吧！」

然而——事情接下來的發展卻相當詭異。當中島在關東軍司令官室內，確實將大命傳達給植田後，便從關東軍參謀那裡，聽取了戰況報告以及將來的企圖。這時，關東軍明白指出，他們的計畫是要聚集充分兵力，在冬季前展開攻勢，盡可能在短時間內給予敵軍重大打擊，然後盡速將全部兵力加以撤退。

跟中島一同前來的參謀本部高月保中佐，有點驚訝地質問道：

「所謂的『冬季前攻勢』，非得加入第四師團不可嗎？」

寺田高級參謀斬釘截鐵地說：

「第四師團是絕對必要的。如果可以的話，也希望從大本營派來的第五師團能夠早點到來、加入行列。畢竟我們是想徹底使用兵力，在最短時間之內達成目的，然後撤退。」

被關東軍這種不因連續敗北屈服、仍然幹勁滿滿的態度所壓倒，高月只能噤口不語。植田軍司令官用平穩的語氣問道：

「在諾門罕方面，應盡量以小兵力進行持久戰——那麼，剛剛說明的關東軍攻擊方策，是可以被容忍的囉！」

中島想也不想地答道：

「『盡可能以小兵力持久』的意思，簡單說就是要進行戰略持久，至於在此範圍內採取戰術攻擊，則並無大礙。」

這根本是把敕命的第一項「設法盡速將之終結」徹底拋到腦後了，不是嗎？在部隊幾乎已完全撤退結束的現在，攻擊作戰完全沒有必要。中島明明是應該就全面停止攻擊進行指導的，結果卻說出這種話……？

眼見機不可失，磯谷又仔細地追問道：

「那麼，我們現在考慮的、將第四師團加入行列的攻擊，也是可以的囉！」

中島爽快地明言：

「就是這樣，沒錯！」

事情還不只這樣，這天晚上在關東軍司令官邸召開的宴會上，中島漸漸露出一副放鬆戒心的態度；不知他是不是喝茫了，只見他用力拍著寺田的肩膀，對寺田激勵說：

「不管怎麼說，到現在為止，參謀本部作戰課與關東軍作戰課在諾門罕事件上，有太多意見的疏隔了。這些疏隔到了今天，全部一筆勾銷！你們如果有什麼期望中央幫忙達成的事項，無分大小，全——都說出來吧！我在中央會盡可能幫忙的！」

被參謀次長這樣拍肩勉勵，寺田感動地含淚說：

「若是這樣，那真是太感謝了……」

這就是只記載在服部的《機密作戰日誌》與辻的手記中，在大命傳達之際、令人驚訝的內容。官方戰史只說：「這時候次長的意向、以及事後的發展脈絡，即便在回憶錄中也沒有清楚闡明」，簡單說就是一切不明。但不管怎麼說，關東軍在獲得了次長的某種同意後，士氣驟然高漲，並在之後開始銳意推進攻擊準備，這些都是事實。因此這場一團和氣的交流，大致上來說應該真有其事吧！

參謀總長閑院宮、和海軍軍令部總長伏見宮並列，都只是裝飾性的存在而已。作為戰略戰術總樞紐的參謀本部，實際的領導其實是次長。這位次長對諾門罕事件的認知居然是這樣一副德行，實在讓人啞口無言。對於關東軍秀才的無計畫、無智、驕慢、橫暴，我們理所當然應予譴責，然而比起這點，三宅坂上秀才的不負責任，才是讓諾門罕事件的悲慘更難以原諒的最大原因！

儘管如此，靠著這杯酒的大大慰藉，以及這番大言壯語，東京與新京的齟齬，的確一筆勾銷了吧！又，在這次大命傳達之際，辻參謀並不在新京。據他的手記指出，這晚他飛到了將軍廟的第六軍司令部。然後，辻在當地聽到了一番讓他連到任報告都不得不為之啞然的談話。軍司令官荻洲是位沒有威士忌就活不下去的軍人，這晚也是酩酊大醉；當辻報告完之後，荻洲這樣說：

「辻兄，我認為小松原其實是想死的，你的想法呢？」

辻在手記裡寫道，他自事件爆發以來「從來沒有這麼憤怒過」。怒氣湧上心頭的辻忘了身分，用彷彿要把帳幕掀開的聲音怒吼道：

「你身為軍統帥，要對師團長見死不救嗎？小松原閣下失去了數千名部下，當然會有想一死償罪的心情，這點大家心下十分雪亮。儘管如此，身為軍司令官不論如何，都應該拯救師團長，不是嗎？難道這就是閣下的馭下之道嗎?!」

辻在這裡講的確是有理。

真要評論的話，我們只能說，荻洲和中島同樣都是只顧私情、不識大局的將領；然而負責帶領日本陸軍的，居然就是這種忘記自己使命本質的無能將領。

不管怎麼說，辻既然不是孫悟空，那他當然不可能在同一個晚上既出現在將軍廟，又出現在新京；因此他把中島傳達大命的日期，在手記裡記為八月三十一日——這實在是個狡猾的小手段。

這天晚上十一點左右，得知和第六軍司令部間無線電訊恢復的小松原，接到了軍司令部「朝諾門罕前進」的命令。小松原報告狀況，回電表示：「此事不可能」，但過一會兒之後，又收到了「今晚回來」的嚴命。

接到這通電訊，小松原於是以八月三十一日午夜零點為期，命令各隊開始撤退。

「陣中日記」是這樣記載的：

「敵人以戰車、機關槍、步兵對我方陣地，進行了兩重三重的包圍。我們按照森田（部隊）、司令部、通信隊、工兵的順序，突破敵戰線脫離。」

●東京、柏林、然後是莫斯科

阿部新內閣在三十日午後成立。第二天（八月三十一日星期四），陸海軍兩省進行了新舊大臣的更迭。

陸相板垣被取代，按照天皇的期望，由侍從武官長畑俊六大將出任。陸軍中央雖然還想出謀劃策，提出了關東軍參謀長磯谷中將或第三軍司令官多田駿中將的名號，但天皇已經不允許他們橫插一手了。

當畑成為新陸相、離開宮中時，天皇將常用的硯箱送給了他。

「這個送給你，希望你好好努力。」

畑對天皇的深切期待感動莫名，不覺紅了眼眶。

海軍也做了大臣和次官的更替。新海相決定由聯合艦隊司令長官吉田善吾、次官則由住山德太郎中將出任。山本原本因為時局重大，希望在海兵同期的吉田底下繼續留任次官，但米內決定讓山本到海上去擔任聯合艦隊司令長官。

「你要是繼續留在中央的話，恐怕會被殺掉吧！有位著名的算命師說，你的臉上呈現出一副會遭刀兵之難的樣子……」

米內這樣向山本解釋著。

辦完交接事項後，山本坐著海軍省用車前往東京車站。下午一點整，在集於一身的目送視線中，山本搭乘的「海鷗號」靜靜地動了起來。山本一邊想著為三國同盟締結之事奮戰的這漫長一年，一邊茫然眺望著不斷飛逝的東京街景。

東京時間下午一點，在柏林是三十一日凌晨五點。隨著天色破曉，早起的人們也開始一日的工作。幾乎所有的柏林市民都反對戰爭，可是他們卻都被瞞在鼓裡。大家都不滿地說：「關於會發生什麼事，為什麼不事先告訴我們呢？」但另一方面，他們卻也矇矇朧朧地相信，那位留著小鬍子的偉人，一定會使出某種外交的妙手，讓德國得以脫離困局。

這位「留著小鬍子的偉人」——希特勒，已經下定決心要發動戰爭。昨天（三十日），他向波蘭政府遞交了整整十六條的要求事項，還要對方派代表前來柏林。要讓德國國民理解到元首的所作所為都是為了和平，這樣的動作是有必要的。只要波蘭政府拒絕要求，交涉就會決裂；接下來就是等九月一日發出宣戰布告了。

波蘭代表雖然不願前來柏林，但事態還是按照這個日程表，分毫不差地在進行。波蘭外長貝克說：「即使波蘭被捨棄，我們也會獨力奮戰到死。」他在午後十二點四十分用電報發出指示，要駐柏林大使拒絕這十六條要求。

幾乎就在同時，希特勒在「戰爭指導指令第一號」上簽下了名字。

「由於德意志東部國境令人難以忍耐的狀況，已經沒有任何可以靠政治和平解決的可能，所以我下定決心，要以武力解決。對波蘭的攻擊，將按照預定的計畫進行……攻擊開始日一九三九・九・一、攻擊開始時間〇四四五……」

這時候莫斯科是下午三點左右，郊外的日本大使館別墅中，正在召開各國外交使團的園遊會。因為是親睦派對，各國的大使公使都帶著家人雲集，小型交響樂團陸續演奏著各國的歌曲，呈現出一派熱鬧的景象。場上形成了以德國為中心，以及以英法為中心的兩個集團，彼此冷眼相待，還不時竊竊私語。

在克里姆林宮內的史達林，則是一點都愉悅不起來。他的臉上沒有一絲微笑，只是默默地在思考。

史達林每天早晚，都會在宮內的普列奧布拉任斯基走廊上，牽著愛妻羅莎的手一同散步，因此這條走廊又被稱為「史達林大道」，但現在他卻只是一個人雙手抱胸，在廊下來回踱步。

這幾天，希特勒完全保持沉默。明明之前一直用大規模宣傳戰攻擊波蘭、一派氣勢洶洶要開戰的樣子，但現在卻不知為何急遽冷卻下來。

（那傢伙到底在磨磨蹭蹭什麼！）

史達林一想到這件事，就忍不住焦躁不已。明明波蘭問題看起來正一步步朝破局逼近，但情報卻驟然全斷了線。

（希特勒如果和英法就此妥協，那我的計畫就全都歸於泡影了！）

這時候只有一件事讓史達林憂鬱稍歇，那就是朱可夫傳來、關於諾門罕方面戰鬥的戰勝報告。日軍已經全部被驅逐到蘇聯與蒙古共和國主張的國境線外；蘇蒙軍的總攻擊，獲致了足以留名戰史的勝利與成功。然而，史達林仍然在那裡絮絮叨叨。

（很好，他們有嚴守命令，在國境線就中止進擊。要是做出掀起全面戰爭的行動，那我就斃了他們！）

面臨變化走向尚不明朗的歐洲情勢，蘇聯命懸一線的恐怖瞬間依然持續存在著。這種時候，要是在亞洲掀起全面戰爭的話……面對國際問題這種政治手法，就是削減敵人的數量，昨天的敵人也能變成友善的鄰人。史達林一邊這樣想著，一邊露出滿臉苦澀的表情，繼續在廊下來回踱步。

按照史達林的命令，在亞洲方面，蘇蒙軍在他們宣稱的國境線前停止了進擊。

但就在這時候，在歐洲，朝著波蘭的國境線，戰車、砲車、卡車，還有不知多少個師的德意志國防軍部隊，正接連不斷地向前進擊。德軍為了向全世界展示「閃電戰」這種新形式的戰爭，將會自明日開始前進。史達林的憂心忡忡，也會在十幾個小時後煙消雲散。

註釋

（註三一）根據長谷部支隊第一大隊（指揮官杉谷良夫中佐）的「戰鬥詳報」，支隊在四日傍晚抵達戰場，並在第二天下午兩點抵達各隊所指定的陣地，開始執行任務。

第一大隊的部分，命令是「大隊現在接替長野支隊第一大隊與第三大隊，擔任聯繫右地區隊（第二大隊主力）與左地區隊（梶川大隊）的中地區隊，占領七四二高地及其北方約兩千五百米附近處，將敵人於陣前殲滅。」看到為了守勢持久，要在「陣前」殲滅敵人，這文字實在讓人讀了想哭。不只如此，還有一段呈現苦鬥的文字：「白天休養兵力，在夜間舉全力進行陣地的修補增強，力求徹底開通第二、第三中隊與大隊本部之間的交通壕，至少要將大部分壕溝挖到得以屈身的程度。」

（註三二）昭和天皇這時候意氣昂揚的樣子，從《西園寺公與政局》（原田日記）中可以窺見一斑。就在平沼首相感覺要屈服於陸軍倒閣氣勢的八月上旬，天皇特地對平沼說：「關於統帥權——簡單說就是陸軍方面，如果發生什麼頭痛難解的問題，由朕來裁定，不管什麼事，都可以到朕這裡來陳訴！」用這樣的方式來激勵平沼。

（註三三）八月二十二日，希特勒在軍方首腦面前這樣說：

「日本脫隊，也是無可奈何之事吧！我已經給日本將近一年的多餘時間了。日本天皇和俄羅斯最後的沙皇，是一個模子印出來的；體弱、膽怯，什麼決斷都下不了。天皇什麼的，不過是成為革命的餌食罷了。和日本協調而能獲得好評的例子，一個也沒有。對今後亞洲與阿拉伯的不安，在在讓我焦灼難耐。在身為主人的我們看來，這些地區的民族，只是綁上繩索的猿人而已。」

這是在紐倫堡審判上被提出、美國新聞記者羅奇納的記錄；據說他是從希特勒的一名幕僚那裡聽來的，可是事實究竟如何，還有相當大的疑問……

（註三四）《德蘇互不侵犯條約》受到德國民眾歡迎的程度，閱讀夏伊勒[4]《柏林日記》（*Berlin Diary*）書中的一節，便可清楚察知。這是八月二十四日柏林市民的狀況。

「希特勒讓人大吃一驚的這招，毫無疑問在大眾之間廣受好評。讓我們試著搭地鐵、高架鐵路、市營電車或巴士繞一圈；不管是誰，手上都捧著報紙在拜讀，而且全都喜悅地讀著這條新聞。為什麼會這樣呢？那是因為對他們而言，恐怖的包圍——兩面戰爭——惡夢，已經明顯一掃而空了。直到昨天，這還是他們心頭的夢魘，今天卻已經徹底消失了。這次已經不必守著對俄羅斯的漫長戰線了。」

（註三五）在諾羅高地奮戰的長谷部支隊杉谷大隊的戰鬥詳報，留下了他們早早察覺到二十四日攻擊以失敗告終的些許記錄。

「支隊本部用無線電反覆努力聯絡師團司令部，但完全沒有回應，師團方面的戰況全然不明。大隊長登上高地，朝著師團主力出動的方向眺望，也沒有看到任何徵候。如果想到原本計畫是在二十四日傍晚左右要抵達長谷部支隊陣地附近的話，那麼師團主力的攻擊，恐怕已經遭挫了。」

（註三六）八月下旬，面對不惜全滅也要頑強抵抗的日軍，蘇蒙軍陣地使用擴音器進行日語的心戰喊話；關於這種喊話，留下了相當多的資料。

「親愛的日軍士兵們，停止這種愚蠢的戰爭，回到內地的親兄弟與妻子身邊吧！打這種愚蠢的戰爭，能得到什麼呢？生命是很可貴的，但你們的軍官卻把它當成商品在買賣。你們沒必要服從這種命令，早點從前線逃亡吧！」（步兵第六十四聯隊．山下義高的日記）

「第七師團的各位，將官在胸口裝飾著勳章，卻讓你們一直流血，這樣對嗎？趕快殺掉那些剝削日本國民的將官與軍官，拿著武器向我們投降吧！我們會確保各位過著美好生活的！」（伊藤桂一，《靜靜的諾門罕》）

（註三七）關於最前線奮戰將士的悲慘狀況，我想引用伊藤桂一先生這部取材詳盡的作品中，生田大隊小野寺衛生伍長的部分談話來加以呈現。之所以如此，是因為再寫更多，就顯得絮絮叨叨了。

「當對第三中隊的救援行動展開之際，我們本部的士官和士兵都約定好，有誰死掉的話，另一個人就要切掉他的小指頭，帶著他的狗牌離開。如果發現有人死了，除了要切掉他的指頭、拿走他的狗牌外，還要把他已經保管好、其他死去戰友的指頭與狗牌，一併交給其他人帶走保管。在這種狀況下，就算自己死了，也會有人幫你切掉指頭、帶走狗牌，最後一定有某個人能夠帶著這些東西回到齊齊哈爾的原隊。不管是誰活到最後，這些證明都一定會傳給他。也就是說，我們最少可以安心地死去——就是這樣一回事。

可是，當我們被封鎖在七三一高地時，戰況以驚人的速度在惡化，同時死者也以驚人的速度在增加；在混戰當中，不要說切掉死者的小指了，就連保管死者身上所帶、其他死者的小指與狗牌，都變成不可能。光是想著自己該怎麼活下去就已經耗盡心力了，對於其他遺體的小指，根本沒有關心的力氣，也完全沒有這樣的餘裕。（中略）

「或早或晚，大家都會死。在這種狀態下，要怎麼活下去呢？實在找不到倖存的理由。『拿走小指和狗牌』云云，是建立在有人活下去、來弔祭死者的狀態下。如果大家都死了，那就完全沒有意義了吧！」

當一個人這樣說的時候，其實也就代表了大家共同的心聲。不管是誰，或許都會這樣捫心自問，然後用自己能理解的話語，來回應這樣的疑問吧！就這樣，不管是切掉死者的小指，或是帶走狗牌，全都被大家給放棄了。」

——生田大隊八五〇名將士中，回到將軍廟的不過三十六人而已。

（註三八）昭和天皇在聽到德蘇條約的消息時，立刻對近臣說：「如果這樣能夠讓陸軍清醒一點，反而是一件好事吧！」由此可知，陸軍的橫暴有多令他頭大。

（註三九）「如果《德蘇互不侵犯條約》一締結，內閣就馬上總辭的話，會給內外一種日本高層動搖的印象，那可不妙，所以不應輕言進退」，這樣的意見在當時的日本政界高層相當強勢，其中又以樞密院議長近衛文麿、內相木戶幸一為代表。但是，平沼首相總辭的意志相當堅定。二十三日，他透過書記官長，向近衛、木戶傳達首相的堅定辭意；在這當中，他留下了一段令人印象相當深刻的談話。

「陸軍實在太不像話了，該負責任的時候不負，該扛責的人還讓他們榮升、說是『論功行賞』，完全是亂七八糟；這次的事情也是因為他們在某種程度上誤判了情勢，實在難辭其咎。原本日德義的問題，陛下就不打算推

4 譯註：William L. Shirer，《第三帝國興亡史》的作者。

進，他們卻無理地請願、不斷拜託允許此事……陸軍說，若是真心為國，即使背棄天皇的尊意也是無可奈何，滿洲事變等不就是這樣的好例子嗎？但是……所謂日本的臣節，至此已蕩然無存；眾人一邊做著不符合尊意的行為，一邊又無法忍受這樣做所帶來的恐懼。然而軍方沒有解除責任，而日本的臣節紊亂至極。故此，我下定決心，要以身作則，端正這種歪風。」

平沼對陸軍不把天皇當一回事的下剋上風氣感到的憤怒，在這段話中表露無遺。

（註四〇）所謂軍旗，是指陸軍步兵、騎兵各聯隊的聯隊旗。當聯隊編成的時候，天皇會親自授予聯隊長軍旗，並賜予敕語。聯隊在本部會設有軍旗衛兵，鄭重其事地護衛它。軍旗是一面在竿頭附有菊花紋章的旭日旗（從中央的紅色圓形，每隔二點五度向四方放射出十六道光芒），在旗子周邊還有用絲線編織而成的穗。

對各聯隊而言，軍旗是最重要的精神團結象徵。作為天皇軍隊的象徵，同時也是大元帥分身象徵的軍旗，是將士共同仰望的對象。正因如此，軍旗除了對大元帥陛下外，絕對不會向任何人行致敬禮。

就像前面提到的，聯隊就算全滅，也只有軍旗必須保護到底；讓它落入敵人手中，是連想像都不允許的事情。因此在諾門罕戰場上，各聯隊在最後的最後，都盡了最大的努力來處理軍旗。步兵七十一聯隊在八月三十日於軍旗下決定玉碎，代理聯隊長東宗治中佐，下令聯隊旗手奉燒軍旗。等到軍旗完全燒盡後，晚上八點，剩下的十七名殘兵和中佐一起向敵軍突擊，全部犧牲。

步兵二十八聯隊（蘆塚部隊），護衛軍旗的村川小隊和部隊本部分離、遭到孤立，陷入亂戰的漩渦之中，瀕臨全滅。步兵二十七聯隊的小甲速射砲中隊看到這副景象，急忙前來救援；他們用四門速射砲圍在軍旗周圍，布成圓陣應戰，造成敵軍十九輛戰車起火，成功堅守到最後。剩下來的砲彈僅僅只有兩發。小甲中隊戰死六人、負傷十五人，中隊長全身受到六處創傷。原本應該值得一等功，但因為讓軍旗陷於危險之中、對部隊是件不名譽的事，所以在這種不知所謂的理由下，他們的艱苦奮鬥，最後只得到了「二等功」的評價。

軍旗毫無疑問確實是團結的象徵，但為了護衛它，也造成了眾多悲劇，這點也是無可否認的事實。

第七章

萬骨枯

●波蘭國境・戰爭……

九月一日破曉，由博克、倫德斯特兩位元帥指揮的一百五十萬德軍，分別從南北越過波蘭國境。從十幾處突破國境線的德軍，以摩托車、輕戰車、裝甲車、自走砲構成的裝甲部隊為先鋒，並在後續投入了重戰車。兩千架以上戰轟聯合的大編隊，對慌慌張張集結起來的波蘭軍進行攻擊，並將之粉碎。德軍在進擊迅速的同時，也做了周全的計畫。波蘭軍連抵抗的餘力都沒有，就被陸續擊破。在這種情況下，所謂前線早已不存在。

上午十點稍早，希特勒的國會演說透過收音機放送。他在強調對和平的熱情與無止境忍耐的每一天後，便對波蘭政府如連珠砲般不停地非難。德國國民都可以聽到，他用和平常不同、奇妙地欠缺張力的聲音說：

「波蘭昨晚在我國國土上，進行了正規軍的攻擊。今天凌晨五點四十五分，我們展開了反擊；對於炸彈，就要以炸彈還擊。」

希特勒表示，自己從沒有比現在更渴望以德軍士兵一員的身分參與戰鬥；接著他又再次說道：

「正因如此，我會把最神聖與珍貴的士兵制服穿在身上；直到勝利之日為止，我都不會脫下它。」

接下來是戈林的宣誓演說：

「元首已經下了命令，我們只能服從並效忠誠。」

對波蘭的宣戰布告緊接在後，首次發布出來。

第二次世界大戰就這樣開始了。

在西方，慌慌張張展開了外交活動。法國非常期待義大利的墨索里尼首相能夠在德國與波蘭間進行斡旋。九月二日晚上，對斡旋之類手段不抱期望的英國首相張伯倫，終於放棄和法國共同行動，下令駐德大使亨德森將最後通牒親手交給德國外長。

九月三日（星期日）中午，英國國民側耳傾聽首相疲倦悲痛的廣播。

「本日上午十一點前，如果入侵波蘭的德軍不做出撤退通告，那我國就要與德國進入戰爭狀態；我們已經將這份最後通牒送交給德國政府。但我必須告訴各位，德國並沒有做出撤退的通告……從現在開始，我們必須與邪惡戰鬥，我確信，正義必將獲得勝利。」

同一天，法國總理達拉第也不得不遵守誓約，對德國發出宣戰布告。可是，由於送出直接援助的路徑全被堵死，英法兩國完全無力挽救波蘭的瓦解。

在美國，羅斯福總統告知國民他的決心。

「我由衷期望美國能成為這場戰爭的局外人。我在此再三堅定地向各位保證，我國政府會傾盡全力，保持不參戰。」

希特勒雖然由衷祈願「如果這事不發生就好了」，但西方各國還是一如預期地動了起來。問題在蘇聯，蘇軍沒有從東方展開進擊，這反而讓他感到不安。按照八月二十三日的秘密協定，德蘇將瓜分波蘭。在閃電戰成功下，德軍不用多少時日，就能占領分到的西部區域。史達林明知這點卻不行動，難道是這項瓜分，對蘇聯來說還不是足夠的香餌嗎……？

希特勒發了一封公務電報給德國駐莫斯科大使，要他通告莫洛托夫，波蘭即將在一、兩週之內潰滅。為了讓蘇聯在英美法面前展示一下身為積極同盟者的姿態，是該鞭策一下史達林了。

話說史達林直到英法發出宣戰布告為止，都因為跟妻子羅莎的齟齬而焦躁不安，還常常遷怒到周圍的人身上。然而，當他得知英法對德發出宣戰布告時，忍不住喜上眉梢。這是他自革命以來首度微笑滿面；只見他不停用最溫柔的話語讚美羅莎，整個人也都平穩了下來。

「我所採取的政策，完全達到了目的。為我在火中拾栗的，不只有希特勒而已。張伯倫、達拉第，現在連羅斯福也……」

史達林就這樣，一邊在牆上掛著的世界地圖面前踱步，一邊在地圖上的波蘭，用力畫下一條將之一分為二的紅線。

然後他說：

「朱可夫似乎有好好遵守命令哪！」

接著便相當愉悅地，把身子深深沉入安樂椅中。

——在遙遠東方的諾門罕戰場上，朱可夫的確忠實遵守了史達林的命令。當他將日軍驅逐到國境外後便沒有繼續追擊。九月一日起，蘇蒙軍沿著漫長的國境線，為了強化防衛開始築起陣地。他們挖了有交通壕連結的雙重塹壕，在陣地前方還拉起了兩、三層的鐵絲網。在特別重要的高地上，還開始建起強韌的工事。

朱可夫下令，嚴格禁止任何積極的攻擊行動，這一點直到最基層的小兵，都必須徹底遵守。只要日軍不掀起什麼事端，達成目的的蘇蒙軍戰鬥就已告終。至於日軍方面，這時候就只有偶爾對著國境方面用機槍和步槍射擊而已。

●新京・作戰課

雖然受到了一個師團被擊潰的大打擊，但關東軍司令部並不認為戰鬥就此結束了——不，正因為受到這樣的打擊，才要為了接下來戰鬥的勝利，擬定新的作戰計畫。

隨著他們成功和來到新京的參謀次長意氣相投、完全同調，接下來會投入第七、第二、第四三個師團到戰場上，然後增派第五、第十四兩個師團這件事，也是前途一片大好，關東軍的意氣因此大大昂揚。

不只如此，他們還確信第二次世界大戰的爆發，會對諾門罕事件帶來正面的影響。在這種節奏緊促的戰亂下，蘇聯政府與軍方的目光，一定會緊盯歐洲情勢，同時也不得不考慮把亞洲方面展開的兵力轉移到歐洲。當然在此同時，在滿洲展開全面戰爭的可能性就消失了。這時候日軍再在這方面掀起事端，就是得策之計，而蘇軍應該不會想到這點。

這樣的戰略觀察，給關東軍相當大的鼓舞。為了接下來的反攻大作戰，他們持續進行研究和討論。只是在這方面，對於敵我戰力差、情報的分析收集以及作戰的巧拙，他們連一點反省之意也沒有……

九月二日，關東軍司令官為鼓舞全軍士氣，下達了以下的訓示：

「此刻正值皇國內外多事之秋，將兵當益發貫徹滅私奉公之大義，更加鞏固必勝之信念，克服萬難，勇戰奮鬥，擊滅暴戾不遜之蘇蒙軍，以期將皇軍之威武宣揚中外！」

跟五月諾門罕事件爆發當初一樣的意氣昂揚；該說是完全重蹈覆轍了吧！

然而，第二天（三日）下午四點，事態急轉直下。

參謀本部以參謀總長為名，發出電報給關東軍司令官，命令他中止在諾門罕方面一切的作戰行動（大陸命第三四九號）。

一、鑑於情勢，大本營意欲自主性終結諾門罕方面的國境事件；

二、關東軍司令官應中止於諾門罕方面的攻勢作戰。

關東軍作戰課的參謀收到這份命令，愕然的程度更勝於先前的激昂。他們除了覺得自己被三宅坂上的秀才背叛以外，再無其他想法。中島次長的約定跑到哪裡去了？不只如此，九月一日參謀本部、支那派遣軍、關東軍進行參謀聯合會議的時候，參謀本部的荒尾中佐不也承諾了這一點嗎？關於以不投入諾門罕為條件、將第五、第十四師團轉用到滿洲這件事，荒尾不也認可了嗎？換言之，參謀本部並沒有抑止我們拿手上的三個師團進行反攻作戰，事情不該是這樣嗎？

不過以服部、辻為中心的關東軍參謀，還是姑且收起了憤怒的情緒；在煞費一番苦心後，擬出了關東軍應當採取的處置案。確實，按照大命，攻勢作戰必須中止，但是——

「雖然謹按大命『中止攻勢作戰』的字句，應當中止關東軍一直以來企圖展開的大規模攻勢，但如果連短暫的戰鬥動作、比如說奪回遺體或兵器之類都停止，那就不符合陛下的聖心了。」

事實上他們是想用投機的解釋，命令第二、第七、第四師團展開連續數夜的夜襲，也就是以收容遺體和兵器等戰場掃除的名目，來實施攻擊作戰的計畫。他們還是幹勁滿滿；儘管尊重大命，卻又同時無視之，還說這也是「陛下的聖心」，這完全是玩弄詭辯的處置。

他們擬好了這個方案，接著便等待中島參謀次長前來司令部。從另一通電報中，他們得知次長將在四日再次奔赴新京。他們抱持著相當大的期待，認為只要像上次這樣，圍在次長身邊說盡好話，處置案就很容易獲得承認了。

四日傍晚，中島在高月參謀陪伴下，確實抵達了新京；但是，他的臉上沒有笑容，且話也不多，自始至終的言行舉止，都跟上次判若兩人。當他正式傳達完大陸命第三四九號後，只重複表示說：「中止一切作戰，就是大命的主旨」。即使植田用近乎懇求的態度說服他，「至少讓我們進行最低限度的戰場掃除」，他還是只說，「中止是大命」，接著就閉口不言。任誰都看得出來，中島回去東京以後，被作戰部長以下的作戰課秀才徹底針對他的軟弱痛責了一頓。不管是哭著懇求還是威脅，中島一概軟硬不吃，最多就只是對磯谷參謀長和矢野副長，吐露一下「難啊、難啊」的苦楚罷了。

第二天（五日）上午八點，中島搭著飛機，迅速飛回了東京。植田在最後再次懇求說：「進行戰場掃除，不也是陛下的聖心嗎？」但中島只說：「大命禁止一切行動」，然後就上飛機了。

無枝可棲、遭到捨棄的關東軍作戰課，他們的痛憤心情，毫無保留地記載在《機密作戰日誌》當中。在此謹作個較長的引用。

關東軍一直苦思的問題，就是如何在謹遵大命主旨的同時，又能兼顧關東軍的統帥權。被委以禦外重任的軍司令官要實行戰場掃除，這是在大命範圍之內、也就是遵奉大命的情況下，當然的處置與判斷……

正因如此，他們才一股腦地企圖說服中島次長，而這也是為了不再重蹈中央與前線不合的覆轍。然而，充耳不聞的次長卻只是把「大命」、「大命」掛在嘴邊，然後就自顧自地回去了。

「次長真的有察覺到關東軍苦衷——不，應該說是稱得上苦悶的心境嗎？在回到東京後，他到底會用怎樣的言詞傳達關東軍的心情實在很成疑問。故此，如果關東軍的意圖不能通達中央，且採取的各項處置也有所不當時，則我們在用電報表達意見的同時，也應該讓寺田參謀前往東京，向中央說明才對。」

由此可知，東京和新京直到最後階段，仍然互相抱持著不信、猜疑與憎惡的情緒。

這些表達意見、由軍司令官發給總長的電報，從九月五日早上到傍晚，一共發出了四通，每一通的字裡行間，都呈現了激烈的情感。

……萬一不被認可，則職無異於親手破壞長久以來對隸下強烈要求的道義，也是將忠死的數千英靈，委由敵手凌辱；故此，比起將來無法統帥本軍，還不如速速免除職之任務，謹此執奏！（十二點十分發信）

所謂執奏，是指對天皇陳述之意。

……職作為臣子，確信收拾忠死部下之骨骸，乃是大元帥陛下之聖心。為了永遠保持皇軍無二之傳統，並顯現大元帥陛下的高潔德操，在此謹再次提議，惟盼深思熟慮！（十六時整發信）

這兩封電報的起草者都是辻。雖然他把天皇扯進來，陳訴戰場掃除（其實是數夜連續夜襲作戰）的意義，但如果真想收容戰場遺體的話，那盡早締結停戰協定，才是最重要的啊！然而，他對此事卻只能用「無視」兩字來形容。

另外一封由服部起草的電報，是以參謀長名義發給參謀次長。他說，我們確信「戰場掃除可以在極短時間內達成，爾後迅速脫離敵陣」，請務必加以認可；接著他又這樣寫道：

要是無法認可以上企圖的話，那做為關東軍主任幕僚，我已經無法恪盡自己的職責；故此提議，請將本軍所有幕僚之職務全部免除，除職以外，下記各人亦應予以立刻免職，並明白追究其責任。（十七時十分發信）

在這底下，矢野、寺田、服部、村澤、辻、島貫等作戰課參謀，全都聯名表達同進退之意。（你敢隨便炒我們魷魚嗎！）在這封信的背後，可以聽見他們氣勢洶洶、打算翻臉的聲音。至於他們覺得「以收容遺體為由再打一仗、這次一定能夠獲勝」的鬥志究竟從何而來，或許只是癡人說夢吧！

辻在他的著作中寫道：「無視於第一線的心理、踐踏其感情，這算什麼參謀本部啊！」然而不管他怎麼寫，無視真正的統帥權、任憑派外軍隊靠著心理與感情擅動刀兵，這樣的國家只會滅亡而已。

關東軍從五月以來，就一直帶著「確信」在實施作戰，但卻屢遭挫敗。將士在無水無糧、連彈藥都用盡的情況下，仍然繼續奮戰，而他們卻完全沒有想過補給或救援的手段。他們完全沒想過，這種幻想兼無常識的作戰指導，究竟造成了多少將士的犧牲？結果現在，他們居然還嚷嚷著說，不照他們的想法去做，他們就不能「恪盡職責」，寧可全員被炒魷魚？如果他們真要恪盡職責的話，就應該全員切腹才對吧！

三宅坂上首次展現出毅然的態度。他們終於覺醒，認知到自己本來的任務；那就是觀察世界局勢，在桌上保持冷靜沉著、然後斷然做出發自大局的判斷。不為第一線的心理與感情所惑，而是呈現出合理的大方針。九月六日，以參謀總長的名義，向軍司令官發出電報：

「關於閣下提議的企圖，有鑑於大命宗旨，恕難採用。」

關東軍作戰課投入大兵力，打一場弔祭會戰的最終決戰計畫，就此化為泡影。事件至此完全落幕。

●三宅坂上・陸軍中央

追究諾門罕事件責任的人事異動，在第二天（九月七日）從三宅坂上開始發出。這次速度相當之快。

在中央方面，參謀總長因為是皇族所以另當別論，中島參謀次長與橋本作戰部長都被編入預備役，也就是被炒了魷魚。稻田作戰課長則被任命為研究化學戰的習志野學校付。

在關東軍方面，植田軍司令官、磯谷參謀長被編入預備役，矢野副參謀長轉任參謀本部付、寺田高級參謀轉任千葉戰車學校付。所謂「付」，是指除了最上級長官的特命事項外，什麼都不用處理的閒職，同時也是補缺的待命位置。

辻參謀被命令轉任第十一軍（漢口）司令部付。第六軍的荻洲司令官強烈主張，「辻在第一線隨意指揮部隊，是紊亂軍紀的行為，應該要追究其責任，編入預備役才對。」陸軍省人事局長也支持他的見解。可是，掌握參謀人事大權的參謀本部總務部長笠原幸雄少將卻認為他是將來有用的人才，因此決定把他留在現役的位置上[1]。

服部作戰班長在第二天（八日）也轉任為千葉步兵學校付。

對幕僚的這種處分，實在是太便宜了，連轉為預備役都不用。但，陸軍把這種事看成是理所當然。人事當局認為按照原則，在諾門罕事件敗退的責任，應該由最高指揮官與幕僚長來擔負，即使多少有越權行為，也不該由負責幕僚扛起責任。這其實是種慣例；戰鬥失敗的責任，從以前開始就老是用轉任這種方式來解決。

在此同時，當積極的軍人犯下過失的時候，人事當局往往會睜一隻眼閉一隻眼。就算要處罰，也頂多就是申誡了事。相反地，持重論者則常被看成是膽小懦弱，這樣的人犯下過失，往往就會遭到嚴厲的究責。

這種不信賞必罰的惡質慣例，也適用於在最前線勇敢奮戰的指揮官身上。根據結果，從聯隊長級的犧牲，可以看出諾門罕戰役的戰鬥有多麼激烈。他們不是戰死就是自盡，又或者遭到強迫自盡，幾乎全都殉職了。

正因如此，最前線對這場戰爭中統帥的不合理與拙劣、作戰計畫的粗糙與誤判、指揮的自行其是等批判，全都被加以模糊化了。真正的「大命」為何仍然不明，但「奉敕命令」的威力絕對獨步其間，將眾多將士逼入死境，這也是事實。

儘管戰爭已經落幕，但誤解與長官的惡感，仍然在殺害惡戰苦鬥的部隊長。搜索第二十三聯隊長井

1 編註：辻政信在一九四一年一月，以台灣軍司令部第八十二部隊研究員的名義調來台北任職，為年底的南侵作戰做準備。辻的著作《東方直布羅陀爭霸戰》已經由燎原出版。

置中佐，在九月十六日晚上，因為被迫負起從飛伊高地自行撤退的責任，於將軍廟的草原上自盡。第八國境守備隊長長谷部中佐也是一樣，被迫負起從諾羅高地撤退的責任，於九月二十日，在諾門罕的塹壕內自盡。步兵第七十二聯隊長酒井大佐因負傷後送，但在醫院內被究責，於是在九月十五日早上，於齊齊哈爾的醫院內自盡。

小松原師團長，在眾人自盡前的九月十三日日記中這樣記載：

率領軍隊、無故離開守地者

按陸軍刑法四十三條

司令官率領軍隊無故離開守地或是配置之地，於敵前做出此類行為者，處死刑。對此規則不理解或是認識不充分，便會輕易率領軍隊隨意進退。

一、井置部隊長於八月二十四日，在未經許可的情況下從飛伊高地率部撤退。

二、長谷部部隊長於八月二十六日正午，下令脫離諾羅守地向瘤山後退，並在二十七日傍晚前，在沒有師團主力命令下自行決定之。

儘管兩者都以火砲、重兵器被破壞殆盡、彈藥缺乏、已無防守餘力等為由，但這些都不足以構成理由。簡單說，軍官不知陸軍刑法或是輕視之，隨意擅離守地，才是真正的原因吧！

儘管引用的篇幅頗長，但走筆至此，實在讓人憤慨不已。完全不考慮自己的責任，也不考慮當時狀況，就將兩位部隊長毫不講理地，做出等同於「死刑」的宣判。

小松原在師團善後處理告一段落的十一月，轉任為關東軍司令部付，接著又被編入預備役。荻洲也同樣在十五年（一九四〇）一月，被轉為預備役（註四一）。另一方面，師團參謀長（前步兵第七十一聯隊長）岡本大佐，因為負傷進入東京第一陸軍病院治療，但在治療過程中的十五年五月，被一名因精神錯亂入院中的軍官所斬殺；斬殺的理由，當然是牽扯到諾門罕的敗戰責任。直到今天，這名犯下罪行軍官的姓名仍然不詳（註四二）。

在戰場上自盡的有第六十四聯隊長山縣大佐、野砲兵第十三聯隊長伊勢大佐、穆陵重砲兵聯隊長染谷中佐、野戰重砲兵第一聯隊長代理梅田少佐。其他在戰場戰死、或是跟部隊一起全滅的聯隊長，還有五位。

活下來的聯隊長只有第二十六聯隊長須見大佐、野戰重砲兵第七聯隊長鷹司大佐、以及負傷早早被後送的野戰重砲兵第一聯隊長三嶋大佐（註四三）三人而已。

須見大佐儘管倖存下來，卻在十二月被編入預備役。之所以如此，是因為他對小松原的命令表示「手上的實際兵力只有兩個中隊，根本不可能實行」，也就是「抗命」之故。就像前面已經記述的，在整場戰鬥的經過中，須見部隊始終勇敢善戰，不只如此，他的兵力還被抽出分派到其他方面，不得不在零星分散的情況下艱難奮戰。像這樣的部隊，幾乎是史無前例的。這種堪稱已然恪盡職守的聯隊長，卻被當成持重論者——也就是膽小鬼而遭到了處分。

這是從聯隊長級的悲劇來看，若是講到大隊長、中隊長、小隊長乃至士官兵的犧牲，那就更是罄竹難書了。畢竟，這是一場怎樣都無法得救的死鬥啊！按照迄今為止揭露出來的第六軍軍醫部整理的資料，在第二次諾門罕事件中，出動人員五萬八千九百二十五人，當中戰死七千七百二十人；戰傷八千六百六十四人；戰病兩千三百六十三人；生死不明一千零二十一人（註四四），合計一萬九千七百六十八人。正確來說，還必須加上第一次事件的損耗，安岡支隊與航空部隊的損耗，滿洲國軍的損耗才對。不只如此，還有歸還後俘虜的處置（註四五）。

就算只看第二十三師團本身，據師團軍醫部的調查，在整場事件期間，出動人員一萬五千九百七十五人中，損耗（戰死傷病）達一萬兩千二百三十人，實際上已經達到了百分之七十六，但據說實質的損耗率更大於此。順道一提，日俄戰爭中遼陽會戰的死傷率為百分之十七，奉天會戰為百分之二十八，太平洋戰爭中堪稱最悲慘的瓜達卡納爾島會戰，死傷率則為百分之三十四。由此可以想見，這場草原上的戰鬥有多麼苛酷。

昭和四十一年（一九六六）十月十二日，在靖國神社舉行諾門罕事件戰歿者的慰靈祭時，第二天的新聞報導指出，戰歿者為一萬八千人。死者不會說話，因此到底究竟正確數字是多少，我們也無從得知。我們唯一知道的是，第一線的將士在己身名譽與軍紀之名下，遵從秀才參謀擬定的無謀計畫，勇敢戰死——僅此而已。

辻參謀在戰後這樣記述：

「（敵人）竟能在外蒙草原上展開那種規模的兵力，這實在是令人作夢也想不到的。身為作戰參謀卻判斷有誤，對於因此導致的不明，以及因為這種不明而殞落的數千英靈，我實在深感歉意。」

接著他又這樣寫：

「戰爭，是領導者彼此意志與意志間的交戰……如果日本能稍為再努力一點的話，恐怕蘇方就要主動提議停戰了吧！不管怎麼說，戰爭這件事就是意志堅強的一方獲勝啊！」

或者可以用另一種方式來表達：

「戰爭是感覺失敗的時候，就已經失敗了。」

服部參謀的事件觀則是這樣的：

「諾門罕事件明顯是失敗了。至於其根本原因，我認為是中央與前線軍隊的意見不一致。兩者站在各自的立場上進行判斷，而兩者也各有其理由存在。簡單說就是在意志不統一的情況下，讓拖拖拉拉的情形一路擴大，這是最大的誤謬。」

這確實是秀才幕僚會有的觀察與批評；他們搖身一變的速度實在很快，也極度不負責任。然而，導致這樣的不統一，到底是誰的緣故？當事人又是誰？一路輕視敵人、推進一面倒的攻擊計畫、導致戰火擴大的，到底又是誰？

蘇軍的死傷者，隨著最近的解密，其悽慘的數字也被公開。戰死六千八百三十一人，失蹤一千一百四十三人，戰傷一萬五千兩百五十一人，戰病七百零一人。再加上外蒙軍的戰傷者，全損耗達到兩萬四千四百九十二人。蘇蒙軍明明擁有壓倒性的戰力，卻不得不付出這樣慘重的犧牲。當朱可夫凱旋回莫斯科時，糾正了一下史達林對日軍的評價。當時，這位猛將對日軍士官兵的頑強與勇氣，都打從心底感到讚賞。雖然不足以告慰，但這個理由似乎堪可接受（註四六）。

●莫斯科・克里姆林宮

停戰交涉由東鄉大使和莫洛托夫外相自九月九日起在克里姆林宮舉行。由於前線的戰鬥已經幾乎停止，所以東鄉在交涉的過程中，並沒有顯得太過焦躁（註四七）。

十日、十四日、十五日，交涉持續進行，而東鄉則是一個勁地使出黏功。這時候，蘇聯正在準備入侵波蘭，也打算更進一步涉足芬蘭和土耳其，同時還要面對各地頻傳的紛爭事件，即使一向精力充沛的莫洛托夫，臉上也浮現出濃濃的疲倦之色，而這正是東鄉的可乘之機。

東鄉一遇到話不投機的地方，就想盡辦法把問題繞回到起點，這讓莫洛托夫掩不住心裡的焦灼。即使到了十二點、克里姆林宮的大時鐘高高奏起「國際歌」，東鄉還是不為所動，只是諄諄訴說。他原本就有點口吃，漸漸地愈講就愈夾纏不清，而莫洛托夫也卯足全力予以回擊。

當兩個人說到情緒激動處，往往會出現這樣的場面。

「我在職場上遇到過很多人，像你這樣強詞奪理、百般挑剔的人，我還是第一次遇到！」

莫洛托夫露出不愉快的表情這樣說，東鄉也用更不愉快的表情放話回應。

「我長時間漫遊在世界各地，像你這樣不明事理的人，我還是第一次見到！」

剩下的問題是俘虜交換與國境線。前者較早獲得合意，但後者則是觸了礁。東鄉擺出一副彷彿對日軍在戰場敗勢一無所知的樣子，硬是堅持到底。

十五日深夜，東鄉打出了底牌，問莫洛托夫是否接受：雙方各派代表、設置國境確定委員會，將國境線的問題交給委員會去討論，至於日蘇兩軍，則以現在的對峙線來停戰。莫洛托夫回應說：「明明是我們贏了，為什麼非得做出這樣的讓步不可？」但他私底下卻已下定決心，於是打電話給國防部長伏羅希洛夫，問他說：

「日本大使現在過來了，有可能在二十四小時之內，依照現狀直接停戰嗎？」

「達！（好！）」電話那頭的聲音也傳到了東鄉耳中。掛掉電話，莫洛托夫笑著說：

「請稍待一下，我還有一個必須與之商量的人。」

說完，他便消失在隔壁房間之中——那是史達林的辦公室。不久後莫洛托夫回來，再次露出笑顏說：

「大使啊，我們得到那個人的認可了唷！」

東鄉偷偷地鬆了一口氣。蘇聯會這麼乾脆讓步，實在出乎意料之外（註四八）。

●哈拉哈河東岸・舊戰場

時間跨過午夜零時，九月十六日的呼倫貝爾高原上，美麗的中秋明月冉冉升起。廁身於已經接近零度、凍結草原上的將士們，接獲了司令部傳來令人欣喜的指示：以十六日上午七點為期，中止一切敵對行動。之前在十五日下午六點，已經命令全軍以現在的戰線為準，進行停留駐紮。

諾門罕一帶再度回復到平靜的草原，而日本本土也已經知道了這個消息（註四九）。

九月十七日上午六點，蘇軍越過國境線，開始入侵東部波蘭。等到諾門罕方面一停戰，他們就以準備充分之姿，展開了猛烈進擊。莫洛托夫發表的巧妙理由是：「我們蘇軍是為了保護居住在波蘭東部的烏克蘭人與白俄羅斯人免於戰爭損害，所以才前進的。」

波蘭騎兵部隊向蘇聯戰車展開突擊，那種勇猛的吶喊對蘇聯戰車兵來說，應該跟諾門罕戰場的經驗有種似曾相識的感覺吧！儘管波蘭人相當勇敢，但敗局已定。十八日，德軍和蘇軍分別從東西進攻，在布列斯特—立陶夫斯克（Brest-Litovsk）會師。來到第一線的希特勒，對柏林發出指令：

「華沙陷落的話，每天十二點到十三點之間，要連續敲響一週的鐘。」

同一時間，在諾門罕——

十八日到二十一日這四日間，兩軍代表在前線進行了交涉：

一、停止位置由彼此在地圖上畫下的紅線來加以確認；

二、遺體收容由雙方合作，進入敵方陣地內為之；

三、日本人俘虜中的少數重傷患者，由蘇聯飛機進行引渡。

依據這項協定，日軍展開了預計一週的遺體收容行動。各中隊配備一輛卡車，進行遺體和遺物的確認與裝載。在狹窄的區域內，有許多人重重疊疊地死在一起。環視屍橫遍野的舊戰場，活下來的士兵抱持的感懷，只能用下面這句話道盡：

「啊，大家都死了哪！」

在沙丘背面的濕地間，可以看見三、四隻夜鷺靜靜地飛舞。禿鷹啄食著被炸彈炸死軍馬的肉，那些肉到現在還未腐壞。曠野中孤零零留下的蘇軍戰車殘骸，籠罩在雲層縫隙間灑下的秋陽柔和光線中。

在這寂靜的哈拉哈河東岸草原上駕著卡車奔馳時，一定會有某位年輕的日軍軍官，驟然想起戰鬥最高潮時，跟到戰場來的外國記者間的一問一答吧？

「這塊土地下有鑽石、石油還是煤炭嗎？」

「什麼都沒有。」

「既然如此，那你們為什麼在這裡戰鬥呢？」

「這是為了守住滿洲國的國境、為日本的節義而戰。」

「節義？我實在不懂。真的只是為了這種東西而戰嗎？」

●補遺

儘管事到如今已無濟於事，但關於日本陸軍在這之後、從諾門罕事件學到了什麼教訓，還是留下了一個問號。確實，陸軍中央在事件後組織了一個以當時而言相當大規模的「諾門罕事件研究委員會」，研究今後該如何活用這次失敗的教訓。但就結論而言，不管怎麼看都還是不及格，簡單說就是什麼都沒有學到。之後在太平洋戰爭中，同樣的過錯又一再上演。

之所以如此，根本的原因是他們並沒有把諾門罕事件看成是日軍與蘇軍之間、首次正式的近代戰爭。如果只是侷限在「於局部戰區中、以寡兵展開的特殊戰鬥」這種出發點，那不管做再多檢討，都沒辦法獲得認真的結論。

結果過了一年，諾門罕敗戰的責任追究便宣告終結，而小松原中將也在事件一年後離開人世（註五〇）。而一度被問責貶逐的服部和辻，不久後又華麗轉身回歸三宅坂上也不是什麼不可思議的事。

服部在一年後，也就是小松原過世的昭和十五年（一九四〇）十月，莫名地榮升到三宅坂上的參謀本部作戰課。他立刻成為作戰班長，第二年（十六年）七月升任作戰課長，八月晉升為大佐。辻稍遲一點，不過也在十六年（一九四一）七月被引進成為參謀本部員，以作戰課戰力班長之姿輔佐服部作戰課長，在太平洋戰爭的發動中，大展他拿手的熱烈雄辯——更正確說，辻其實就是作戰課全體的領袖。

十六年夏天，《德蘇互不侵犯條約》被撕毀，預想中的德蘇戰爭爆發；隨著這場戰事的開始，大本營必須決定新的戰略方針。是要依據十五年九月締結的日德義軍事同盟、對蘇聯展開攻擊呢，還是抱持對英美開戰的覺悟，涉足南方資源地帶呢？

服部作戰課長說：

「現在必要的是，整備好南北兩線都能踏足的態勢。對北邊，如果德軍作戰成功、蘇聯搖搖欲墜，那就開始北攻，也就是等待果實的成熟。對南方，則要尋求好機會，下定決心展開攻擊。簡單說就是『好機南進、熟柿北攻』的方針。」

這又是秀才思考下自我本位、畫大餅的方針。有年輕參謀提出反駁：好機南進的話，一定會與英美發生戰爭。在德蘇戰爭前景尚不明朗的情況下，日本以英美為新對手開戰，完全是違背了戰爭常理，不是嗎？

辻參謀一聽這話，猛然大喝：

「對課長怎麼可以說這種失禮的話！課長是站在寬廣的視野來看事情啊！課長和我輩在諾門罕事件中，深知蘇軍的實力。按照現狀，即使發動關東軍北攻，年內也不可能達成目的。既然如此，那就只能南下了。南方地區的資源無窮無盡，如果壓制這個地區，那日本就能立於不敗的態勢，而英美也不足懼。」

年輕參謀仍舊不依不饒，「以英美為對手作戰，有勝算嗎？」

辻參謀果斷地說：

「戰爭這種東西，不是有勝算才幹、沒有勝算就不幹的事情。現在石油是絕對的。為了取得石油、布下不敗的態勢，只能置勝敗於度外，斷然開戰了——更正確說，我們只能相信勝利，做出開戰的決斷。」

還是不管何時何地，都一如往常犀利的辻式言論。就這樣，「通往太平洋戰爭之路」被用力地打開了。而服部和辻因為自己的「不明」而必須致歉的「英靈」，不再是諾門罕的數千人，而是降臨在數百萬人身上的悲慘。

儘管有一種說法認為，作為諾門罕敗戰責任者的服部和辻這對拍檔，在促進對美開戰、指導戰爭的整個過程中，不過是置身歷史大潮中、隨波浮沉的無力個人罷了，但我對這種說法不由得感到懷疑。而從這件事中，我們也可以察覺，人是不會從過去學到教訓的生物。

註釋

（註四一）內定就任參謀次長的澤田茂中將，因為考慮到就任後不得不為諾門罕事件收拾殘局，所以為了參考起見，前去詢問在海拉爾的荻洲軍司令官，以及小松原師團長的意見。當時兩人的主張，相當值得一讀——

荻洲：「我就任之後，就只是實行關東軍的命令而已。對於這起事件，我並沒有感覺自己要負什麼責任，也不認為自己有必要負起責任。」

小松原：「雖然有很多人前來安慰我，但事態演變到現在這樣，不論理由如何，都必須負起責任，這是我身為武將的本心。我所能做的，就只有竭盡臣節而已。我曾經一時考慮過自盡，但那個時機也已過去了（恐怕是因為攻擊中止的緣故），現在也沒有執行的意志了。」

這些敗軍之將堅持的道理，實在讓人難以理解。

（註四二）有書籍明白指出，在東京陸軍醫院殺害治療中的岡本大佐的，是陸軍大佐米岡米吉，那是出自甲斐克彥先生的《人物陸大物語》。岡本大佐遭殺害是在昭和十五年（一九四〇）五月十三日，當時陸大同期的米岡確實也在同一時間住進了這家醫院，但是沒有其他確證，所以實際情況仍然不明。順道一提，米岡在第二年（十六年四月二十八日），遭到了免職處分。

（註四三）針對諾門罕事件進行總結的兩個研究會，於十四年（一九三九）秋天，在新京與海拉爾分別實施，野戰重砲兵第一聯隊長三嶋大佐也被召喚與會。表面上是為了檢討作戰教訓，實際上是「審問委員會」。三嶋大佐在席間毫不畏懼，做出了異常率直的陳述。

楠裕次先生在著作中，列出了以下幾個重點：

一、關於諾門罕之戰為何非戰不可的理由，直到最後我都不清楚；

二、指揮命令的失態、軍事的失敗不應歸咎於下級部隊，而是高層。在作戰中，不只有過度繁雜的指揮命令系統，還必須經過太多不必要的高級軍官之手；

三、日軍的裝備和組織都不合格，特別是使用挽馬這一點更是不在話下。即使只是受了輕傷，挽馬也會失去作用；

四、在廣漠的平原上，機動性扮演了決定的重要角色。汽車化是必要的；

五、六　略

七、太過輕視蘇軍。不適用中國戰爭的經驗，日軍根本是一頭撞上「一堵磚牆」；

八、結論是，用武士道精神解釋諾門罕是個錯誤。指揮系統這條大動脈根本堵塞了。凡事都用公式、公務的方式處理，毫無任何溫度可言。

這位在戰場喪失眾多部下的指揮官，其悲哀溢於言外。

（註四四）關於諾門罕事件的損耗還有另一個重點，那就是日軍俘虜的問題。生死不明的一〇二一人（當中軍官十九人）這個數字背後，就隱藏了這個問題。扣掉換俘歸來的一四六人，還有八百多人行蹤不明。雖然這些人未必全部都被俘虜了，但應該有相當多人確實遭俘。之後蘇方的發表是五百六十七人，但這個數字也未必就是正確。

（註四五）關於歸來的俘虜處分，當時隸屬新京憲兵隊公主嶺分隊的憲兵上等兵林次郎，做了相當悽慘的證詞。

「（停戰）過了半個月後，關東軍司令部設置了以高階軍官為主的特設軍法會議，進行了非公開、主要是針對軍官的審判。審判從上午十點，一直到下午四點。據在現場的憲兵說，審判官在開庭結束後，給受審軍官一把手槍，然後什麼都不說就逕自離去了。之後，所有憲兵都被下令禁止接近軍官室，然後不久便響起手槍的射擊聲，應該是那名軍官自盡了吧！」（《諾門罕的死鬥》，ノモンハンの死闘）

（註四六）面對史達林的質問，朱可夫回應的見解，堪稱一語中的：

「日軍的士官兵頑強且勇敢、青年軍官狂熱且戰鬥頑強，但高級軍官很無能。」

（註四七）停戰交涉完全委由在莫斯科的東鄉大使。雖然他執拗的交涉相當漂亮，但交涉成立的理由之一，是東鄉將停戰交涉與國境交涉分開處理。東鄉對莫洛托夫說：「滿洲國方面主張國境為哈拉哈河」；如果他說「日本帝國主張」，那莫洛托夫是斷然不會相讓的。暗示：「我們從頭到尾都是相信滿洲國，此乃滿洲國的責任」，這是東鄉巧妙的外交手段。

（註四八）東鄉與莫洛托夫共同發表、包含停戰協定的聲明，是在九月十六日凌晨三點（莫斯科時間）發出：

「（一）日滿軍與蘇蒙軍以九月十六日凌晨三點（莫斯科時間）為期，停止一切軍事行動。（二）日滿軍與蘇蒙軍應停止於九月十五日下午一點（莫斯科時間）占領的戰線。（三）前線的雙方軍事代表，應立刻著手實行本合意的第（一）、（二）項。（四）關於雙方俘虜與屍體的交換，應由上述當地雙方軍事代表立刻相互協定、並著手進行。」

不只如此，共同聲明也明白表示，為了劃定諾門罕地區國境，應盡速設置聯合委員會（蘇蒙方代表兩名、日方代表兩名），這也是合意成立的結果。

又，作為後話，結果聯合委員會進行的國界劃定並不順利，交涉留到了第二年，由東鄉和莫洛托夫在莫斯科進行會談。兩人還是依慣例展開激烈的唇槍舌戰，不過在十五年（一九四〇）六月九日，終於在紙上畫定了國境線。

（註四九）宮城與德給佐爾格的報告中，針對日本國民的「反應」做了相當正確，且針砭入裡的觀察：「停戰的發表，讓一般國民都鬆了一口氣……日本國民的政治水準相當低落，勝利就會變得很強悍。但失敗的話，即使只是局部性的戰鬥，也很容易悲觀。因此，國民都對蘇聯抱持著害怕的心結。然而，日本只是因為支那事變，所以才中止了諾門罕事件，所以蘇聯不應對這場戰勝抱持著過大評價。」佐爾格不用說，當然是將這份報告送給了克里姆林宮。

（註五〇）小松原中將在昭和十五年（一九四〇）十月因癌症過世。前參謀鈴木善康先生，描述了他過世時的狀況。「在小松原過世前，荻洲將軍前來探望他。荻洲將軍在當時已經無法開口的小松原耳邊說，『喂，小松原，第二十三師團的善後我會接手，你就安心吧！』小松原像是在說：『拜託、拜託了』似地，將鐵做的床角敲得砰砰作響。」

後記

在橫光利一的遺作中，有一篇名為《微笑》的短篇小說[1]。在這當中，出現了一位為了逆轉不利的戰況，意圖研發出殺人光線的二十一歲天才數學家。這位「隨著聲音驟然響起，綻放出宛若晨開花朵般笑顏」的青年，在殺人兵器將近完成的時候面臨戰爭終結，最後發狂死去。在戰爭這個瘋狂時代積極生存下去的橫光，大概是將戰後殘酷虛幻的心境，透過這個一邊泛著宛若幼兒般「微笑」、一邊製造殺人兵器的青年，加以形塑出來吧！

在戰後過了一段時間，我首次和前陸軍大佐辻政信先生得以面談。在這時候，我的腦海中不禁將他的身影，和那個「微笑」的青年彼此重疊。儘管在本文中也有提到，辻是一位目光炯炯、讓人想起野和尚般相貌的人物，但他笑起來的時候，那個笑容卻是驚人的天真無邪，彷彿對一切事情都不抱懷疑。

橫光的小說中，那個露出不染一絲塵埃微笑的青年發狂死了。若是回到一本正經的日常，那他對完成殺人兵器這件事，想必在心靈上會難以承受，也會無法保持精神的平衡吧！要是普通人，恐怕都會變成這個樣子吧。然而，戰後的辻參謀既沒有發狂，也沒有死去。不，當他結束了為洗脫戰爭犯責任而過的逃亡生活後，不只陸續出版了《潛行三千里》等暢銷書，還出馬參加選戰，成為國家的議員。當我在議員會館的辦公室裡首次面對他的時候，我不禁湧現這樣的念頭：原本我一直認為完全不可能存在於現實世間的「絕對惡」，現在卻穿著西裝、坐在鬆鬆軟軟的沙發裡，出現在我的眼前……

雖然有點誇張，不過若問我從何時開始想把「諾門罕事件」彙整成一本作品，我想大概就是從那天開始吧！我認為自己有必要透過這場悽慘的戰鬥，把遠離日本人的「惡」正隨心所欲支配一切的事實，確確實實地散播開去。

在那以後已經過了幾十年。這段期間，我讀了許多書，也一點一滴進行了調查。然後在這樣的過程中，就像現在一樣，我對那既深且寬、異常巨大的「絕對惡」在二十世紀前半的運動，即使嫌惡，卻又不得不去注意它。在這些人看來，正義只站在自己這邊，只有和自己具備同樣精神者才是人類、有資格犧牲他人；至於那些沒有這種精神者，則跟野獸沒有兩樣，必須為他人付出犧牲。

他們將這種白日昭彰的「惡」，刻印在歷史當中。即便是讓人感覺除了恐怖外再無其他可言的日本陸軍參謀，在他們看起來，也只是如同赤子般可愛的小夥伴吧！不知為何而戰的諾門罕事件，正是這些非人類的惡之巨人出於政治上的方便加以擴大，在造成敵我方眾多人員死亡之後，再草草收拾。如果不把這些事情寫下的話，那到現在為止我執筆的意義就全歸於無了。只是，我真的有好好把這些事寫下來嗎？

不管怎樣，日本陸軍對整起事件的應對，只能說是愚劣且不負責任。自我中心、任憑己意行事的組織是會如何地崩壞，這就是相當好的範本。儘管如此，作為歷史記述的心得，我在一字一字填滿稿紙的同時，其實也注意到不能只是盡情斥罵、嘲笑東京與新京的秀才作戰參謀，從而藉著產生出的隔離感，來凸顯自己的正確性；但是每當走筆之際，總是有種憤怒感，鬱積在我的鉛筆尖端。之所以如此，是因為這場戰鬥在作戰指導上的無謀、獨善以及趕鴨子上架，實在太過分了。那些勇敢戰鬥而死的人們，無法不浮現在我的心頭。

1 編註：一九四八年一月刊載於《人間》雜誌。

原稿執筆中承蒙花田朋子小姐、出書之際則承蒙松下理香小姐的多所關照，同時也感謝做為參考文獻的作者與出版社。對於他們，我在此要致上深刻的謝意。又，雖然有點擅作主張，不過除了小松原日記外，自大陸令以下，引用的手記、日記等漢字，都改成了常用漢字與新假名遣，同時為了閱讀方便，也添加了句讀點。

半藤一利

一九九八年三月

參考文獻

『戦史叢書 関東軍〈1〉』，防衛庁防衛研修所戦史室，朝雲新聞社
『現代史資料 10・日中戦争3』，みすず書房
『続・現代史資料4・陸軍』，みすず書房
『満洲国軍』，満洲国軍刊行委員会編，蘭星会
『戦闘詳報』，長谷部支隊杉谷大隊，未刊行
『ノモンハン』，辻政信，亜東書房
「私評ノモンハン』，扇廣，芙蓉書房
『実戦寸描』，須見新一郎，須見部隊記念会
『須見新一郎遺稿抄』，須見部隊会
『ノモンハン事件』，越智春海，図書出版社
『ノモンハン』，五味川純平，文藝春秋
『闘魂』，田中栄次，湯川弘文社
『あゝノモンハン・全五冊』楠裕次，私家版

『ノモンハン戦場日記』，ノモンハン会編，新人物往来社
『静かなノモンハン』，伊藤桂一，講談社
『撃墜』，松村黄次郎，教学社
『ノモンハンの死闘』，三田真弘編，北海タイムス社
『戦場・学んだこと伝えたいこと』，長嶺秀雄，並木書房
『ハルハ河会戦・参戦兵士たちの回想』，O・プレブ編，恒文社
『ジューコフ元帥回想録』，G・K・ジューコフ，朝日新聞社
『ノモンハン空戦記』，A・B・ボロジェイキン，弘文堂
『赤軍野外教令』，沢辺哲彦編，偕行社
『服部卓四郎と辻政信』，高山信武，芙蓉書房
『参謀辻政信・伝奇』，田々宮英太郎，芙蓉書房
『作戦参謀辻政信』，生出寿，光人社
『辻政信』，堀江芳孝，恒文社
『いっさい夢にござ候』，角田房子，中央公論社
『三国同盟問題と米内光政』，高田万亀子，勁草出版サービスセンター
『危機の外相東郷茂徳』，阿部牧郎，新潮社
『臣下の大戦』，足立邦夫，新潮社

『夕陽と怒濤』，三好徹，光文社
『参謀の戦争』，土門周平，講談社
『ある作戦参謀の悲劇』，芦沢紀之，芙蓉書房
『陸軍の反省』，加登川幸太郎，文京出版
『日本陸軍用兵思想史』，前原透，天狼書店
『高木惣吉日記』，高木惣吉，毎日新聞社
『参謀次長沢田茂回想録』，芙蓉書房
『風雲の満ソ国境』，茂森唯士編，太陽閣
『アドルフ ヒトラー』A・バロック，みすず書房
『ヒトラー』，J・フェスト，河出書房新社
『戦うソヴェト・ロシア』，A・ワース，みすず書房
『スターリン』，I・ドイッチャー，みすず書房
『スターリン』，A・ジョンジュ，心交社
『暴虐の人スターリン』，B・ハットン，新潮社
『第三帝国の興亡』，W・シャイラー，東京創元社
『使命の失敗』，N・ヘンダーソン，岡倉書房
『大戦から大戦へ』，M・フット，東進社

『ナチスドイツと軍国日本』，T・ゾンマー，時事通信社
『ヒトラーの外交官』，J・ワイツ，サイマル出版会
『赤軍』，A・ギヨーム，黄土社書店
「ソ連史料からみたノモンハン事件」，平井友義，『歴史と人物』増刊・S58年1月号
「ノモンハン事件」，坂本是忠，『中央公論』，S44年7月号
「松原師団長ノモンハン陣中日誌」，『歴史と人物』増刊・S58年12月号
「ソ連極東軍との対決」，稲田正純，『別冊知性』，S31年12月号
「風雲ノモンハン事件の悲劇」，稲田正純，『人物往来』，S31年2月号
「情報を"無視"したノモンハン事件」，稲垣武，『情報戦の敗北』，近代戦史研究会編，PHP研究所

附錄　諾門罕事件大事記

第一次諾門罕事件	4月25日	關東軍司令官植田謙吉，基於《滿蘇國境紛爭處理要綱》，發出第 1488 號作戰命令。
	5月11日	小部隊外蒙古軍越過哈拉哈河入侵，被滿洲國軍的警備隊攻擊，並加以擊退。
	13日	駐海拉爾的第 23 師團（師團長小松原道太郎中將），派出以搜索隊為骨幹的東支隊（東八百藏中佐指揮、步兵兩個中隊）。
	15日	蒙軍撤退到哈拉哈河西岸，東支隊也撤回海拉爾。
	20日	蘇蒙軍在東支隊撤退後，再次進軍哈拉哈河東岸，並構築陣地。
	22日	雙方戰鬥機首度發生空戰。
	28日	步兵第 64 聯隊長山縣武光大佐指揮的山縣支隊，在川又（胡魯斯台河與哈拉哈河匯流點）附近展開攻擊。
	29日	第 23 師團東搜索隊在川又附近遭到孤立，全滅；東八百藏中佐戰死。
	30日	蘇聯記取序戰失敗的經驗，決定將歐洲的航空兵力轉用到諾門罕。
	31日	山縣支隊撤回海拉爾。
	6月2日	蘇聯決定派遣朱可夫前往諾門罕。
	5日	關東軍下令出動的航空兵力撤回。
第二次諾門罕事件	6月14日	日軍斷然封鎖天津的英法租界。
	15日	蘇軍集結地面部隊，並展開航空攻擊。
	16日	德國外交部長對日本駐德大使大島，明言將簽訂《德蘇互不侵犯條約》。
	16～18日	蘇聯增強哈拉哈河兩岸兵力。
	19日	蘇軍轟炸阿爾寨與甘珠爾廟。
	20日	關東軍緊急下令派出地面部隊。
	24日	參謀本部由次長署名，要求關東軍自發性中止作戰（越境轟炸）。

	25日	蘇軍轟炸將軍廟。
	27日	早上，第2飛行集團的1百架飛機，對塔木速克、馬塔德、桑貝斯進行轟炸。
	30日	對第23師團下達攻擊命令。
第二次諾門罕事件	7月2日	第23師團開始攻擊左岸，安岡支隊攻擊右岸。戰車第4聯隊（玉田美郎大佐）對巴爾其嘎爾高地，斷然展開夜襲。
	3日	第23師團為了攻擊左岸，渡過哈拉哈河。他們遭遇到蘇聯裝甲部隊，在白銀查干一帶展開戰鬥，師團參謀長大內孜大佐戰死。激烈的空戰開始。
	5日	日軍炸毀軍橋，從哈拉哈河左岸撤退。
	7日	第23師團開始夜襲。
	10日	井置搜索隊占領飛伊高地。安岡支隊編組解散，第1戰車團回歸駐地。
	16日	蘇軍轟炸齊齊哈爾西南方的富拉爾基鐵橋。
	18日	野戰重砲部隊抵達前線。五相會議確認，要極力防止日蘇發展成戰爭，並對「事件」採取外交交涉方式解決。
	7月中旬	蘇聯補充200架戰鬥機，以期增強戰力；飛行員也陸續被派遣過來。
	20日	三宅坂上的參謀本部對關東軍下達《諾門罕事件處理要綱》（「事件」應限定於局部地區、不得進行越境航空攻擊、最晚在冬季之前，應致力終結「事件」）。又，預防萬一，他們也從本土增派重砲部隊。
	23日	上午，蘇聯戰鬥機100架來襲，雙方展開大混戰。午後又有138架飛機來襲。
	23～24日	砲兵開始攻擊哈拉哈河右岸，但在占有壓倒性優勢的蘇軍當面遭到失敗。
	25日	關東軍變更作戰態勢，從決戰轉為持久防禦。
	26日	對蘇軍陣地有組織的集中砲擊告終。
	29日	阿拉機場遭到蘇聯空軍襲擊，10架飛機起火。午後，60架飛機出擊，與蘇聯軍機交戰。
	8月2日	飛行第15戰隊基地遭到蘇軍50架飛機空襲，5架飛機在地上起火，戰隊長安倍大佐戰死。

第二次諾門罕事件	3日	日軍下令各部隊在據點展開構築工事。
	10日	編成負責滿洲國西方正面防衛的第 6 軍（司令官荻洲立兵中將、參謀長藤本鐵熊少將）；除第 23 師團外，第 7、第 5 師團也納入其麾下。
	12日	第 6 軍司令官荻洲立兵中將，抵達海拉爾就職。
	8月中旬	大雨滂沱，將近一週間，航空隊的作戰都中止。
	19日	第 64 戰隊的基地遭到蘇軍夜間轟炸，兩架飛機起火。關東軍的增援兵力尚未到達。
	20日	蘇軍展開總攻擊。在大約 500 架飛機的航空攻擊下，日軍陷入守勢。蘇軍的航空攻擊一直持續到午後，防禦陣地受到重大損害。
	21日	第二次塔木速克進攻轟炸（對塔木速克機場、飛伊高地的蘇聯地面部隊等展開持續攻擊），為本戰役中最大規模的空中激戰。
	22日	羅索夫斯基副外交部長對駐蘇大使東鄉，提及考慮停戰交涉的可能性。 關東軍下令第 7 師團進駐海拉爾。第 71 聯隊第 3 大隊，在三角山全滅。
	23日	《德蘇互不侵犯條約》締約。為了支援被包圍的地面部隊，戰鬥機出擊了五次，但仍未能阻止蘇軍裝甲部隊的進擊。
	24日	第 6 軍展開反攻，卻遭到重大損害。由於準備不足，第 6 軍與航空部隊的作戰配合並不佳。
	25日	飛伊高地（721 高地）的井置支隊脫離陣地。731 高地的步兵第 26 聯隊生田大隊，全滅。
	26日	關東軍緊急決定派遣駐紮東滿的第 2 師團前來。日軍的攻勢失敗，作戰在事實上中止了。戰鬥機處於不足狀態，關東軍甚至將舊型飛機也投入諾門罕。
	27日	諾羅高地的長谷部支隊開始撤退。小松原師團長為了救援巴爾其嘎爾高地（746 高地），親自出擊。
	28日	朱可夫向莫斯科發表極機密的勝利宣言電報。 平沼騏一郎首相發表「歐洲的天地，發生了複雜詭譎的情勢……」聲明，宣布辭職。

	29日	巴爾其嘎爾高地的步兵 64 聯隊與野戰重砲第 13 聯隊，開始朝諾門罕撤退。
	30日	為了救援被包圍的第 23 師團司令部，航空隊展開了轟炸。 對小松原部隊下達了撤離歸還命令。步兵第 71、72 聯隊，脫離前線。 對關東軍下達終結作戰的天皇命令（大陸命第 343 號）。 阿部信行內閣成立。
	20～31日	這段時間，儘管制空權轉移到蘇方，但為了支援陷入苦戰的地面部隊，航空部隊仍持續奮鬥。然而，日軍可用於作戰的航空機數，從最多的 160 架不斷遞減，飛行員也因為連日出擊疲憊不堪，甚至到了只喝得下可爾必思的地步。同時，補給也陷入停滯。
第二次諾門罕事件	9月1日	德軍入侵波蘭。航空隊與 188 架蘇聯飛機交戰達 1 小時。
	3日	英法對德宣戰（第二次世界大戰爆發）。 參謀本部對關東軍下令，要他們完全中止作戰、將兵力撤往戰場外區域（大陸命第 349 號）。
	7日	關東軍司令官植田、參謀長磯谷等首長被交接。新任司令官由梅津美治郎中將擔任。
	8日	步兵第 16 聯隊（宮崎繁三郎大佐）攻擊 997 高地、秋山高地、東山高地等地。
	9日	東鄉茂德大使與莫洛托夫外長，在莫斯科展開停戰協議。
	11日	獨立守備步兵第 16 大隊（深野時之助中佐指揮），對 1031 高地（三角山）展開攻擊。
	14日	飛行集團發動戰鬥機與輕轟炸機攻擊蘇聯機場，並展開交戰。
	15日	在停戰前，繼續對蘇聯航空基地群展開轟炸（第 11 戰隊的擊墜王島田健二大尉戰死）。
	16日	諾門罕停戰協定締約。
	17日	蘇聯基於與德國的密約，開始入侵波蘭。

從宮城望向三宅坂上的方向，洋式建築的大日本帝國參謀本部聳立在標高 24.414 公尺的坡地上。

這棟高三層樓的白堊色大殿堂，就是參謀本部所在地，前方的有栖宮熾仁元帥的騎馬銅像，彷彿象徵陸軍威嚴般立在那裡。

天蒼蒼，野茫茫，外蒙的草地上所見到的駱駝群。

關東軍散布在廣闊無垠的大漠草原上，雖然已經開始汽車化，可是車輛的數量遠遠不夠。

諾門罕事件中，日軍走在不平穩、用小舟鋪設的軍橋渡過哈拉哈河，站上左岸的陌生地。

日本與蘇蒙在諾門罕的爭議區域位置。

從滿洲國這邊看過去，蘇蒙軍的位置是比較高勢的，從日軍用汽油桶堆疊的觀測哨就可以看到，日軍企圖要看到台地上的蘇蒙軍動態。

日軍出動 94 式偵察機對蘇蒙軍位置實施陣前偵察。

日軍第一戰車團，開戰前的 7 月 1 日，在將軍廟附近集結，準備開赴戰場。

第一戰車團第三聯隊戰車，推進！

在諾門罕事件中出動的 89 式中戰車。

在草原上圍坐在一起的日軍戰車兵，他們在諾門罕的作戰可圈可點。

日軍的戰車設計規格，是以吊臂可以吊上運輸艦為目標，因此各型戰車在重量上有著許多限制。

突破到哈拉河河左岸的日軍戰車，對蘇聯戰車造成了毀滅性的擊中紀錄。

在川又渡河點附近，安岡支隊在哈拉哈河左岸的行動都全數在台地上部署的蘇蒙軍的眼皮下所見。

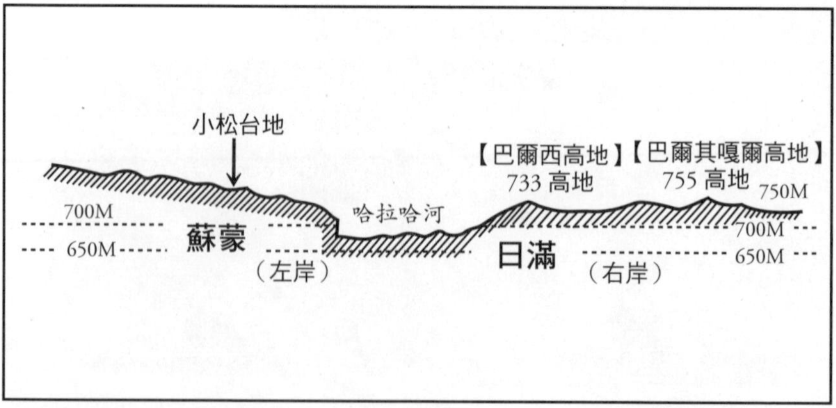

蘇蒙與日滿陣地的地勢高低比較。

日軍只想著攻擊，卻忽略了最重要的補給問題。日軍的後勤單位在戰區附近的淡水源取得用水之後，再送往前線。

「趴下！」在沒有任何屏障可以借用的大草原，日軍只能趴在地上觀察敵人。背後是被擊潰或棄守的蘇軍 BA-6 裝甲車。

構築陣地據守在壕溝內的日軍。

第 64 聯隊長山縣光武大佐，最終在戰場上自盡。

第 23 師團長小松原道太郎中將，在事件一年後離開人世。

蘇軍檢視被擊落的日軍軍機殘骸。

蘇蒙軍在整個作戰過程中都是對日軍居高臨下，在這種地勢作戰，失利是一開始就知道的事實。

1939 年 9 月，日滿、蘇蒙兩方代表，在現行戰線停火，開始為停戰談判，當時的諾門罕溫度已經開始入秋了。

日軍抓捕的蘇蒙軍戰俘，停戰之後，雙方彼此開始進行換俘作業。

諾門罕之夏（ノモンハンの夏）

菁英之惡引領日本走向的戰爭大道

作者　半藤一利（Kazutoshi Hando）
譯者　鄭天恩
校對　魏秋綢
主編　區肇威（查理）
封面設計　莊謹銘
內頁排版　宸遠彩藝

出版　燎原出版／遠足文化事業股份有限公司
發行　遠足文化事業股份有限公司（讀書共和國出版集團）
地址：231 新北市新店區民權路 108 之 2 號 9 樓
郵撥帳號：19504465 遠足文化事業股份有限公司
電話：(02) 2218-1417
信箱：sparkspublish@gmail.com

法律顧問　華洋法律事務所／蘇文生律師
印刷　成陽印刷股份有限公司

出版日期　二〇二二年八月／初版一刷
　　　　　二〇二三年八月／初版二刷
定價／五八〇元
ISBN 9786269637706（平裝）
　　 9786269637720（EPUB）
　　 9786269637713（PDF）

讀者服務

諾門罕之夏 / 半藤一利著 ; 鄭天恩譯 . -- 初版 . -- 新北市 : 遠足文化事業股份有限公司燎原出版 , 2022.08
400 面 ; 14.8 X 21 公分
譯自 : ノモンハンの夏
ISBN 978-626-96377-0-6(平裝)

1. 日俄戰爭　2. 戰史

731.278　　111011269